<그림 2.2> 세계 행복 순위 2014-2016(1부)

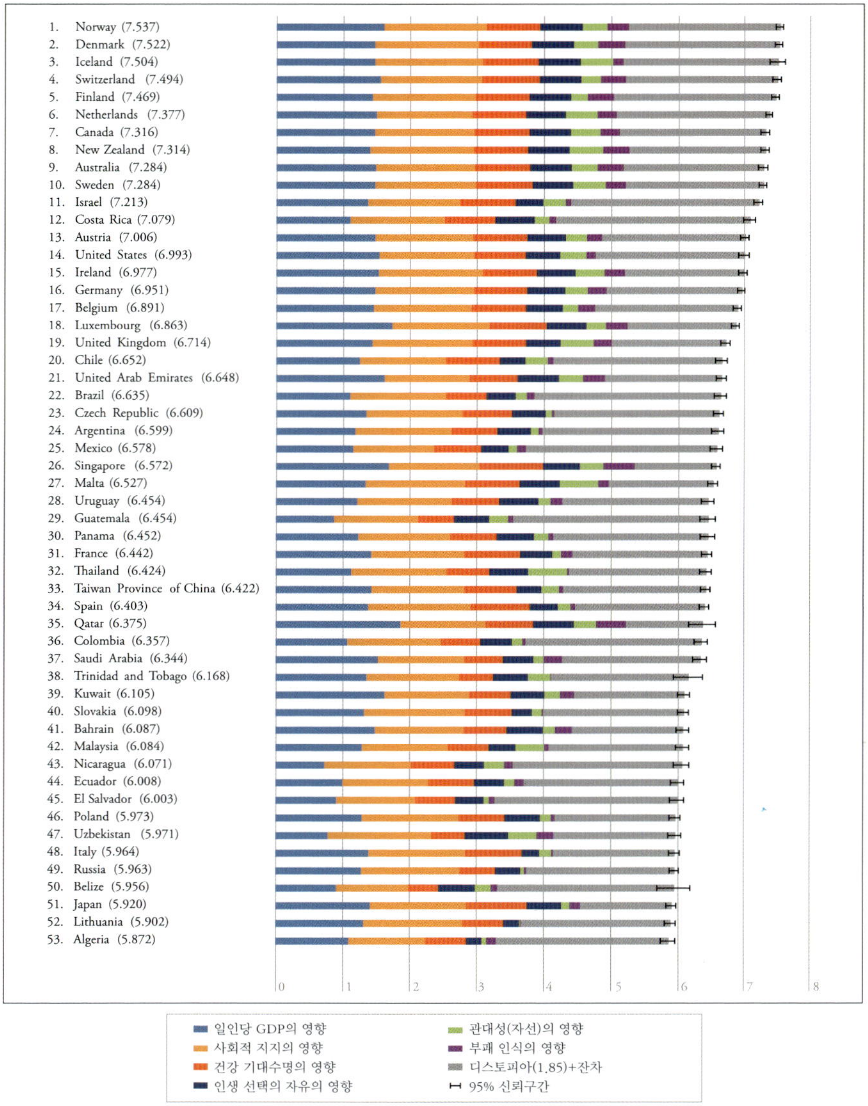

1. Norway (7.537)
2. Denmark (7.522)
3. Iceland (7.504)
4. Switzerland (7.494)
5. Finland (7.469)
6. Netherlands (7.377)
7. Canada (7.316)
8. New Zealand (7.314)
9. Australia (7.284)
10. Sweden (7.284)
11. Israel (7.213)
12. Costa Rica (7.079)
13. Austria (7.006)
14. United States (6.993)
15. Ireland (6.977)
16. Germany (6.951)
17. Belgium (6.891)
18. Luxembourg (6.863)
19. United Kingdom (6.714)
20. Chile (6.652)
21. United Arab Emirates (6.648)
22. Brazil (6.635)
23. Czech Republic (6.609)
24. Argentina (6.599)
25. Mexico (6.578)
26. Singapore (6.572)
27. Malta (6.527)
28. Uruguay (6.454)
29. Guatemala (6.454)
30. Panama (6.452)
31. France (6.442)
32. Thailand (6.424)
33. Taiwan Province of China (6.422)
34. Spain (6.403)
35. Qatar (6.375)
36. Colombia (6.357)
37. Saudi Arabia (6.344)
38. Trinidad and Tobago (6.168)
39. Kuwait (6.105)
40. Slovakia (6.098)
41. Bahrain (6.087)
42. Malaysia (6.084)
43. Nicaragua (6.071)
44. Ecuador (6.008)
45. El Salvador (6.003)
46. Poland (5.973)
47. Uzbekistan (5.971)
48. Italy (5.964)
49. Russia (5.963)
50. Belize (5.956)
51. Japan (5.920)
52. Lithuania (5.902)
53. Algeria (5.872)

- 일인당 GDP의 영향
- 사회적 지지의 영향
- 건강 기대수명의 영향
- 인생 선택의 자유의 영향
- 관대성(자선)의 영향
- 부패 인식의 영향
- 디스토피아(1.85)+잔차
- 95% 신뢰구간

〈그림 2.2〉 세계 행복 순위 2014-2016(2부)

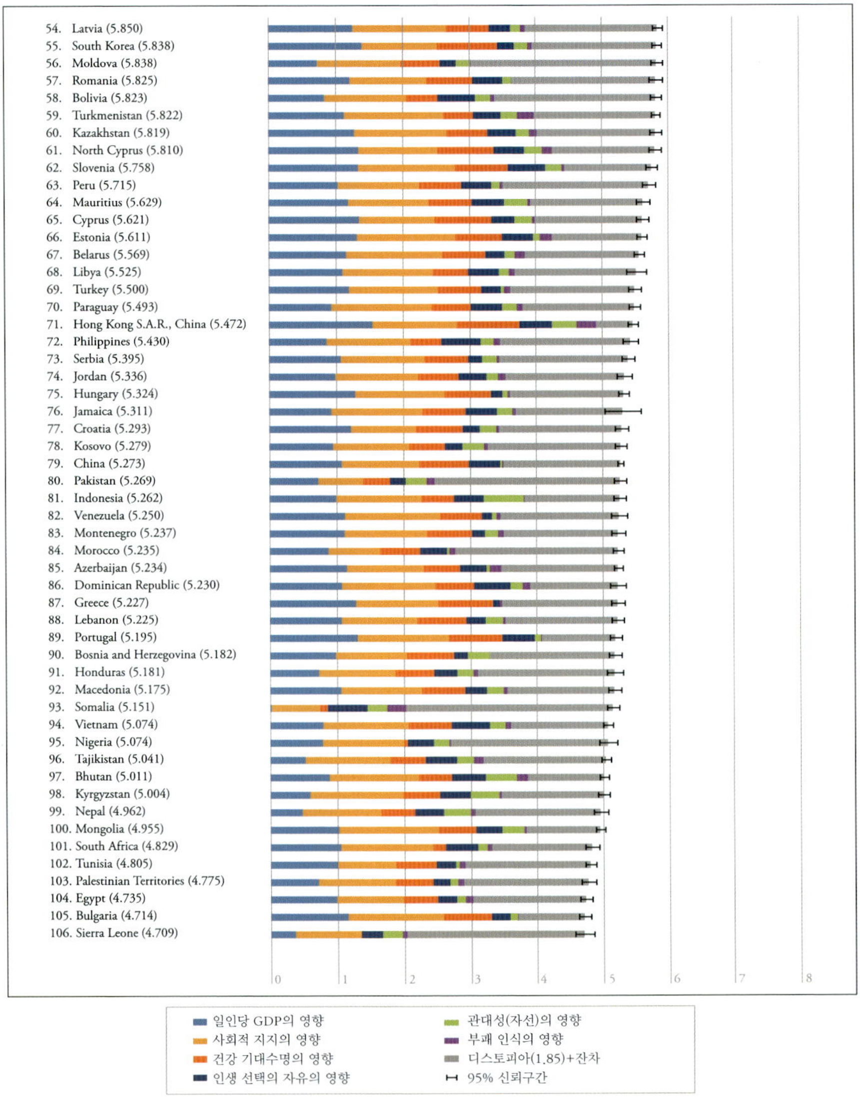

54. Latvia (5.850)
55. South Korea (5.838)
56. Moldova (5.838)
57. Romania (5.825)
58. Bolivia (5.823)
59. Turkmenistan (5.822)
60. Kazakhstan (5.819)
61. North Cyprus (5.810)
62. Slovenia (5.758)
63. Peru (5.715)
64. Mauritius (5.629)
65. Cyprus (5.621)
66. Estonia (5.611)
67. Belarus (5.569)
68. Libya (5.525)
69. Turkey (5.500)
70. Paraguay (5.493)
71. Hong Kong S.A.R., China (5.472)
72. Philippines (5.430)
73. Serbia (5.395)
74. Jordan (5.336)
75. Hungary (5.324)
76. Jamaica (5.311)
77. Croatia (5.293)
78. Kosovo (5.279)
79. China (5.273)
80. Pakistan (5.269)
81. Indonesia (5.262)
82. Venezuela (5.250)
83. Montenegro (5.237)
84. Morocco (5.235)
85. Azerbaijan (5.234)
86. Dominican Republic (5.230)
87. Greece (5.227)
88. Lebanon (5.225)
89. Portugal (5.195)
90. Bosnia and Herzegovina (5.182)
91. Honduras (5.181)
92. Macedonia (5.175)
93. Somalia (5.151)
94. Vietnam (5.074)
95. Nigeria (5.074)
96. Tajikistan (5.041)
97. Bhutan (5.011)
98. Kyrgyzstan (5.004)
99. Nepal (4.962)
100. Mongolia (4.955)
101. South Africa (4.829)
102. Tunisia (4.805)
103. Palestinian Territories (4.775)
104. Egypt (4.735)
105. Bulgaria (4.714)
106. Sierra Leone (4.709)

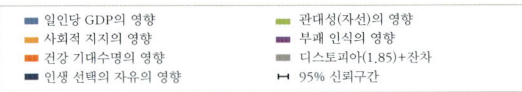

- 일인당 GDP의 영향
- 사회적 지지의 영향
- 건강 기대수명의 영향
- 인생 선택의 자유의 영향
- 관대성(자선)의 영향
- 부패 인식의 영향
- 디스토피아(1.85)+잔차
- 95% 신뢰구간

〈그림 2.2〉 세계 행복 순위 2014-2016(3부)

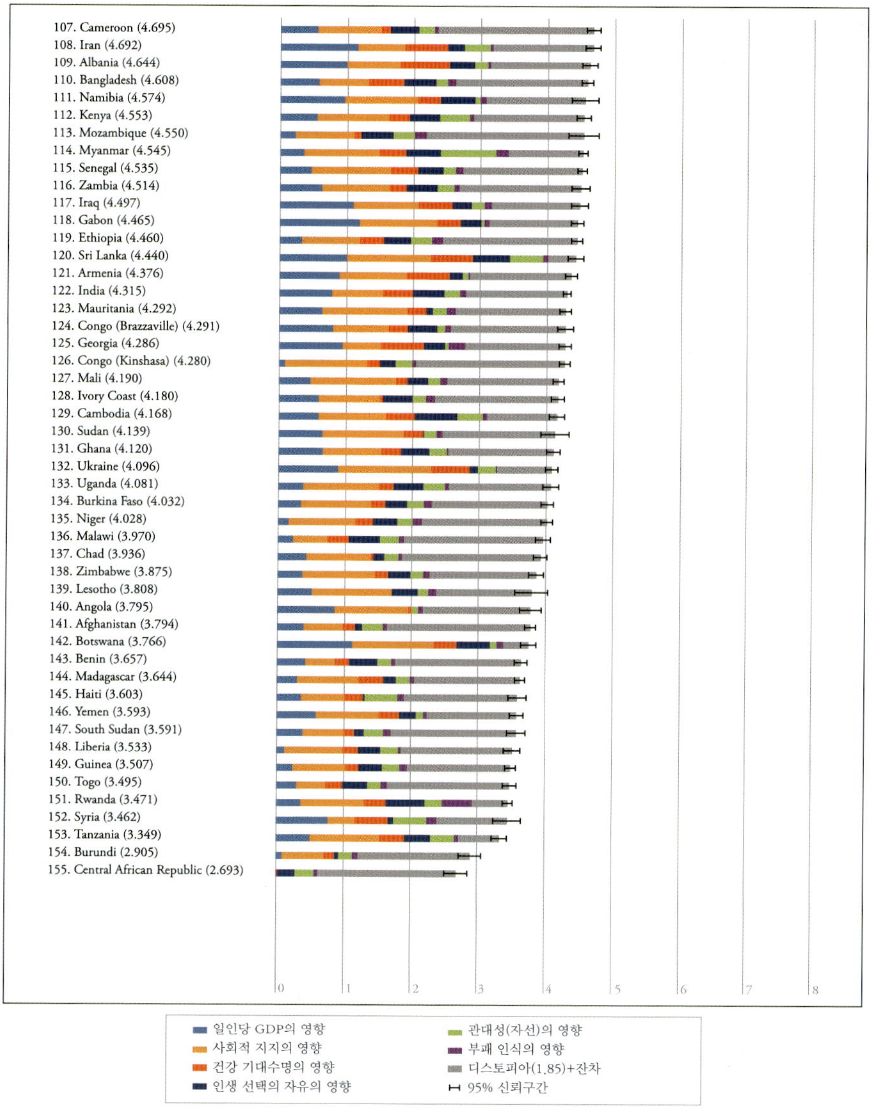

107. Cameroon (4.695)
108. Iran (4.692)
109. Albania (4.644)
110. Bangladesh (4.608)
111. Namibia (4.574)
112. Kenya (4.553)
113. Mozambique (4.550)
114. Myanmar (4.545)
115. Senegal (4.535)
116. Zambia (4.514)
117. Iraq (4.497)
118. Gabon (4.465)
119. Ethiopia (4.460)
120. Sri Lanka (4.440)
121. Armenia (4.376)
122. India (4.315)
123. Mauritania (4.292)
124. Congo (Brazzaville) (4.291)
125. Georgia (4.286)
126. Congo (Kinshasa) (4.280)
127. Mali (4.190)
128. Ivory Coast (4.180)
129. Cambodia (4.168)
130. Sudan (4.139)
131. Ghana (4.120)
132. Ukraine (4.096)
133. Uganda (4.081)
134. Burkina Faso (4.032)
135. Niger (4.028)
136. Malawi (3.970)
137. Chad (3.936)
138. Zimbabwe (3.875)
139. Lesotho (3.808)
140. Angola (3.795)
141. Afghanistan (3.794)
142. Botswana (3.766)
143. Benin (3.657)
144. Madagascar (3.644)
145. Haiti (3.603)
146. Yemen (3.593)
147. South Sudan (3.591)
148. Liberia (3.533)
149. Guinea (3.507)
150. Togo (3.495)
151. Rwanda (3.471)
152. Syria (3.462)
153. Tanzania (3.349)
154. Burundi (2.905)
155. Central African Republic (2.693)

- 일인당 GDP의 영향
- 사회적 지지의 영향
- 건강 기대수명의 영향
- 인생 선택의 자유의 영향
- 관대성(자선)의 영향
- 부패 인식의 영향
- 디스토피아(1.85)+잔차
- 95% 신뢰구간

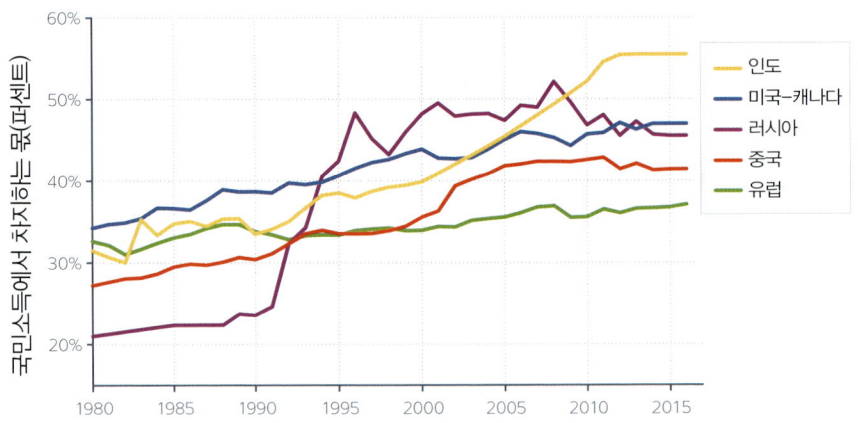

〈그림 4.2〉 1980~2016년, 상위 10퍼센트가 차지하는 소득 몫:
모든 곳에서 불평등은 커졌지만, 속도는 달랐다

* 출처: WID.world(2017). 자료와 주석은 wir2018.wid.world을 보라.
1980년, 미국과 캐나다에서는 상위 10퍼센트가 국민소득의 34퍼센트를 차지했지만, 2016년, 이 몫은 7퍼센트였다.

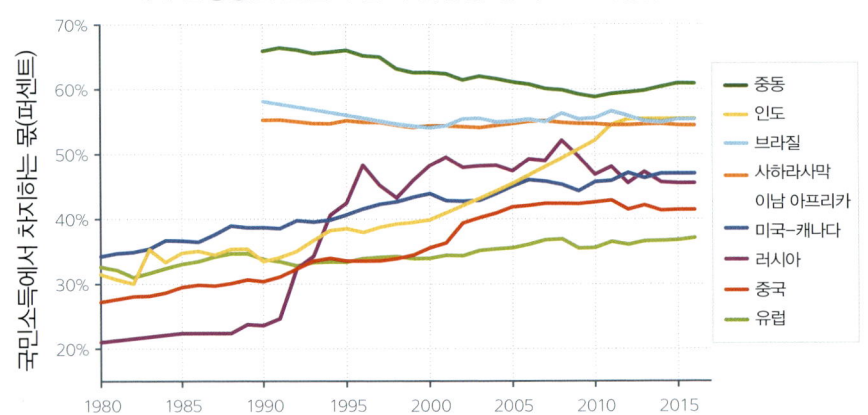

〈그림 4.3〉 1980~2016년, 상위 10퍼센트가 차지하는 소득 몫:
세계 불평등은 높은 수준의 불평등 영역으로 이동했는가?

* 출처: WID.world(2017). 자료와 주석은 wir2018.wid.world을 보라.
1980년, 인도의 상위 10퍼센트 소득자는 국민소득의 31퍼센트를 차지했지만, 2016년 이 몫은 55퍼센트였다.

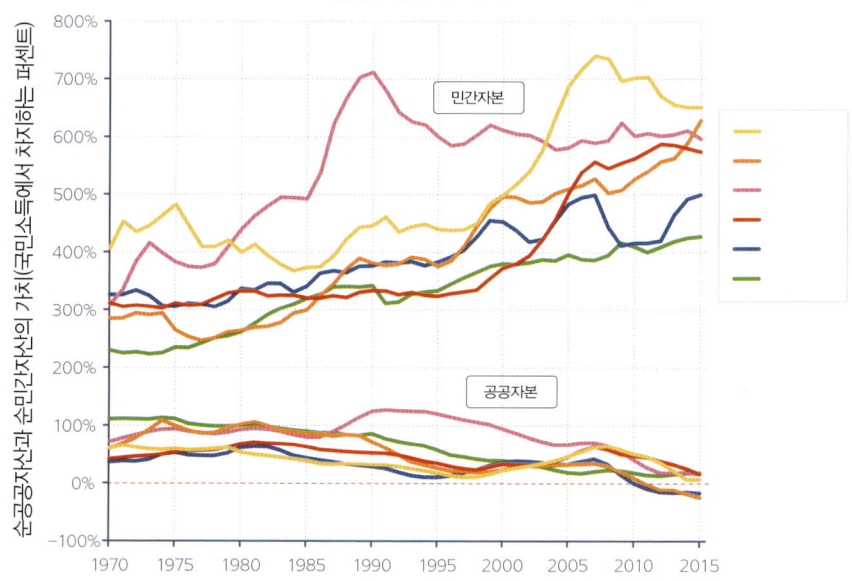

〈그림 4.8〉 1970~2016년, 부유한 나라들에서 민간자본의 증가와 공공자본의 하락

* 출처: WID.world(2017). 자료와 주석은 wir2018.wid.world을 보라.

2015년, 미국에서 순공공자산(이나 순공공자본)은 마이너스였지만(순국민소득의 -17퍼센트) 순민간자산(이나 순민간자본)은 국민소득의 500퍼센트였다. 1970년, 순공공자산은 국민소득의 36퍼센트를 차지했지만 이 수치는 순민간자산에서는 326퍼센트였다. 순민간자산은 새로운 민간자산에서 순민간부채를 뺀 값과 같다. 순공공자산은 공공자산에서 공공부채를 뺀 값과 같다.

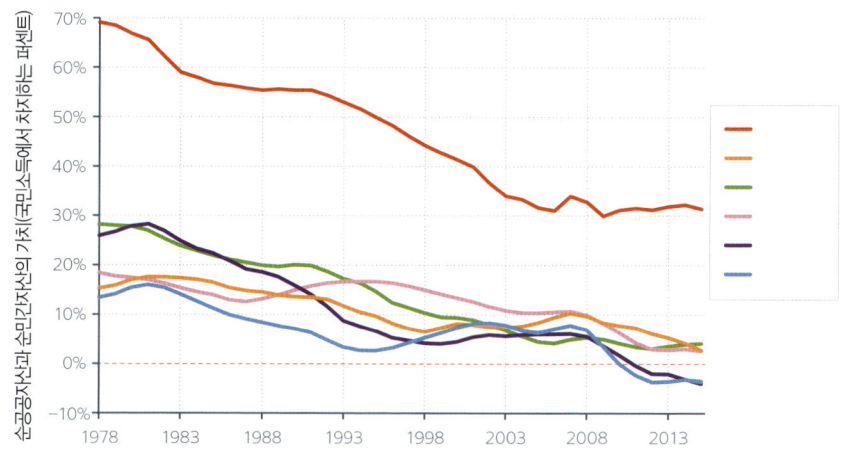

〈그림 4.9〉 1970~2016년 공공자본의 하락

* 출처: WID.world(2017). 자료와 주석은 wir2018.wid.world을 보라.

1980년 프랑스에서는 국부에서 공공자산이 차지하는 몫이 17퍼센트였지만, 2015년 이 몫은 3퍼센트였다.

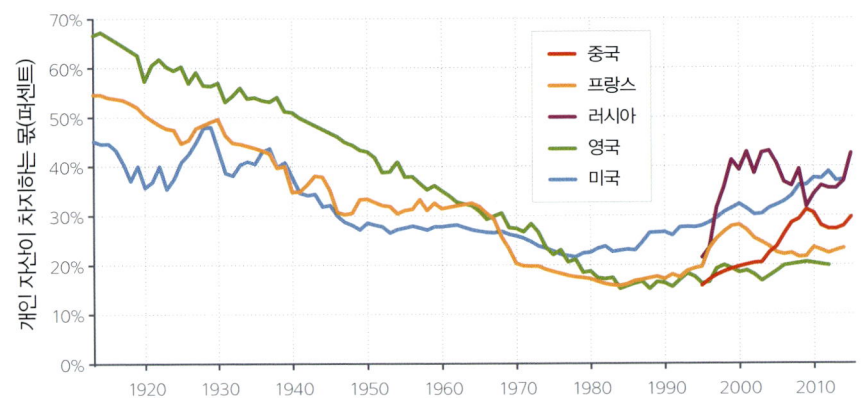

〈그림 4.10〉 1913~2015년, 전 세계 상위 1퍼센트가 차지하는 자산 몫: 개인의 자산 불평등의 하락과 증가

* 출처: WID.world(2017). 자료와 주석은 wir2018.wid.world을 보라.
1995년 러시아에서는 상위 1퍼센트가 차지하는 자산의 몫이 22퍼센트였지만, 이 몫은 2015년 43퍼센트였다.

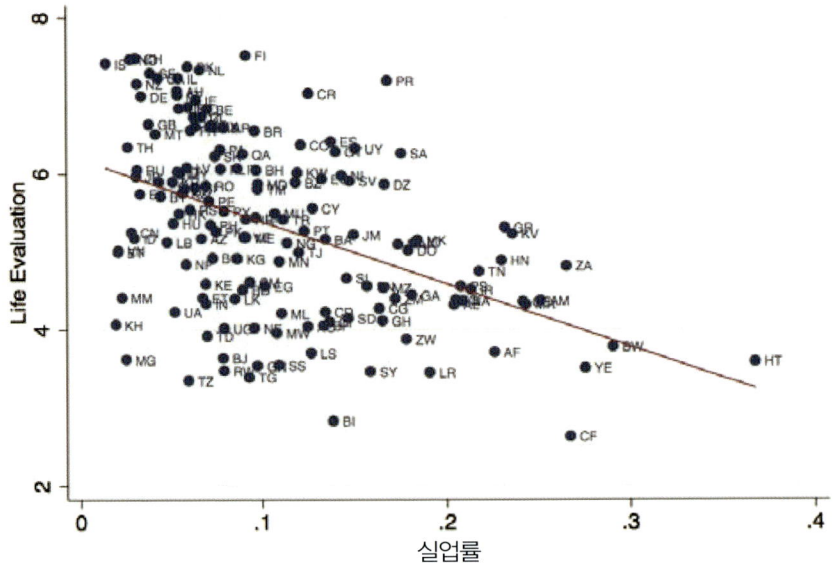

〈그림 6.5〉 각국의 실업률과 주관적 웰빙

출처: 갤럽세계조사, 2014-2016.

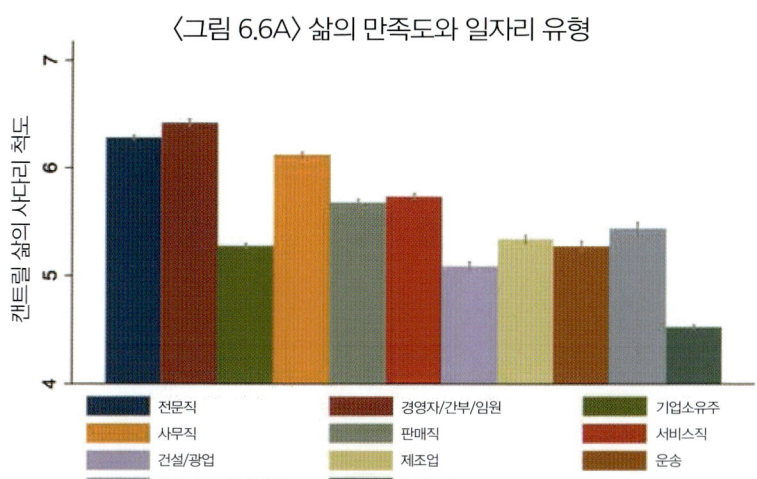

〈그림 6.6A〉 삶의 만족도와 일자리 유형

출처: 갤럽세계조사, 2014-2016.

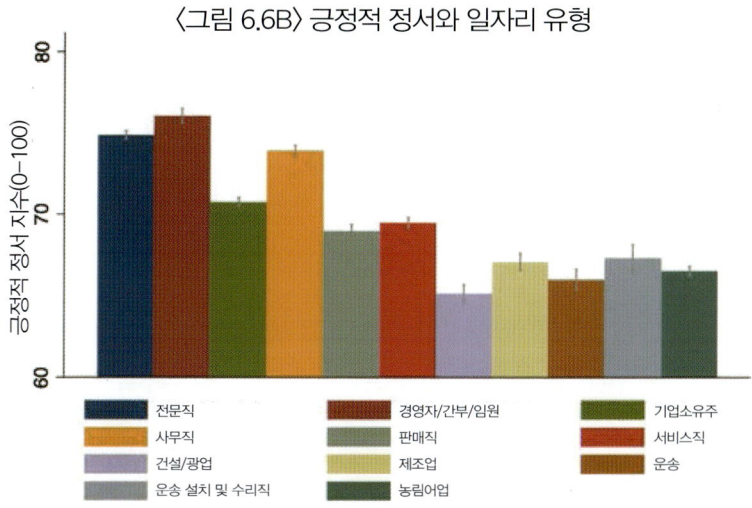

〈그림 6.6B〉 긍정적 정서와 일자리 유형

출처: 갤럽세계조사, 2014-2016.

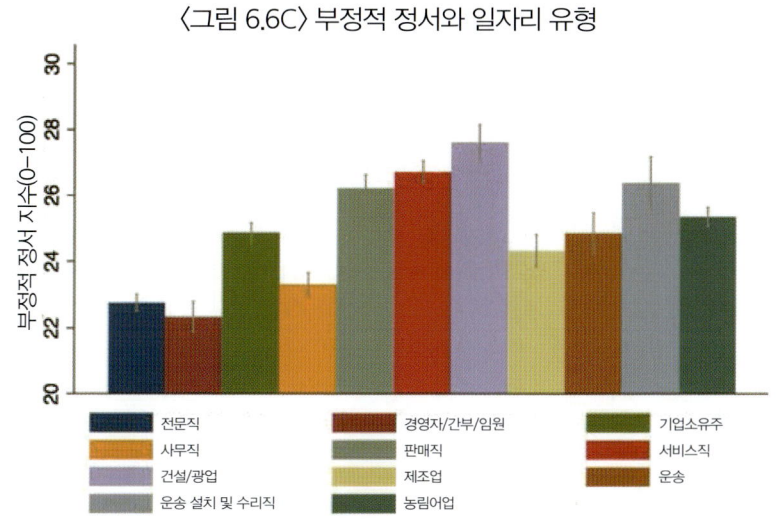

〈그림 6.6C〉 부정적 정서와 일자리 유형

출처: 갤럽세계조사, 2014-2016.

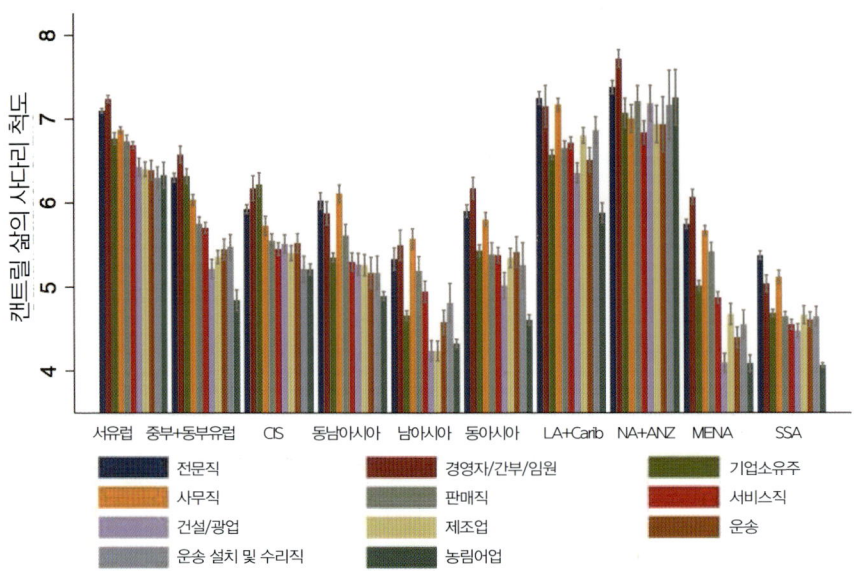

〈그림 6.7〉 삶의 만족도와 일자리 유형 - 지역별

출처: 갤럽세계조사, 2014-2016.

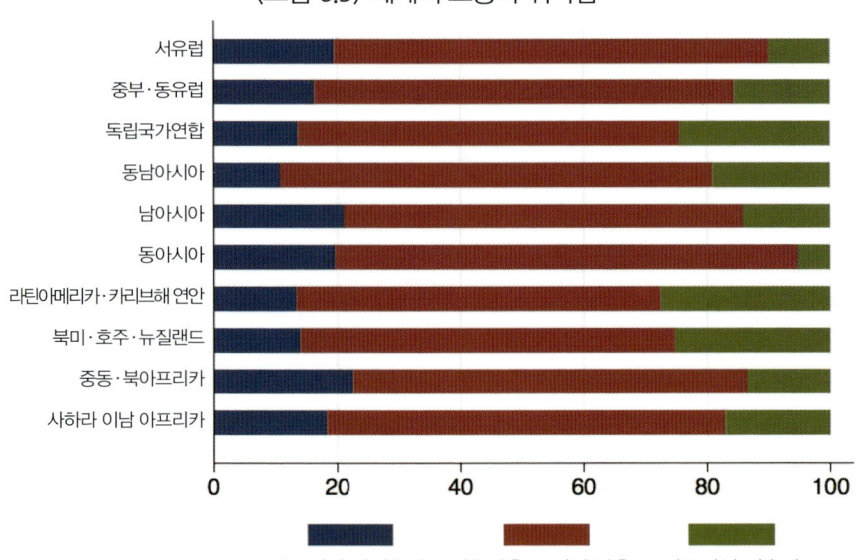

〈그림 6.9〉 세계의 노동자 귀속감

자료: 갤럽세계사회조사, 2014-2016.

행복 국가론

국립중앙도서관 출판예정도서목록(CIP)

행복 국가론 / 저자: 존 헬리웰 외 ; 편역자: 우성대 외. --
  서울 : 간디서원, 2018
      p. ;   cm

원표제: World happiness report 2017
원저자명: John F. Helliwell, Richard Layard, Jeffrey D. Sachs
영어 원작을 한국어로 번역
ISBN 978-89-97533-27-5 03300 : ₩25000

행복[幸福]
정치 경제학[政治經濟學]

189-KDC6
158-DDC23   CIP2019000120

행복 국가론

존 헬리웰(John Helliwell) 외 지음 / 우성대·장시복·김영태·정상준·이진형 편역

간디서원

저자

존 헬리웰(John F. Helliwell) : 캐나다 브리티쉬콜롬비아대학교 경제학과 명예교수
리처드 레이어드(Richard Layard) : 영국 런던정치경제대학(LSE) 경제성과연구소(CEP) 연구원
제프리 D. 삭스(Jeffrey D. Sachs) : 콜럼비아대학교 지구연구원(The Earth Institute) 지속가능
　개발센터장
하이팡 후앙(Haifang huang) : 캐나다 앨버타대 경제학과 교수
슌 왕(Shun Wang) : 한국 KDI 국제정책대학원 조교수
페이 왕(Fei Wang) : 중국 렌민대학 노동과 인간 자원학부 조교수
리처드 이스털린(Richard A. Easterlin) : 사우스캘리포니아대학 경제학과 교수.
앤드루 클락(Andrew Clark) : 프랑스 국립과학연구센터 연구교수
사라 플레쉬(Sarah Flèche)·나타부드 파우드타비(Nattavudh Powdthavee)·조지 워드
　(George Ward) : 영국 런던정치경제대학(LSE) 경제성과연구소(CEP) 연구원
얀-엠마뉴엘 드 너버(Jan-Emmanuel De Neve) : 옥스퍼드대 사이드 경영대학

편역자

우성대 : 목포대학교 정치언론홍보학과 교수
장시복 : 목포대학교 경제학과 교수
김영태 : 목포대학교 정치언론홍보학과 교수
정상준 : 목포대학교 경제학과 교수
이진형 : 목포대학교 관광경영학과 교수

행복 국가론

초판 인쇄일 | 2018년 12월 25일
초판 발행일 | 2018년 12월 31일
저　자 | 존 헬리웰(John F. Helliwell) 외
편역자 | 우성대 외
펴낸이 | 김강욱
펴낸곳 | 간디서원
주　소 | (06996) 서울시 동작구 동작대로길 33길 56(사당동)
전　화 | 02) 3477-7008
팩　스 | 02) 3477-7066
등　록 | 제382-2010-000006호
E-mail | gandhib@naver.com
ISBN | 978-89-97533-27-5 (03300)

* 잘못된 책은 바꾸어 드립니다.

차례

편역자의 글 / 7

제1장 개관: UN 《세계 행복 보고서 2017》 제1장 / 9
존 F. 헬리웰(John F. Helliwell), 리처드 레이어드(Richard Layard), 제프리 D. 삭스(Jeffrey D. Sachs)/우성대 옮김

제2장 세계 행복의 사회적 토대: UN 《세계 행복 보고서 2017》 제2장 / 19
존 F. 헬리웰(John F. Helliwell), 하이팡 후앙(Haifang Huang), 슌 왕(Shun Wang)/우성대 옮김

제3장 중국의 성장과 행복, 1990-2015: UN 《세계 행복 보고서 2017》 제3장 / 95
리처드 A. 이스털린(Richard A. Easterlin), 페이 왕(Fei Wang), 슌 왕(Shun Wang)/ 장시복 옮김

제4장 세계 경제 불평등 현황 : 《세계 불평등 보고서 2018》 요약문 / 149
파쿤도 알바레도(Facundo Alvaredo), 뤼카 샹셀(Lucas Chancel), 토마스 피케티(Thomas Piketty), 이매뉴얼 사에즈(Emmanuel Saez), 게이브리얼 쥬크먼(Gabriel Zucman)/ 장시복 옮김

제5장 행복과 불행의 주요 결정요인들: UN《세계 행복 보고서 2017》제5장 / 169

앤드류 클락(Andrew Clark), 사라 플레쉬(Sarah Flèche), 리처드 레이어드(Richard Layard), 나타부드 파우드타비(Nattavudh Powdthavee), 조지 워드(George Ward)/ 김영태 옮김

제6장 일과 행복: UN《세계 행복 보고서 2017》제6장 / 199

얀-엠마누엘 드 너버(Jan-Emmanuel De Neve), 조지 워드(George Ward)/정상준 옮김

제7장 미국의 행복 되찾기: UN《세계 행복 보고서 2017》제7장 / 245

제프리 D. 삭스(Jeffrey D. Sachs)/이진형 옮김

편역자의 글

UN의 《세계 행복 보고서(World Happiness Report)》는 2012년부터 2018년까지 모두 여섯 차례(2014년은 미발간) 출간된바 있는데, 그 중에서 2017년 보고서를 『행복 국가론』이라는 제목으로 번역한 것이 바로 이 책이다. 다만 《세계 행복 보고서 2017》의 제4장 "아프리카의 행복을 기다리며"(Waiting for Happiness in Africa)는 역자 사정상 《세계 불평등 보고서 2018(The World Inequality Report 2018)》의 요약문으로 대체했음을 알려드리며, 아프리카에 관한 이 글은 다음 기회에 반드시 소개할 것임을 약속드린다.

UN의 행복 보고서는 크게 두 부분으로 구성되어 있다. 하나는 행복 데이터를 토대로 세계의 행복 수준 및 추세를 분석한 것이며, 다른 하나는 행복과 연관된 구체적인 이슈들에 대해 보다 심층적으로 분석한 것이다. 본 역서의 1장과 2장은 전자의 내용에 해당하며, 나머지 내용은 모두 후자에 해당한다. 따라서 한국의 행복 현황, 즉 경제 수준에도 못 미치는 한국의 행복 수준(5.8점) 및 세계 순위(55위) 등에 대해서는 본서의 제2장에서 구체적으로 확인할 수 있을 것이다. 그리고 세계의 두 슈퍼 파워인 중국과 미국의 행복 문제에 대해서는 3장과 7장에서 살펴볼 수 있을 것이다. 또한 일과 행복의 관계, 행복의 결정요인등 행복과 관련된 중요 이슈에 대한 이론적 분석에 대해서는 5장과 6장에서 살펴볼 수 있을 것이다.

본 편역서 『행복 국가론』은 목포대학교 행복연구팀 소속 교수 중 행복 문제에 관심 있는 5명이 함께 작업한 결실임을 알려드린다. 여러 명이 그것도 전공이 다른 학자들이 모여 번역하는 바람에 번역상의 논란이 불가피했지만 가능한 한 어휘의 통일성과 내용의 일관성을 유지하기 위해 노력했다. 하지만 미흡한 부분이 적지 않을 것이므로 추후에 계속 수정·보완할 것을 약속드린다.

우리 행복 연구팀은 이미 2017년 이전의 UN 행복 보고서 내용을 주제에 따라 『세계 행복 지도』(2016), 『행복의 정치경제학』(2017), 『행복의 인문학』(2017)이란 이름으로 번역 소개한 바 있다. 행복에 관심 있는 독자들은 가능하면 이 기존의 행복 3부작도 함께 숙독하길 당부 드린다.

편역자 일동

제1장

개관*

존 헬리웰(John f. Helliwell)** · 리처드 레이어드(Richard Layard)*** ·

제프리 삭스(Jeffrey D. Sachs)****

제1장: 개요(John F. Helliwell, Richard Layard and Jeffrey D. Sachs)

UN의 첫 번째 《세계 행복 보고서》는 '행복과 웰빙에 관한 UN 고위급 회담'을 지원하기 위해 2012년 4월에 출간되었다. 그로부터 우리는 먼 길을 걸어왔다. 행복은 공공정책의 목표이자 사회발전의 올바른 척도로서 점차 인식되어 가고 있다. 2016년 6월, OECD는 "사람들의 웰빙을 정부 노력의 핵심에 두도록 성장 담론을 재정의하겠다"고 결의한 바 있다.[1] UNDP의 위원장은 최근의 한 연설에서 소위 "GDP의 폭정"(tyranny of GDP)이라고 칭할 수 있는 현상에 대

---

* 이 장은 UN《세계 행복 보고서 2017》의 제1장(Chapter 1. Overview)을 우성대 교수(목포대 정치언론홍보학과 libertywoo@hanmail.net)가 번역한 것이다.
** 캐나다 브리티쉬 콜롬비아대 경제학과 명예교수
*** 영국 런던정치경제대학(LSE) 경제성과연구소(CEP) 연구원
**** 미국 콜롬비아대 지구연구소장
1 OECD(2016) 참조.

하여 성장의 질이 보다 중요한 것임을 역설하며 비판한 바 있다. 즉, "인간 개발 및 지속가능한 개발을 동시에 달성하기 위해서 행복에 보다 많은 관심을 가지는 노력이 필요하다."

2017년 2월에 UAE는 세계정상회의(World Government Summit)의 일환으로 세계 행복에 관한 회의를 주최하였다. 이미 '세계 행복의 날'로 지정된 바 있는 3월 20일은 이제 행복 연구의 영향력을 넓히는 다양한 행사들이 열리는 중요한 날이 되었다. 금년(2017년) '세계 행복의 날'에는 UN에서 《세계 행복 보고서 2017》이 발표될 예정인데, 이에 앞서 마이애미에서 세계 행복 회의가 열릴 것이며 그 후에 로테르담의 에라스무스 대학에서 행복 연구 및 정책에 관한 회의가 3일간 이어질 것이다. 행복에 관한 관심이 커지면서 데이터와 연구가 지속적으로 쌓여가고 있다.

본 보고서는 다섯 번째 《세계 행복 보고서》이다. Ernesto Illy 재단의 장기적 후원 덕분에 이제는 연례 보고서의 발행 작업과 동시에 차기 보고서를 위해 2~3년 앞을 내다보는 심화연구 주제 및 특별주제 선정 등의 준비 작업을 함께 할 수 있게 되었다. 다음 보고서인 2018년의 행복 보고서에서는 '이민'(migration)이라는 주제에 집중하도록 할 것이다.

이하의 개관에서는 본 보고서 각 장의 주요 요지를 살펴보겠다.

제2장: 세계 행복의 사회적 토대(John F. Helliwell, Faifang Huang, Shun Wang)

본 행복 보고서는 개인 및 국가에 있어서의 행복의 사회적 토대에 특히 중점을 두고 있다. 본 장의 서두에는 150개 이상의 국가에서 3000여 명이 넘는 조사 대상자에게 자신의 현재 삶을 0점(가능한 최악의 삶을 의미함)부터 10점(가능한 최상의 삶을 의미함)까지의 점수로 평가하도록 하여 그 결과의 분포를 지역단위와 세계단위로 보여주는 표들이 제공된다. 세계 인구를 10개의 지리적 지역으로 나누어 보았을 때 응답 결과의 분포는 그 모양 및 평균값에 있어서 모두 큰 편차를 보인다. 지역과 국가별로 평균 행복 수준 또한 차이를 보였다. 세계에서 가장 행복한 10개의 국가와 가장 불행한 10개의 국가는 0~10점의 척도를 기준으로 4점에 해당하는 평균 점수의 차이를 보였다.

가장 행복한 10개의 국가는 작년과 동일하게 나왔으나, 국가 간 순위변동은 존재하였다. 특히 주목할 만한 점은 노르웨이가 1위로 약진하였다는 것인데, 그 뒤를 덴마크와 아이슬란드, 스위스가 바짝 추격하고 있다. 이 네 국가의 행복도 수치들은 평균적으로 3000여 개에 달하는 샘플로부터 추출한 평균치를 기반으로 하고 있음에도 불구하고 그 차이가 통계적으로 유의미하지는 못할 정도로 밀집하여 분포되어 있다. 국가들 간, 그리고 지역들 간의 차이의 3/4 정도는 각각 삶의 서로 다른 측면에 주목하는 여섯 가지의 핵심 변수로부터 기인하는 것으로 볼 수 있다. 위 여섯 가지의 핵심 변수란 '1인당 GDP', '건강 수명', '사회적 지지'(곤경에 처했을 때 의지할 수 있는 사람이 있는지에 따라 측정됨), '신뢰'(정부 및 기업에서의 부패 부재 정도에 따라 측정됨), '삶의 결정을 내리는데 있어서의 자유', 그리고 '너그러움'(기부활동으로 측정됨)이다. 최상위권의 10개 국가들은 위 여섯 가지 요소에서 모두 높은 순위를 기록하였다.

긍정적/부정적 정서들의 국가 간 차이는 위 여섯 요소들을 통해 충분히 설명되지 못한다. 하지만 정서적 측정치들은 삶의 평가의 설명에 추가적인 요소로 활용될 수 있는데, 이 경우에도 긍정적 정서만이 의미 있는 기여를 하고 있다. 즉, 긍정적 정서들은 자유와 사회적 지지 양자 모두에 영향을 미치는 중요한 통로를 제공하는 것으로 보인다.

2005~2007 기간과 2014~2016 기간의 삶의 평가에 대한 변동을 분석해보면 행복의 역학에서 큰 국제적 차이가 드러나고 있다. 그리고 삶의 평가가 크게 상

승한 국가들과 크게 하락한 국가들 모두가 몇몇 지역에 걸쳐 분포되어 있다.

《2017 세계 행복 보고서》의 주된 혁신은 행복을 이루는 데 사회적 요소들이 가지는 역할에 집중하게 된 점이다. 우리의 계산에 따르면, 사회적 기반을 최하 수준으로부터 2014~2016 기간의 세계평균 수준까지 높이게 될 경우, 2점에 육박하는 삶의 평가 수치(1.97점)의 상승이 있을 것으로 예상되는데 이는 건강 향상과 소득 증대로부터 비롯될 것으로 예측되는 효과들을 넘어서는 것이다. 사회적 기반 효과를 모두 합치면 1인당 GDP 및 건강 수명을 최하 수준으로부터 평균 수준까지 높였을 때의 효과들을 합친 것보다 더 클 것으로 계산된다. 특히 사회적 지지의 증대 효과, 즉 곤경에 처했을 시에 의지할 만한 사람을 가진 자들이 증가함으로써 초래되는 효과는 막대하다. 즉, 그 효과는 세계에서 가장 가난한 세 국가의 1인당 연간소득을 세계 평균으로 끌어올리는 데 드는 비용의 효과, 즉 1인당 연간소득이 16배나 상승(대략 $600로부터 $10000으로)하는 효과에 그 자체로 상응할 정도이다.

제3장: 1995~2015년 중국의 성장과 행복(Richard A. Easterlin, Fei Wang and Shun Wang)

'주관적 웰빙'(subjective well-being)이 웰빙을 재는 수단으로서 국내총생산(GDP)의 대체물이거나 보완물이라는 관심이 크게 늘어났다. 두 측정값을 비교하는 데 중국만큼 좋은 시금석이 될 수 있는 곳은 없다. 중국에서 국내총생산은 지난 25년 동안 5배 넘게 늘어났지만, 같은 기간에 주관적 웰빙은 회복과정을 거치기 전인 15년 동안 떨어졌다. 평균적으로 볼 때, 지금의 웰빙 수준은 25년 전보다 더 낮다. 이와 같은 상이한 결과는 두 측정치가 서로 다른 조사 범위를 반영하기 때문이다.

국내총생산은 삶의 경제적 측면, 그것도 단 하나의 차원인 재화와 서비스의 산출과 관련이 있다. 이와 달리, 주관적 웰빙은, 사람들의 웰빙을 결정하는 경제와 비경제의 다양한 관심과 열망을 고려하는, 개인의 웰빙에 대한 포괄적인 측정값이다. 국내총생산만으로는 중국에서 사람들의 삶에 영향을 미치는 거대한 구조 변화를 설명할 수 없다. 주관적 웰빙은 노동시장의 증대가 초래하는 걱정거리와 새로운 관심사를 담고 있다. 우리의 자료들은 1990년에서 대략 2005년까지 주관적 웰빙이 눈에 띠게 떨어졌고, 그 뒤 현저히 회복했음을 보여준다. 제3장은 실업과 사회안전망의 변화가 1990년 이후의 하락과 뒤이은 회복 모두를 설명하는데 중요한 구실을 한다는 점을 보여준다.

제4장: 『세계 불평등 보고서 2018』 요약문(Facundo Alvaredo, Lucas Chancel, Thomas Piketty, Emmauel Saez, Gabliel Zucman)

『세계 불평등 보고서 2018』은 체계를 갖추고 명쾌한 방식으로 소득과 부의 불평등을 측정하는 최신 기법에 기댄다. 이 보고서를 만들면서, 세계불평등연구소(World Inequality Lab)는 민주주의의 차이를 메우고 여러 사회 행위자에게 비공식으로 이루어지는 불평등을 둘러싼 대중 논쟁에 참여하는데 필요한 사실들을 제공하려 한다.

우리는 최근 수십 년 동안 세계의 거의 모든 지역에서, 속도는 다르지만, 불평등이 늘었음을 보여준다. 심지어 비슷한 발전수준을 가지고 있을 때에도, 불평등 수준이 나라들마다 아주 다르다는 사실은 국가 정책들과 제도들이 불평등을 만들어내는 데 중요한 구실을 한다는 것을 잘 보여준다.

최근 전 세계 시민 사이에서 불평등 추세는 어떠한가? 우리는 1980년대 이후 세계 소득의 증가가 전체 세계 인구에 어떻게 분배되었는지를 다룬 첫 추정치를 내놓는다. 전 세계 상위 1퍼센트 소득자들은 가장 가난한 50퍼센트의 사람들보다 두 배만큼 더 많은 소득을 얻었다. 하지만, 하위 50퍼센트도 상당한 소득 증가율을 누렸다. (유럽연합과 미국에서 가장 가난한 90퍼센트 소득 집단을 포함하는) 세계 중산층은 상대적으로 쪼그라들었다.

경제 불평등은, 민간이나 공공이 소유할 수 있는, 불평등한 자본 소유에 따른 것이다. 우리는 1980년 이후, 부유한 나라든 신흥국이든, 거의 모든 나라에서 공공자산이 민간자산으로 대규모로 이전되었음을 보여준다. 국부는 크게 늘어났지만, 지금은 부유한 나라들에서 공공자산이 마이너스이거나 영에 가깝다. 논란의 여지가 있지만 이것은 불평등을 저지하는 정부의 능력을 제한한다. 틀림없이, 이것은 개인들 사이의 부의 불평등에 중요한 의미를 지닌다.

대규모 사유화와 나라 안에서 증가하는 소득 불평등의 증가가 결합하면서, 이것이 개인들 간 부의 불평등 증가에 기름을 부었다. 미국과 러시아에서, 부의 불평등 증가는 심각했지만, 유럽에서는 이것이 더 완화되었다. 부의 불평등은 아직 부유한 나라들에서 20세기 초의 극단적인 수준에 이르지는 않았다.

우리는 각기 다른 시나리오를 따라 2050년까지 소득과 부의 불평등을 예측한다. '아무런 조치도 하지 않는 상황'이 지속되는 미래에는, 전 세계 불평등이 더 늘어날 것이다. 그렇지만, 만약 다가올 몇 십 년 동안 모든 나라들이 지난날의 유럽의 완화된 궤적을 따른다면, 전 세계 불평등은 줄어들 수 있다. 또한 이것은 전 세계 빈곤을 제거하는 데 큰 진전을 이룰 수 있다.

전 세계 소득과 부의 불평등을 억제하려면, 국가와 전 세계 조세정책의 중대한 변화가 필요하다. 여러 나라의 교육정책, 기업지배구조, 임금정책도 재평가할 필요가 있다. 통계의 투명성도 핵심이다.

제5장: 행복과 불행의 주요 결정요인(Andrew Clark, Sarah Fleche, Richard Layard, Nattavudh Powdthavee and George Ward)

　이 장은 삶의 만족으로 측정되는 행복과 불행에서 개인들 사이의 커다란 변량을 설명하는 요인을 밝히기 위해 미국, 호주, 영국 그리고 인도네시아의 설문조사를 활용한다. 핵심 요인은 경제적 변수(소득과 고용 등), 사회적 요인(교육과 가정생활 등), 그리고 건강(정신적 그리고 육체적)을 포함한다. 세 서구 사회 모두에서 진단된 정신적 질환은 소득, 고용 혹은 육체적 질환보다 중요한 것으로 나타났다. 모든 나라에서 육체적 건강 역시 중요했으나, 어떤 나라에서도 그것이 정신적 건강보다 중요하지는 않았다.

　이 장은 불행을 삶의 만족에 있어 절단 값 아래에 있는 것으로 규정한다. 그리고 만약 빈곤, 낮은 교육, 실업, 홀로 살기, 정신적 질환과 육체적 질환을 제거하는 것이 가능하다면 불행에 처한 인구 부분이 어느 정도 감소하는지를 보여준다. 모든 나라에서 가장 강력한 효과는 정신적 질환의 주된 형태인 우울증과 불안장애로부터 나온다.

　이 장은 다음으로 성인이 만족한 삶을 가지는 데 아동 발달의 어떤 요인이 가장 잘 예측할 수 있는지 알아보기 위해 영국 세대조사 자료를 활용한다. 학업수준은 정서적 건강과 아동의 행태보다 나쁜 예측변수이다. 결국, 아동의 정서적 건강과 행태의 가장 좋은 예측변수는 자녀 어머니의 정신적 건강이다. 학교 역시 아동의 웰빙에 아주 중요한 결정요인이다.

　종합적으로, 정신적 건강이 소득보다 서구 국가의 행복 격차를 더 잘 설명한다. 정신적 질환은 인도네시아에서도 역시 중요하지만, 소득보다는 덜 중요하다. 어디에서도 육체적 질환이 정신적 질환보다 불행의 더 큰 원천은 아니다. 마찬가지로, 아동시절로 돌아간다면 미래 성인에 대한 핵심 요인은 어머니의 정신적 건강과 초등학교와 중등학교의 사회적 분위기이다.

제6장: 일과 행복(Jan-Emmauel De Neve, George Ward)

이 장에서는 노동과 일자리가 사람들을 행복하게 만드는데 어떤 역할을 하는지 고찰하고, 주관적인 웰빙 척도와 고용의 지위·일자리 유형·일터의 특성들과의 연관을 연구한다.

일자리 보유가 상당히 중요하다는 점은 우리의 분석 전반에 걸쳐 분명하게 드러나며 이는 세계 어느 지역에서도 유효하다. 세계 인구 전체로 보면, 일자리를 가진 사람들이 그렇지 못한 이들에 비해 자신의 삶의 질을 훨씬 긍정적으로 평가한다. 행복을 위한 고용의 중요성은 곧 실업이 초래할 위험을 드러낸다. 이처럼 이 장에서 우리는 실업의 동학을 더 깊게 파고들어 개인의 행복이 시간이 흐르더라도 좀처럼 실업에 적응하지 못하며 과거의 실업 기간이 재고용 이후에도 지속적인 영향을 줄 수 있음을 보인다. 또한 데이터 분석 결과에 따르면 실업이 늘어나면 심지어 고용된 이들까지 포함하여 모든 이들이 부정적인 영향을 받는다. 이 같은 결과는 개인 수준뿐만 아니라 거시경제 수준에서도 확인되는데, 전 세계적으로 일국의 실업률이 해당 나라의 행복과 부정적인 상관관계를 보여주는 것이다.

우리는 또한 행복과 일자리의 유형의 관계를 고찰하여 육체노동이 더 낮은 수준의 행복감과 체계적으로 연관되어 있음을 주장한다. 이러한 결과는 건설·광업·제조업·운송·농림어업 등 모든 노동집약적인 산업에 공히 해당된다.

마지막으로 이 장에서 우리는 일자리의 질에 주목하면서 특정한 일자리의 특징들이 행복과 어떤 관련을 맺는지를 연구한다. 그 결과 보수가 좋은 일자리에 종사하는 이들이 더 행복하고 자신의 삶과 일자리에 만족하리라는 예상과 달리, 더 큰 행복감과 강하게 연관되어 있는 것은 일자리의 숱한 다른 측면들, 바로 일과 삶의 균형, 자율성, 다양성, 직업 안정성, 사회적 자본, 산업안전 등이다.

제7장: 미국인들의 행복 되찾기(Jeffrey D. Sachs)

유엔 행복 보고서는 행복에 있어 사회적 관계가 중요하다는 것을 지속적으로 강조한 바 있는데, 이 장은 이것이 미국의 사례에서 어떻게 나타났는지를 보여주기 위해 지난 10년간 미국의 행복지수 동향에 주목한다. 이 장에서는 먼저 지난 10년간 미국의 캔트릴 사다리(Cantrill Ladder) 지수가 10점 척도를 기준으로 0.51포인트 하락하였음을 보여준다. 다음으로 이 장에서는 이렇게 하락된 값을 여섯 가지 요인으로 분해한다. 이 설명변수들 중 두 변수 즉 수입과 건강 수명은 미국인들이 더 행복해지는 요인으로 작용했다. 하지만 나머지 네 사회적 변수들은 악화되었다. 다시 말해 사회적 지지와 자유의식은 더 낮아졌고, 기부는 적어졌으며, 정부와 기업의 부패는 더 심해졌다. 2장에서 사용한 가중치 추정방법을 사용했을 때, 캔트릴 사다리 지수 전체 하락점수 0.51점 중 0.31점은 이 네 가지 요인으로 설명될 수 있다. 수입과 건강 수명이 높아진 것은 합쳐 봐야 미국인들의 캔트릴 사다리 지수를 0.04점 정도 높이는데 그쳤다. 그리고 캔트릴 지수 전체 하락점수 중 거의 50%는 이들 여섯 가지 변수로 설명되지 않았다.

요컨대 이 장은 미국인들의 행복지수가 떨어지는 것은 경제적 원인 때문이라기보다는 사회적 원인 때문이라고 결론짓는다.

참고문헌

OECD (2016), *Strategic Orientations of the Secretary-General: For 2016 and beyond*, Meeting of the OECD Council at Ministerial Level Paris, 1-2 June 2016. https://www.oecd.org/mcm/documents/strategic-orientations-of-the-secretary-general-2016.pdf.

제2장

세계 행복의 사회적 기반*

존 헬리웰(John F. Helliwell)** · 하이팡 후앙(Haifang huang)*** · 슌 왕(Shun Wang)****

> 본 행복 보고서는 개인 및 국가에서 행복의 사회적 토대에 특히 중점을 두고 있다. 본 장의 서두에는 150개 이상의 국가에서 3000여 명이 넘는 조사 대상자에게 자신의 현재 삶을 0점(가능한 최악의 삶을 의미함)부터 10점(가능한 최상의 삶을 의미함)까지의 점수로 평가하도록 하여 그 결과 분포를 지역단위와 세계단위로 보여주는 표들이 제공된다. 세계 인구를 10개의 지리적 지역으로 나누어 보았을 때 응답 결과의 분포는 그 모양 및 평균값에서 모두 큰 편차를 보인다. 지역과 국가별로 행복 수준 또한 차이를 보였다. 세계에서 가장 행복한 10개의 국가와 가장 불행한 10개의 국가는 0~10점의 척도를 기준으로 4점에 해당하는 평균 점수의 차이를 보였다.

---

* 이 장은 UN《세계 행복 보고서 2017》의 제2장(Chapter 2. Social Foundations of World Happiness)을 우성대 교수(목포대 정치언론홍보학과 libertywoo@hanmail.net)가 번역한 것이다.
** 캐나다 브리티쉬 콜롬비아대 경제학과 명예교수.
*** 캐나다 앨버타대 경제학과 교수.
**** 한국 KDI 국제정책대학원 조교수.

가장 행복한 10개의 국가는 작년과 동일하게 나왔으나, 국가 간 순위변동은 존재하였다. 특히 주목할 만한 점은 노르웨이가 1위로 약진하였다는 것인데, 그 뒤를 덴마크와 아이슬란드, 스위스가 바짝 추격하고 있다. 이 네 국가의 행복도 수치들은 평균적으로 3000여 개에 달하는 샘플로부터 추출한 평균치를 기반으로 하고 있음에도 불구하고 그 차이가 통계적으로 유의미하지는 못할 정도로 밀집하여 분포되어 있다. 국가들 간, 그리고 지역들 간의 차이의 3/4 정도는 각각 삶의 서로 다른 측면에 주목하는 여섯 가지의 핵심 변수로부터 기인하는 것으로 볼 수 있다. 위 여섯 가지의 핵심 변수란 '1인당 GDP', '건강 수명', '사회적 지지'(곤경에 처했을 때 의지할 수 있는 사람이 있는지에 따라 측정됨), '신뢰'(정부 및 기업에서의 부패 부재 정도에 따라 측정됨), '삶의 결정을 내리는데 있어서의 자유', 그리고 '너그러움'(기부활동으로 측정됨)이다. 최상위권의 10개 국가들은 위 여섯 가지 요소에서 모두 높은 순위를 기록하였다.

긍정적/부정적 정서들의 국가 간 차이는 위 여섯 요소들을 통해 충분히 설명되지 못한다. 하지만 정서적 측정치들은 삶의 평가의 설명에 추가적인 요소로 활용될 수 있는데, 이 경우에도 긍정적 정서만이 의미 있는 기여를 하고 있다. 즉, 긍정적 정서들은 자유와 사회적 지지 양자 모두에 영향을 미치는 중요한 통로를 제공하는 것으로 보인다.

2005~2007 기간과 2014~2016 기간의 삶의 평가에 대한 변동을 분석해보면 행복의 역학에서 큰 국제적 차이가 드러나고 있다. 그리고 삶의 평가가 크게 상승한 국가들과 크게 하락한 국가들 모두가 몇몇 지역에 걸쳐 분포되어 있다.

《2017 세계 행복 보고서》의 주된 혁신은 행복을 이루는데 있어 사회적 요소들이 가지는 역할에 집중하게 된 점이다. 우리의 계산에 따르면, 사회적 기반을 최하 수준으로부터 2014~2016 기간의 세계평균 수준까지 높이게 될 경우, 2점에 육박하는 삶의 평가 수치(1.97점)의 상승이 있을 것으로 예상되는데 이는 건강 향상과 소득 증대로부터 비롯될 것으로 예측되는 효과들을 넘어서는 것이다. 사회적 기반 효과를 모두 합치면 1인당 GDP 및 건강 수명을 최하 수준으로부터 평균 수준까지 높였을 때의 효과들을 합친 것보다 더 클 것으로 계산된다. 특히 사회적 지지의 증대 효과, 즉 곤경에 처했을 시에 의지할만한 사람을 가진 자들이 증가함으로써 초래되는 효과는 막대하다. 즉, 그 효과는 세계에서 가장 가난한 세 국가의 1인당 연간소득을 세계 평균으로 끌어올리는 데 드는 비용의 효과, 즉 1인당 연간소득이 16배나 상승(대략 $600로부터 $10000으로)하는 효과에 그 자체로 상응할 정도이다.

1. 입문

UN의 최초 행복 보고서인 《세계 행복 보고서 2012》(World Happiness Report 2012)가 발간된 지 거의 5년이 되었다. 그 보고서의 핵심 목표는 '주관적 웰빙'(subjective well-being)을 측정하고 이해하기 위한 과학적 방법을 탐구하는 것이었다. 그 이후 2013년, 2015년, 2016년에 연속으로 발간된 《세계 행복 보고서》들은 이를 더욱 보강하였다. 《세계 행복 보고서》 시리즈를 처음 접하는 사람들에게 이번 2017년도 보고서가 더욱 유용하게 활용될 수 있도록 하기 위해 본 장에서는 이해를 돕는 차원에서 기존의 핵심적인 연구결과들을 충분히 반복 수록하였다. 그리고 기존 보고서들을 넘어서 행복의 사회적 기반에 대해 보다 깊이 탐구하였다.

본 보고서의 국가 간, 그리고 국가 내 행복의 수준, 변화, 결정요인에 대한 분석은 소위 '캔트릴 사다리 설문'(Cantril Ladder Question)으로 지칭되는 다음의 설문에 대하여 연간 150여 개 이상의 국가로부터 대략 각 1000명의 삶의 평가 응답 결과를 기반으로 하고 있다. 즉, "사다리 하나를 상상해 보십시오. 최하 계단에는 0점, 최상 계단에는 10점이 매겨져 있는데, 여기서 10점의 꼭대기는 당신에게 있어 최상의 삶을, 0점의 사다리 바닥은 최악의 삶을 나타냅니다. 현재 당신은 그 사다리의 몇 번째 다리에 서 있다고 생각하십니까?"[1] 기존과 동일하게 이 보고서에서도 각 국가에 대한 삶의 평가 평균값을 제공할 것인데, 이 2017년 행복 보고서는 가장 최근 3년(2014, 2015, 2016년)에 시행된 조사의 평균치를 토대로 했다.

이어서 이전 보고서들과 마찬가지로 이번 보고서에서도 우리는 6개의 핵심 변수들이 국가별 행복도 평균값들을 설명하는 데 어떻게 기여하는지 보여주려 시도할 것이다. 여기서 말하는 여섯 가지 핵심 변수란 1) 1인당 GDP, 2) 사회적 지지, 3) 건강 수명, 4) 사회적 자유, 5) 자선(generosity), 6) 부패의 부재 등을 말한다. 다만 위 여섯 가지 변수들을 사용해 각 국가의 행복도를 구성한 것은 아니라는 점에 유의하여야 한다. 여섯 가지 변수들은 국가 간 행복도의 차이를 설명하기 위하여 이용될 뿐이다. 또한 우리는 정서경험들, 특히 긍정적 정서경험들이, 이러한 삶의 조건들에 더해서, 삶의 평가 점수를 높이는 데 얼마나 기여할 수 있는지도 살펴볼 것이다.

그 다음으로, 사회적 맥락의 여러 측면들이 어떻게 국가 내, 그리고 국가 간 개인의 삶의 평가의 수준 및 분포에 영향을 미치는지 고찰할 것이다. 기존의 행복 보고서들에서는 여섯 개의 핵심 변수들로 설명이 가능한 삶의 평가의 국제적 변량 중 대략 절반 정도는 1인당 GDP 및 건강 수명으로부터 기인하며, 나머지는 사회적 맥락의 각기 다른 측면을 반영하는 다른 4개의 변수들로부터 기인함을 밝힌 바 있다.《2017년 세계 행복 보고서》에서는 이러한 사회적 기반 문제들을 보다 깊이 탐구할 것이며, 스스로 자신의 삶을 평가하는데 있어 나타나는 개인 및 국가 간의 차이가 어떻게 사회적 요인들을 통해 설명될 수 있는지에 대해 보다 상세히 살펴볼 것이다. 여기서는 사회적 맥락의 서로 다른 측

1　이는 'Cantril Self-Anchoring Striving Scale'(캔트릴 자아준거적 성취척도)이라고도 칭해진다(Cantril, 1965).

면들을 구성하는 4개 요인들만을 고려하는 것이 아니라, 사회적 맥락이 어떻게 나머지 2개의 핵심 변수들(1인당 실질 소득 및 건강 수명)에 영향을 주는지도 고려할 것이다.

본 장에서는 우선 주관적 웰빙의 국가 내, 그리고 국가 간 측정을 위해 '삶의 평가'(life evaluations)를 사용하는 방법 및 이유에 대한 최신의 검토 내용을 제시하도록 할 것이다. 그 다음으로는 국가 내, 국가들 간, 그리고 세계 지역들의 삶의 평가 평균값에 대한 데이터를 제시할 것이다. 그리고 시간의 흐름에 따라 삶의 평가 평균값에서 나타나는 국가 간의 차이를 설명하기 위한 최근의 연구 내용이 제시될 것이다. 그 다음으로는 2005~2007과 2014~2016 간의 삶의 평가 평균값 변동 상황을 담은 최신 자료를 제시할 것이다. 마지막으로, 세계 행복의 사회적 기반에 대한 보다 상세한 고찰을 한 연후에 최신 자료 및 그 의미에 대한 결론을 요약 제시함으로써 본 장을 마무리지을 것이다.

2. 행복을 측정하고 이해하기

제1차 행복 보고서인《세계 행복 보고서 2012》의 2장에서 우리는, 지난 30여 년 동안 주로 심리학 분야 내에서 이루어진 바 있는, 주관적 웰빙 측정을 위한 다양한 척도의 개발 과정 및 검토 과정에 대해 설명한 바 있다. 이 분야의 발전은 그 이후로 점차 가속이 붙어 관련 주제에 대한 과학적 논문의 숫자가 빠른 속도로 불어났다.[2] 그리고 주관적 웰빙에 대한 측정 작업이 이 영역 전문가들의 기술적 조언 하에 인도되면서, 보다 많은 국가 및 국제 통계 기관들이 직접 이

---

2   Diener, Lucas & Oishi(2016)는 주관적 웰빙에 대한 학술논문들이 지난 25년간 100배 가까이 증가한 것으로 예측하고 있다. 1980년에 약 연간 130건이던 논문이 2014년에는 거의 15000건 가까이 증가한 것이다.

작업을 떠맡게 되었다.

2012년 제1차 행복 보고서가 나올 무렵에 이미 주관적 웰빙을 구성하는 3대 요소들 사이에 명확한 구분이 그어졌다. 즉, 1)삶에 대한 평가, 2)긍정적 정서경험(긍정적 감정), 3)부정적 정서경험(부정적 감정)이 그것이다-〈Technical Box 1〉 참조. 이러한 구분을 토대로 2013년에 OECD는, 주관적 웰빙에 대한 장단형의 질문 모듈들을 포함하고 있는,[3] 〈주관적 웰빙 측정에 관한 가이드라인〉(Guidelines on Measuring Subjective Well-being)을 발표한 바 있다.[4] 이 중 단형 모듈의 핵심 부분은 삶에 대한 평가 질문인데, 이 질문은 현재의 삶에 대한 만족감을 0점부터 10점까지의 11점 척도에서 평가해 줄 것을 응답자에게 요청하고 있다. 또한 둘 내지 셋의 정서 질문들이 이를 뒤따르고 있다.

〈Technical Box Ⅰ〉: 주관적 웰빙 측정하기

OECD(2013)의 〈주관적 웰빙 측정에 관한 가이드라인〉은 그 도입부에서 이전의 '경제 및 사회 진보 측정 위원회'(Commission on the Measurement of Economic and Social Progress)로부터 다음과 같은 개념 정의와 권고안을 인용하고 있다.

"주관적 웰빙은 서로 다른 3가지 측면을 모두 아우르는 것이다. 즉 자신의 삶에 대한 인지적 평가, 긍정적 정서(즐거움, 긍지 등), 부정적 정서(고통, 분노, 근심 등)가 그것이다. 이러한 주관적 웰빙의 3가지 측면들은 각자 다른 결정요인들을 지니고 있지만, 어떤 경우이든 이 결정요인들은 사람들의 소득과 물질적

---

[3] 이는 2012년의 첫 번째 〈세계 행복 보고서〉에서 이루어진 OECD 사례 연구에서 예견된 것인데, 〈2013 세계 행복 보고서〉의 OECD 관련 장에서 더 상세하게 설명된 바 있다. Durand & Smith(2013) 참조.

[4] OECD(2013) 참조.

조건들에 한정되지 않으며 이들을 넘어선다… 주관적 웰빙의 3가지 측면들은 사람들의 삶의 질을 보다 포괄적으로 측정하기 위해, 그리고 그것의 결정요인들(객관적인 조건들을 포함하는)을 보다 잘 이해하기 위해, 개별적으로 측정되어야 한다. 국가의 통계기구들은 사람들의 삶에 대한 평가들, 쾌락 경험들, 그리고 삶의 우선적 가치들을 포착하기 위해, 그들의 표준적 조사에 주관적 웰빙에 대한 질문들을 포함시켜야 한다."[5]

이어서 OECD의 〈가이드라인〉은 국가의 통계기관들이 그들의 가계조사에서 사용할 수 있는 핵심적인 질문 모듈을 권장하고 있다. 즉,

"핵심적인 측정 모듈은 두 가지 요소로 구성된다.

첫째 요소는 삶의 평가에 대한 질문인데, 이는 가장 우선적인(primary) 측정법이다. 이것은 주관적 웰빙의 측정을 위한 절대적 최소치이다. 따라서 모든 국가의 통계기관들은 이 질문을 매년도의 가계조사 내에 반드시 하나의 항목으로 포함시키도록 권장하는 바이다.

두 번째 요소는 다시 두 형태의 질문으로 구성된다. 즉, 1) 정서에 관한 일련의 간략한 질문들과 2) 실험적인 '에우다이모니아적' 질문들(삶의 의미와 목적에 관한 질문)이 그것이다. 이 두 형태의 질문은 삶의 평가에 대해 측정하는 위의 우선적 질문을 보완해주는 역할을 한다. 이것들이 주관적 웰빙의(다른 동인들을 지닌) 다른 측면들을 포착할 수 있게 해주기 때문이다. 주관적 웰빙에 대한 측정방식들은 그 본성에서 서로 차이가 있다. 그런데 이러한 차이점이 문화적 요인들 및 여타 요인들로 인해 발생하게 마련인 측정 상의 과오를 서로 보완해 줄 수 있을 것이다. 두 번째 질문들이 위의 우선적인 평가적 질문들과 함께 활용

---

[5] Stiglitz et al.(2009, p.216).

되는 것이 가장 바람직할 것이다. 하지만, 두 번째 질문들은 첫째 질문보다는 우선성이 보다 낮은 것으로 간주되어야 한다."[6]

현재 거의 모든 OECD 국가들은[7] 그들의 조사에 0~10점 척도의 삶에 대한 평가 질문을 포함하고 있는데, 이 질문은 통상적으로 '삶의 만족'(life satisfaction)에 관한 질문이다. 그렇지만 이보다 훨씬 전부터 이미 여러 국가의 통계기관들이 삶의 평가 측정치들을 축적하려는 노력을 기울여왔다. 그리고 이제는 국가 간 상호 비교가 가능할 정도의 조사들이 갤럽월드폴(GWP)을 통해 이루어지고 있다. 즉 GWP는 2005년 이래 점차 국가 수를 확대해가며 조사해오고 있는데, 이제 조사 대상은 세계의 거의 모든 국가를 망라할 정도다. GWP는 하나의 삶의 평가 질문과 함께 다양한 긍정적, 부정적 경험에 대한 질문도 포함하는데, 이 경험적 질문들은 주로 어제의 긍정적, 부정적 정서경험에 대한 것들이다. 그러나 이 보고서의 2장에서 우리는 GWP의 삶에 대한 평가 질문을 우선적으로 활용코자 한다. 〈표 2.1〉이 보여주듯이, 삶의 평가들은 그 변화양상이 보다 국제적이며, 또한 삶의 조건들에 의해 보다 쉽게 해명되기 때문이다. 그렇지만 다음 장인 3장에서는 여섯 가지의 긍정적, 부정적 정서경험들에 대해서도 살펴볼 것이며, 그것들이 세계의 9개 지역별로 연령과 성별에 따라 어떻게 변하는지도 살펴볼 것이다.

그런데 이 OECD의 가이드라인에서 특징적인 것 중 하나는 응답자가 그들의 삶에서 의미감이나 목적감을 느끼는지에 관한 질문 형태도 동반되고 있다는 점이다. 하지만 이 UN의 행복 보고서들에서는, 행복을 측정함에 있어 흔히 '에우다이모니아적'(eudaimonic) 질문으로 불리는 이러한 형태의 질문을 포함시

---

6 OECD(2013, p.164).
7 가장 최근의 OECD 목록은 이 보고서의 온라인 부록에서 얻을 수 있다.

키지는 않을 것이다.⁸ 삶에서 의미감을 느끼느냐의 여부, 목적의식을 지니는지의 여부가 주관적 웰빙에 영향을 미치는 중요한 요소라는 것을 우리는 부정하지 않는다. 하지만 우리는 이것을 주관적 웰빙에 대한 직접적인 측정 방식으로 보지는 않기에 이러한 질문을 포함시키지는 않을 것이다. 삶의 의미와 목적에 관한 질문은 아리스토텔레스의 '에우다이모니아'(eudaimonia) 개념에서 연원하는 것인데, 아리스토텔레스는 목적의식을 지니는 것이 자신의 삶의 질을 반성적으로 평가하는데 있어 핵심이 되어야 한다고 믿었던 철학자이다.

《세계 행복 보고서 2015》의 2장에서, 우리는 주관적 웰빙에 대한 다양한 측정법들로부터 얻을 수 있는 여러 정보 형태들을, 여러 국가 및 여러 조사로부터 얻은 증거들을 토대로 검토한 바 있다.⁹ 그러면 이러한 작업을 통해 얻은 주요 메시지는 무엇인가? 가장 중요한 메시지는 다음과 같은 결론을 내리는 것이 가능하게 되었다는 것이다. 즉, 통상적으로 활용되는 삶의 평가 방식 세 가지—'캔트릴 사다리'(Cantril ladder), '삶의 만족'(satisfaction with life), '삶에 대한 전반적 행복감'(happiness with life in general)—모두가 주관적 웰빙에 영향을 미치는 변수들(variables)의 상대적 중요성에 대해 구조적으로 거의 일치되는 스토리를 말해주고 있다는 것이다. 하지만 지금까지는 이러한 메시지와 다른 주장을 하는 경우도 더러 있었다.

예컨대, 여러 해 동안 그렇게 생각되었으며 또한 여전히 문헌에서 자주 보고되고 있는 내용인데, 사다리를 프레이밍 장치로 사용하고 있는 '캔트릴 사다

---

8 Ryff & Singer(2008) 참조. 삶의 의미와 목적에 관한 질문이 광범위한 세계 조사에서 최초로 사용된 것은 2006년과 2007년의 갤럽월드폴(GWP) 조사였다. 그것은 또한 유럽사회조사(Huppert et al., 2009)의 3차 조사에도 도입되었다. 그 이후 그것은 영국 통계국의 웰빙에 관한 네 가지 핵심질문 중 하나가 되었다(Hicks et al., 2013).

9 Helliwell, Layard, & Sachs(2015, 제2장, pp.14-16) 참조. 〈세계 행복 보고서 2015〉의 해당 장의 pp.18-20에서도 웰빙의 다양한 지수들에 비해 주관적 웰빙의 직접적 측정치들을 선호하는 이유가 설명되어 있다.

리'(Cantril ladder) 질문에 대한 응답자의 답변들이 '삶의 만족'(life satisfaction) 질문에 대한 답변에 비해 소득에 더 의존적이라는 주장이 있다. 이에 대한 증거는 갤럽월드폴(GWP)에서 캔트릴 사다리를 활용한 모델을 세계가치조사(WVS)에서의 삶의 만족 질문에 기반을 둔 모델과 비교함으로써 나온 것이다. 그러나 서로 다른 2개의 조사에 기반을 둔 이러한 비교 작업은, 불행하게도 서로 다른 성격의 두 조사 결과를 직접 비교한 셈이다. 따라서 의문이 해소된 것은 아니다. 만약 같은 응답자에게 같은 척도로 두 질문이 주어진다면 의문이 풀릴 수 있을 터인데, 실제로 갤럽월드폴(GWP)의 2007년 조사에서는 두 질문이 같은 응답자에게 같은 척도로 주어졌다.[10] 그래서 이제 비로소 의문이 풀리게 되었다. 이런 방식의 조사에서는 주관적 웰빙에 작용하는 소득의 효과가 - 그리고 거의 모든 여타 요인들의 효과가- 두 질문에서 서로 일치되는 결과를 보여주었다. 따라서 캔트릴 사다리 측정치가 소득에 더 의존적이라는 주장은 설득력을 상실하게 되었다. 그리고 보다 강력한 설명력은 두 가지 응답의 평균값을 활용함으로써 얻을 수 있다는 것도 이 조사가 보여주었다.[11]

질문 문항에 "행복"(happiness)이라는 표현이 직접 포함되었을 경우, 그것은 삶의 만족 질문이나 캔트릴 사다리 질문에 비해 소득에 덜 의존적인 답변들을 이끌어낸다는 믿음도 한때 존재한 바 있다. 그러한 증거는 세계가치조사(WVS)에서의 행복 답변과 삶의 만족 답변의 비교를 토대로 한 견해에서 얻은 것이며,[12] 또한 캔트릴 사다리를 어제의 행복감(그리고 어제의 다른 정서들)과 비교함

---

10 갤럽사는 이러한 과학적 문제에 대한 논의가 가능토록 하기 위해 '삶의 만족'(life satisfaction)에 관한 질문을 포함시키는 것에 대해 2007년에 흔쾌히 동의한 바 있다. 하지만 불행하게도 지면이 한정된 관계로 이후의 연속되는 조사에서 삶의 만족을 핵심적인 질문으로 설정하는 것이 아직까지 실현되지 못하고 있다.

11 Helliwell, Barrington-Leigh, Harris, & Huang(2010, p.298) 참조.

12 Diener et al.(2010)의 〈표 2.1〉참조. 여기서 Diener는 국가적 수준에서 일인당 GDP가 행복에 대한 대답보다는 세계가치조사(WVS)의 삶의 만족에 대한 대답과 좀 더 밀접한 관련이 있음을 보여주고 있다. 또한 Helliwell & Putnam(2005, p.446)의 〈그림

으로써 얻은 것이다. 두 형태의 비교는 모두 '행복' 답변에 대한 소득 효과들이 삶의 만족이나 캔트릴 사다리 답변들에 비해 유의미하게 작다는 것을 보여주었다. 하지만 두 결론은 모두 상호 비교 불가능한 데이터의 활용에 기초한 것이다. 세계가치조사(WVS)의 데이터를 활용한 첫째 비교는 다른 척도로 측정한 것일 뿐만 아니라 행복에 관한 질문 양식이 정서적 요소와 평가적 요소가 결합될 수 있는 형태의 질문에 근거한 것이다. 그리고 갤럽월드폴(GWP) 데이터에 기반한 두 번째 문헌은 '어제의 행복'(happiness yesterday)과 캔트릴 사다리를 비교하고 있는데, 여기서 어제의 행복은 경험적/정서적 반응이지만 캔트릴 사다리는 명백히 평가적인 척도이다. 이상의 맥락에서 볼 때, 소득이라는 요소가 정서 보다는 삶의 평가에 더 많은 연관성을 지니고 있다는 우리의 연구결과는 일반적으로 적용될 수 있는 결과이며, 잘 확립된 결론이라 할 수 있다.[13]

그러면 '행복'이 삶에 대한 평가의 일부로 사용되는 경우는 어떠한가? 즉 만약 응답자들이, 자신의 삶 전반에 얼마나 만족해 하느냐는 질문 대신에, 자신의 삶 전반에 얼마나 행복해 하느냐고 질문을 받는다면 어떠한가? 이 경우 '만족'(satisfaction) 개념 대신에 '행복'(happiness) 개념을 사용하는 것이 소득 및

17.2〉에서는, WVS의 삶의 만족 대답과 행복에 대한 대답에 대한 부분적 소득의 반응을 개인적 수준의 방정식들 내에서 비교하여 같은 결과를 보여주고 있다. 삶의 만족이 행복에 비해 소득의 효과가 더 크게 나타나는 이러한 비교들이 지닌 하나의 난점은 서로 다른 응답 척도에 놓여있다. 이는 서로 다른 결과가 나타나는 한 가지 이유가 된다. 두 번째 이유도 있는데, 아마도 이것이 보다 중요한 이유일 것이다. 즉, WVS의 행복 질문이 정서적 질문과 평가적 질문의 중간 지점 어딘가에 놓여있다는 사실이다. 갤럽월드폴의 데이터를 사용한 Diener의 〈표 1.3〉은 소득과 삶의 만족보다는 소득과 캔트릴 사다리 사이에 보다 높은 연관이 있음을 보여주지만, Hellwell et al.(2010)의 〈표 10.1〉에 따르면, 이는 서로 다른 응답자들을 활용했기 때문이라는 것을 알 수 있다.

[13] 개인 수준의 데이터를 사용한 예는 Kahneman & Deaton(2010) 참조. 그리고 국가 수준에 대해서는 Helliwell & Wang et al.(2013, p.19), 또는 본 보고서 2장의 〈표 2.1〉 참조.

여타 요인들이 응답에 미치는 효과에 영향을 미치는가? 이것은 중요한 의문이다. 하지만 유럽사회조사(ESS)가 똑같은 응답자에게 '삶에의 만족'(satisfaction with life)과 '삶에의 행복'(happy with life)이라는 두 질문을 동시에 던지고, 0점에서 10점까지의 척도로 대답해달라고 했을 때까지는 이 의문에 대해 어떠한 결정적인 해답도 구할 수 없었다. 하지만 이제는 의문이 풀렸다. 두 질문에 대한 유럽사회조사의 응답들이 다음의 사실을 보여주었기 때문이다. 즉, 소득을 포함한 핵심 변수들은 모두 두 질문에 대한 응답에 동등한 영향을 미쳤으며, 그만큼 이번에도 역시 보다 강력한 설명력은 두 설문의 응답결과의 평균값을 구함으로써 얻을 수 있었다.

또 하나 꽤나 인기를 끌던 견해가 있었는데, 그것은 개인적 수준에 있어 삶의 평가에서 나타나는 변화들이 대체로 일시적인 것에 불과하다는 주장이다. 사람들이 그들의 조건에 빠르게 '적응(adaptation)'하게 됨으로써 각자 그들이 가졌던 '기저수준'(baseline levels)으로 되돌아가게 된다는 것이다. 하지만 이러한 견해는 네 가지의 서로 독립적인 계열의 증거들에 의해 반박된 바 있다.

첫째로, 삶의 평가 평균값은 국가들 간에 유의미하고도 체계적인 차이를 보이며, 이런 차이들은 기본적으로 이들이 처한 '삶의 조건들'(life circumstances)에 의해 설명된다. 이러한 증거는 새로운 삶의 조건에 대한 신속하고도 완전한 '적응'이란 있을 수 없음을 암시한다.

둘째로, 같은 국가 내의 부분적 인구집단들 간에도 삶의 평가에서 차이를 보이는 경우가 있는데, 이러한 차이가 지속적인 추세를 보이는 증거가 나타나고 있다. 이러한 증거는 집행되는 정책에 따라 삶에 대한 평가가 계속 변화할 수 있다는 점을 시사하는 것이다.[14]

---

[14] Barrington-Leigh(2013)에 따르면, 퀘벡 지역의 삶의 만족도는 캐나다의 다른 지역에 비해 현저히 크게 상승했다고 한다. 즉, 25년에 걸쳐 축적된 삶의 만족도 상승의 폭이 중위 가계소득이 3배로 늘었을 때의 효과를 능가할 정도에 이른다고 한다.

셋째로, 주요한 생애 사건들에 대한 개인적 수준의 부분적 적응이 자연스러운 인간의 반응이라고 할 수 있음에도 불구하고, 생애 사건들 중에서도 중대한 장애나 실직 사건이 행복에 지속적으로 영향을 미친다는 매우 강력한 증거들이 존재한다.[15] 결혼의 경우에는 어느 정도의 논란이 존재한다. 영국의 패널 데이터를 활용한 최근의 일부 조사결과에 따르면, 결혼 몇 해 후에는 사람들의 삶의 만족도가 기존 수준으로 되돌아간다고 하는데, 이러한 조사결과는 소위 '설정값'(set-point) 개념이 보다 일반적인 적용가능성을 갖는다는 주장을 뒷받침하는 논거가 되어왔다.[16] 하지만 같은 데이터를 활용한 후속 연구에 따르면, 결혼생활이 실로 행복에 장기간에 걸쳐 지속적인 혜택을 준다고 보고하고 있다. 특히 결혼은 중년기의 큰 행복 하락을 방지해주고 있는데, 이 중년기는 대다수 국가들에서 삶의 평가 수준의 최저점을 나타내는 시기이다.[17]

넷째이자 세계적 맥락에서 특히 적실성을 지니는 것이 있는데, 그것은 바로 이민에 대한 연구를 통해 나온 증거이다. 이 연구결과에 따르면, 이민자들의 평균적 삶의 만족도 및 분포가 떠나온 기존 국가의 국민들보다는 이민하여 간 새로운 국가의 국민들의 삶의 만족도 및 분포와 유사하게 나타나고 있다.[18] 이와 같은 결과는 삶의 평가가 삶의 조건들에 의존한다는 사실을 명확하게 보여주는 것이며, 또한 삶의 평가가 '설정값 가설'(set point hypothesis)이 요구하는 기저선 수준으로 필연적으로 되돌아가는 것이 아님을 확증해주는 것이다.

---

15 Lucas et al.(2003)과 Yap et al.(2012) 참조.
16 Lucas et al.(2003)과 Clark Georgellis(2013) 참조.
17 Yap et al.(2012)과 Grover & Helliwell(2014) 참조.
18 Internatioal Organization for Migration(2013, chapter 3)과 Frank, Hou, & Schellenberg(2016), Helliwell, Bonikowska and Shiplett(2016) 참조.

3. 왜 삶의 질의 국제적 비교를 위해 '삶에 대한 평가'를 사용하는가?

이전에 발간된 네 차례의 《세계 행복 보고서》를 통해 우리는 정서경험과 삶의 평가 자료를 폭 넓게 제시한 바 있다. 그리고 방대한 정보를 통해 우리는 정서적 보고와 평가적 보고 양자가 서로 연결되는 방식에 대해 이해를 심화시킬 수 있었다. 우리의 결론은 다음과 같다. 즉, 두 측정방식은 성격상 서로 다르지만 각자 상대의 존재 이유를 강화시켜주며, 또한 서로의 이해를 증진시켜준다는 것이다. 그렇지만 삶의 평가 측정치들이 전반적인 삶의 질을 포괄적으로 포착하고 있기 때문에, 국제 비교를 위한 가장 유익한 척도는 '삶의 평가'(life evaluations)가 제공해 준다는 것이다.

예컨대 삶의 평가들은 전반적인 삶의 조건들을 보다 긴밀하게 반영하는 반면에, 어제의 행복에 대한 '정서경험적 보고들'은 질문이 주어진 날의 사건과 상황에 의해 잘 설명된다. 미국의 갤럽/헬스웨이스 웰빙 지수 조사(Gallup/Healthways Well-being Index Survey)의 일상적 표본이 되고 있는 대다수 미국인들은 주말에 보다 행복감을 느꼈는데, 그 행복의 수준은 일의 유무에 따른 사회적 맥락에 의존했다. 정서적 경험에 대해 이른바 '주말 효과'(weekend effect)가 나타난 것이다. 하지만 높은 신뢰관계를 지닌 작업장에서 일하는 사람들의 경우에 이러한 주말효과는 사라진다. 그들은 직장 상사를 보스로서 보다는 동료로 간주하며, 주중에 지녔던 사교적 시간들을 주말에도 계속 유지했다.[19]

이와 달리 같은 설문조사에서 동일한 대상자들에 대한 '삶의 평가들'에는 아

---

[19] Stone et al.(2012)와 Helliwell & Wang(2014)의 〈표 3〉과 〈표 4〉참조. 기분에 관해 보고할 때 요일효과가 나타난다는 것에 대해서는 Ryan et al.(2013)도 보여주고 있다.

예 주말 효과가 나타나지 않았다.[20] 이는 다음의 사실을 의미한다. 즉, 인생 전반에 관한 평가적 질문에 응답할 때, 사람들은 매일 그리고 매시간의 미세한 변동사항들을 초월하여 인생을 바라보는 경향이 있으며, 따라서 그들의 대답은 주중이나 주말이나 별로 차이가 없다는 것이다. 그 반면에, 삶의 평가들이 요일에 따라 변화하는 것은 아니지만, 그것들은 정서적 보고들에 비해 삶의 조건의 차이에 훨씬 더 즉각적으로 반응하여 훨씬 큰 변동폭을 보인다. 이는 국가 간의 비교이든,[21] 개인 간의 비교이든[22] 모두 마찬가지다.

게다가 삶에 대한 평가는 정서에 비해 국가 간의 편차가 더 심하다. 삶의 평가의 세계적 변량 중 거의 1/4이 국가 간에 나타난다. 물론 이는 같은 국가에 사는 개인 간에 나타나는 삶의 평가 변량인 3/4에 비해 적은 수치이기는 하다. 하지만 이러한 1/4의 삶의 평가 지분은 긍정적 정서(7%) 혹은 부정적 정서(4%)의 몫에 비해 월등히 큰 것이다. 이렇게 차이가 나는 이유 중 하나는 소득의 역할 때문이다. 즉 소득은 정서 보다는 삶의 평가에서 보다 강력한 역할을 수행하는데, 바로 이 소득이 국가들 간에 매우 불평등하게 분배되어 있다. 예컨대 가계 소득 간 차이는 국가 내 개인들에 비해 국가들 사이에서 40% 이상 크게 나타난다.[23]

---

20 Stone et al.(2012)와 Helliwell & Wang(2014)의 〈표 3〉과 〈표 4〉 참조. 삶의 평가에서 요일효과가 나타나지 않는다는 것에 대해서는 Bonikowska et al.(2013)도 보여주고 있다.
21 《세계 행복 보고서 2013》의 〈표 2.1〉이 보여주듯이, 삶의 조건들을 묘사해주는 6개의 변수들은 국가별 삶의 평가에서 나타나는 변량의 74%를 설명해준다. 이에 비해 긍정적 정서 측정치는 48%를, 부정적 정서 측정치는 23%를 설명해 준다. Helliwell & Wang(2013, p.19) 참조.
22 약 65만 명의 개인응답자를 세계적 표본으로 활용할 경우, 같은 6개 삶의 조건들(건강 기대수명에 대한 질문에 대신해서 건강문제에 대한 질문을 사용함)의 개인적 수준의 측정값들은 삶의 평가에서의 변량의 19.5%를 설명해주는데, 이는 긍정적 정서의 7.4%와 부정적 정서의 4.6%와 비교된다.
23 《세계 행복 보고서 2012》의 〈표 2.1〉이 보여주고 있다. Helliwell et al.(2012, p.16) 참

이 두 가지의 쌍생아적 사실들—즉, 삶에 대한 평가가 정서보다 국가 간 훨씬 더 큰 차이를 보인다는 것, 그리고 이러한 삶의 평가의 차이가 정서적 차이에 비해 삶의 조건들에 의해 훨씬 잘 설명된다는 것—은 국제적 비교를 함에 있어 삶에 대한 평가를 주된 척도로 사용해야만 할 충분한 이유를 우리에게 제공해 준다.[24]

그러나 삶의 평가에 핵심적인 역할을 부여한다고 해서 이것이 경험적/정서적 측정방식에 의해 제공되는 중요한 정보를 우리가 무시하거나 경시할 필요가 있다는 것을 의미하지는 않는다. 그 역으로 우리는, 삶의 목적에 대한 측정과 더불어, 웰빙에 대한 경험적 정서측정을 계속 진행해야 할 여러 이유를 흔쾌히 인정한다. 이것들 역시 주관적 웰빙을 이해하고 측정하려는 우리의 시도에서 중요한 요소들이기 때문이다. 이것은 최소한 원칙상 타당한 것으로 인정되어야 한다. 우리의 증거들이 경험적/정서적 웰빙과 삶의 목적의식이, 삶의 조건들이 지닌 결정적 역할 이외에도, 삶의 평가에 중요한 영향을 미친다는 것을 계속 가리켜주고 있기 때문이다. 우리는 〈표 2.1〉에서 이에 대한 직접적인 증거, 특히 긍정적 정서의 중요성에 대한 직접적 증거를 제시할 것이다. 게다가 《세계 행복 보고서 2015》의 3장에서 우리는, 성별과 연령집단 그리고 세계지역들을 대상으로 한 주관적 웰빙의 변동에 대한 우리의 분석에서, 경험적 정서보고들에게 핵심적인 위치를 부여한 바 있다. 즉, 여기서 성별과 연령별 구분에 따른 차이가, 그 차이의 패턴이 다양한 척도에 따라 다르게 나타나고 있지만, 상

조.

[24] 이러한 비교들이 의미가 있으려면, 삶의 평가들이 다양한 문화와 연관이 있는 것과 마찬가지로 삶의 조건들과 연관이 있어야 할 것이다. 이처럼 중요한 문제가 《세계 행복 보고서 2015》에서 상세하게 논의된 바 있다. 제시된 증거가 가진 부담은 그 데이터가 문화적 차이들-특히 라틴 아메리카의 경우에-에도 불구하고 구조적으로 비교 가능해야 한다는 것이다. Exton, Smith, & Vandendriessche(2015)의 후속 연구가 이러한 결론을 확정해 주고 있다.

당한 수준으로 나타나고 있다. 물론 그 차이는 국가 간 삶의 평가 차이에 비하면 확연히 작은 것이기는 했다.

또한 우리는 삶의 평가에서의 불평등 측정치를 정서에 있어서의 불평등 측정치와 비교할 수 있었다면 좋았겠으나, 안타깝게도 이는 현재로서는 불가능하다. 갤럽월드폴(GWP)의 정서적 질문 모두가 간단한 "예/아니요" 형태로 양자택일적 응답을 하도록 제안하고 있기 때문이다. 그래서 "예(1점) 또는 아니오(0점)"의 평균값을 말할 수 있을 뿐 그 배분상황에 대해서는 아무것도 말할 게 없다. 그러나 삶의 평가에는 0점에서 10점까지 11개의 응답 범주가 있어서, 우리는 각 국가와 지역의 배분 형태를 비교할 수 있으며, 이것들이 시간이 경과함에 따라 어떻게 진화하는지도 관찰할 수 있다.

4. 왜 '지수'(Index)가 아닌가?

그렇다면 왜 본 보고서에서는, 웰빙적 삶에 영향을 미치는 요인들을 취합해 지수를 구축하거나 기존에 사용되는 지수를 채택하는 대신에, 실제 사람들의 삶의 평가를 활용하는 것일까? 이에 대해 네 가지 주요한 이유가 있다.

첫째로, 우리는 사람들 스스로 자신의 인생에 대해 내리는 평가가 본질적으로 중요하다고 생각한다. 이러한 실제적 삶의 평가에는 전문가들이 개발해낸 그 어떤 지수에도 담겨 있지 않은 파워와 리얼리티가 담겨있다. 객관성을 담보하기 위해 각고의 노력을 다하는 본 보고서의 관점에서 볼 때, 본 보고서에서 제공하는 각종 순위 결정은 개인들의(인구수에 기반한) 샘플에서 수집된 기본 데이터에 전적으로 의존하는 것이 매우 중요한 일이다. 그들의 삶의 질에 영향을 미칠 수 있다고 생각되는 그 무엇이나, 영향을 미쳐야만 한다고 생각되는 그 무엇에도 의존해서는 결코 안 된다. 그래서 본 보고서의 평균점수들은 갤럽월드폴(GWP) 조사자에게 개인 답변자들이 보고한 내용을 그대로 반영하고 있을 뿐이다.

둘째로, 삶의 평가들은 사람들이 자신의 삶에 부여하는 가치체계를 나타내게 마련인데, 이러한 사실은 우리가 삶의 평가 데이터를 행복에 기여하는 변수들을 확인하기 위한 조사의 기초로 삼을 수 있다는 것을 의미한다. 이는 특히나 삶의 조건 차이의 상대적 중요성의 이해와 관련하여 유용하기 때문에 행복을 향상시킬 수 있는 대안적 방식들을 찾아내고 비교하는 것을 보다 용이하게 해준다.

셋째로, 본 보고서의 데이터가 각 국가들의 인구수 기반의 샘플로부터 도출된 것이라는 사실은 우리가 우리의 측정값에 대한 신뢰 구간을 계산하고 제공할 수 있다는 것을 의미하며, 그래서 이를 통해 제공된 각종 순위들이 통계적으로 유의미할 정도로 충분히 큰 차이점들에 근거하고 있는지 그렇지 않은지를 확인할 수 있는 방식을 제공해 준다. 만약 인접한 등위에 있는 국가들이 모두 표본의 변량 범위 내의 값들을 가지는 것이 분명하다면, 그 때는 그 국가들이 통계적으로는 등가의 삶의 평가 평균값을 지니는 것으로 취급하는 것이 마땅하다고 결론내릴 수 있을 것이다.

넷째로, 모든 대안적 지수들은 모두 무엇을 중시하는지에 관한 해당 지수 설계자의 개인적 견해에 상당히 의존하고 있다. 그러나 그 정도를 가늠하긴 어려운데, 이러한 불확실성은 그러한 지수를 웰빙의 전반적 척도로 취급하는 것을 어렵게 만들며, 또한 개별적 구성요소들의 변량이 포괄적 점수에 미치는 영향의 정도를 계산하기 어렵게 만든다. 이러한 문제가 해결되었다고 하더라도 이것이 지수의 '타당성'(validity)을 구현시켜 주는 것도 아니다. 지수라는 것 자체는 그것의 부분들의 합에 불과하며 웰빙의 독립적 척도가 아니라는 점에서, 이와 같은 불확실성이야말로 대안적 지수들을 웰빙의 전반적 척도로 삼는 것을 꺼리게끔 해 준다.

이하에서는 설문 응답자들이 그들의 삶을 어떻게 평가하는지를 토대로 측정한 삶의 평가 점수의 세계적, 지역적 분포 상황에 대해 살펴보는 데서 출발할 것이다. 본 장의 나머지 내용에서는 삶의 평가의 측정방식으로 오로지 '캔트릴 사다리'(Cantril ladder)가 사용될 것이며, "행복"(happiness) 개념과 "주관적 웰빙"(subjective well-being) 개념을 서로 교환 가능한 것으로 사용될 것이다. 따라서 앞으로 시도될 주관적 웰빙의 수준 또는 변화에 관한 우리의 모든 분석은 오로지 캔트릴 사다리에 근거한 삶의 평가에만 따른 것이다.

5. 행복의 세계적 분포 현황

〈그림 2.1〉의 패널들은 세계 전체 및 10개 지역의 행복 분포 현황을 보여주는 막대 그림들을 포함하고 있다.[25] 이 그림들은 '캔트릴 사다리'(Cantril ladder) 설문을 통해 그들의 현재 삶을 0점에서 10점까지 매겨달라는 요청에 대한, 2014-2016 기간에 나타난, 응답들의 분포 현황을 보여준다. 여기서 0점은 가능한 최악의 삶을, 그리고 10점은 가능한 최고의 삶을 나타낸다.

---

[25] 전 세계 및 지역별 평균을 구할 때 우리는 인구-조정 가중치를 사용한다. 갤럽의 독자적인 가중치는 각 국가의 응답자의 수와 일치하도록 되어있다. 2014~16 기간의 인구-조정 가중치를 산출하기 위해서는 먼저 갤럽의 가중치를 조정하여 해당 기간 동안에 각 국가가 동일한 가중치를 지니도록(투표로 따지면 1국가 1표제와 같은 방식) 하였고, 그 다음으로는 각 국가의 2015년 15세 이상 인구수를 1국가 1표제에 따른 해당 가중치에 곱하여 인구-조정 가중치를 산출하였다. 분석을 단순화하는 취지에서 모든 국가/지역의 2014~16 기간에 대하여 2015년 인구를 활용하였다. 15세 이상 인구수는 15세 이상 인구의 비율(이를 수식으로 표현하면 1-(0~14세 인구비율)이다)에 총인구를 곱한 것과 동일하다. 대부분의 자료는 World Development Indicators(2016)의 것을 사용하였다. 보다 구체적으로 보자면 0~14세 인구비율 관련 통계자료는 World Development Indicators(2016)의 "Population ages 0-14(percent of total)"과 "Population, total"에서 가져왔다.

〈그림 2.1〉 인구 가중치를 준 행복 분포 현황, 2014-2016

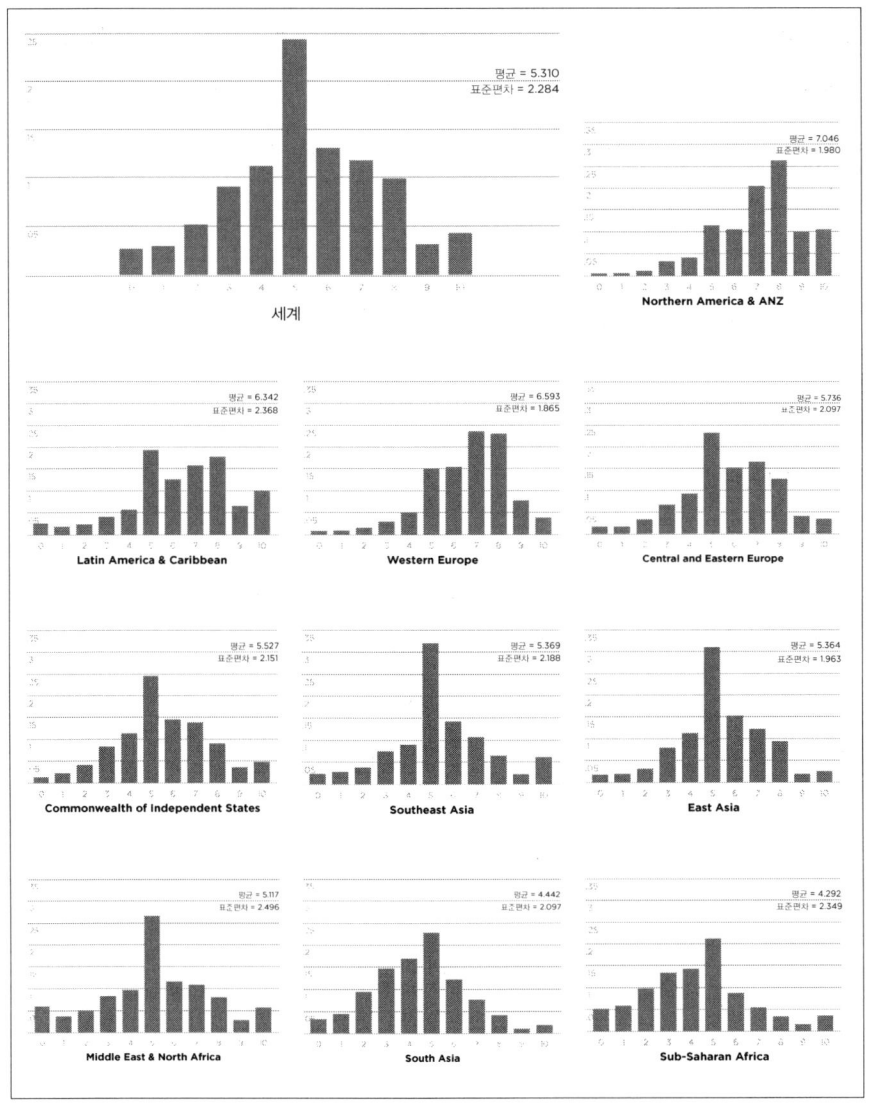

다음 〈표 2.1〉에서 우리는 국가-연도별 삶의 평가 평균값과 긍정적/부정적 정서 측정치에 대한 최신의 분석모델을 제시한다. 비교의 편의를 위해, 이 표는 《세계 행복 보고서 2016》의 〈표 2.1〉과 동일한 기본구조를 지니도록 하였다. 다만 새 표는 2015년 하반기 및 2016년 전체의 자료를 포함하였다. 그래서 국

〈표 2.1〉 국가별 평균 행복도를 설명하기 위한 회귀식(결합자료를 통한 최소제곱추정)

독립변수	종속변수			
	캔트릴 사다리	긍정 정서	부정 정서	캔트릴 사다리
일인당 GDP (로그값)	0.341 (0.03)***	-.002 (0.009)	0.01 (0.008)	0.343 (0.06)***
사회적 지원	2.332 (0.407)***	0.255 (0.051)***	-0.258 (0.047)***	1.813 (0.407)***
건강 기대수명	0.029 (0.008)***	0.0002 (0.001)	0.001 (0.001)	0.028 (0.008)***
생애 선택의 자유	1.098 (0.31)***	0.325 (0.039)***	-.081 (0.043)*	0.403 (0.301)
관대성	0.842 (0.273)***	0.164 (0.031)***	-.006 (0.029)	0.482 (0.275)*
부패 인식	-.533 (0.287)*	0.029 (0.028)	0.095 (0.025)***	-.607 (0.276)**
긍정 정서				2.199 (0.428)***
부정 정서				0.153 (0.474)
연도 고정 효과	포함	포함	포함	포함
국가 수	155	155	155	155
관찰 횟수	1,249	1,246	1,248	1,245
조정된 결정계수	0.746	0.49	0.233	0.767

주해: 이것은 2005년에서 2016년까지 10여 년에 걸쳐 캔트릴 사다리 점수에 대한 모든 가용한 설문자료를 결합하여 구축한 패널자료를 통해서 최소제곱추정(OLS) 방법으로 추정한 결과이다. 각 예측변수들에 대한 보다 자세한 정보를 위해서는 〈테크니컬 박스 2〉를 보라. 상관계수들은 국가별로 응집되어 괄호 안에 강한 표준 오차들(robust standard errors)로 보고되고 있다. ***, **, 그리고 *는 각각 1, 5와 10% 수준의 통계적 유의도를 가리킨다.

가-연도별 관찰 회수가 131회(약 12% 정도)나 늘어났다.[26] 하지만 이로 인해 추

---

[26] 통계 부록에서는 연도별 효과에 대한 자료가 포함되지 않은 대안적 형태의 표가 수록되어 있으며(부록 〈표 13〉), 〈표 2.1〉의 방정식에 따른 결과에 연도별 효과의 예측값을 반영한 표 역시 수록되어 있다(부록 〈표 8〉). 위 결과들을 통해 연도별 효과를 포

정 방정식에 미치는 변화는 매우 미미한 정도였다.[27] 〈표 2.1〉에는 4개의 회귀방정식이 존재한다. 그중 첫째 방정식은 〈그림 2.2〉에서 보여주는 막대 그림들을 구성하기 위한 토대를 제공해주는 것이다.

첫째 회귀방정식은 6개의 핵심 변수를 토대로 국가별 삶의 평가 평균값을 설명한다. 여기서 6개의 핵심 변수란 1인당 GDP, 사회적 지원, 건강 수명, 생애 선택의 자유, 그리고 부패이다.[28] 이 6개 변수를 함께 고려할 경우, 이들은 연간 국가 평균 사다리 점수에서 발생하는 변량의 거의 3/4을 설명해준다. 여기에 사용된 데이터는 2006년에서 2016년에 이르는 자료를 망라한 것이다. 만약 모델의 연도 고정 효과들이 제거된다 해도, 이 모델의 예측력은 거의 변하지 않는다. 즉, 조정된 결정계수가 74.6%에서 74%로 떨어지는 정도다.

위의 〈표 2.1〉의 2열과 3열은 긍정적, 부정적 정서의 국가별 평균값을 추정하기 위한 회귀방정식에서 1열에서 사용했던 6개의(독립) 변수들을 그대로 사용한다. 여기서 긍정적, 부정적 정서 양자는 모두 '어제'의 정서적 경험을 묻는 질문에 대한 응답의 평균치에 기반하고 있다. 일반적으로, 정서 수준은 삶의 평가 측정치에 비해 위의 6개 변수들에 의해 훨씬 덜 설명되는데, 특히 부정적 정서가 그러하다. 그러나 변수들의 영향력은 상황에 따라 큰 차이가 난다. 가계 소득과 건강 수명은 삶의 평가에 큰 영향을 미치지만 긍정적 정서, 부정적 정서 어느 것에도 큰 영향을 미치지 못한다. 하지만 '사회적 변수'(social variables)라 할 수 있는 나머지 4개의 변수들은 이들과 경우가 다르다. 긍정적/부정적 정서가 0점~1점의 척도를 토대로 측정되는 반면에, 삶의 평가는 0점~10점의 척도를 토대로 한다는 것을 염두에 둘 때, 대표적인 사회적 변수인 '사회적 지원'은

함하는 것이 각 계수에 아무런 영향을 미치지 않음을 확인할 수 있는데, 이는 우리가 연구과정에서 바라던 바와 일치한다.
27 통계 부록 〈표 7〉에서 비교분석한 바와 같다.
28 변수들에 대한 개념 정의는 〈표 2.1〉의 주해에 실려 있다. 보다 구체적인 내용은 온라인 데이터의 부록 참조.

긍정적 정서에 미치는 영향력이 삶의 평가에 미치는 것과 같은 비율의 영향력을 지니는 것으로 볼 수 있으며, 부정적 정서에의 영향력은 약간 더 작기는 하지만 그래도 상당한 편이다. 한편 '선택의 자유'와 '관대성'은 삶의 평가보다 긍정적 정서에 훨씬 큰 영향을 미친다. 그리고 '사회적 지원'과 '자유'가 확대되고 '부패'가 줄어들면 부정적 정서경험은 현저히 축소된다.

4열에서 우리는 긍정적 정서와 부정적 정서를(독립) 변수로 추가해 1열의 삶의 평가 회귀방정식을 재구성했으며, 이를 통해 긍정적 정서들을 계속 지니는 것이야말로 훌륭한 삶에 이르는 첩경이라는 아리스토텔레스적 추정을 부분적으로 검증해 보았다.[29] 가장 두드러진 특징은 그 검증의 결과들이 '긍정심리학'(positive psychology)이 발견한 핵심적인 사실, 즉 긍정적인 정서경험을 하는 것이 부정적인 정서경험을 하지 않는 것에 비해 훨씬 더 중요하다는 사실을 상당 부분 확인해 준다는 것이다. 긍정적 정서는 〈표 2.1〉의 마지막 방정식에서 매우 크고 유의미한 영향을 미치지만 부정적 정서는 그렇지 못했다.

4열의 마지막 회귀방정식에서 변수들의 상관계수를 살펴보자면, 긍정적 정서에 큰 영향을 미치는 변수들-특히 '자유'와 '관대성'-에서만 상관계수의 변화가 크게 나타난다. 그래서 우리는 긍정적인 정서들이(캔트릴 사다리로 측정되는) 삶의 평가를 높이는 데 큰 역할을 한다고 우선 추론할 수 있으며, 이어서 삶의 평가에 미치는 자유와 관대성의 영향력 중 대부분이 긍정적 정서들에 미치는 그들의 영향력에 의해 매개된다고 추론할 수 있다. 즉, 자유와 관대성은 긍정적 정서에 큰 영향을 미치고, 이어서 그 긍정적 정서가 삶의 평가에 영향을

---

[29] 이러한 영향력은 직접적일 수도 있는데, 이에 대해서는 De Neve et al.(2013)의 예가 보여주듯이 이미 많은 사람들에 의해 발견된 바 있다. 그것은 또한 좋은 기분들이 여러 종류의 긍정적 관계들을 유발하는데 기여함으로써 결국에는 보다 나은 삶의 조건들을 위한 토대를 제공해준다는 아이디어로 구현되기도 한다. 그러한 아이디어를 Fredrickson은 '확장 및 구축 이론'(broaden-and-build theory)으로 정리한 바 있다. Fredrickson(2001) 참조.

미치게 된다는 것이다.

〈Technical Box 2〉 〈표 2.1〉의 예측인자들에 대한 상세한 정보

1. 여기서 말하는 '일인당 GDP'는 '구매력 평가'(Purchasing Power Parity)를 기준으로 2011년도의 국제달러 시세로 측정된 것을 말하며, 2016년 8월 세계은행에서 발표한 세계발전지표(World Development Indicators)에서 취한 것이다. 이 식에서는 일인당 GDP에 자연 로그를 취한 값을 사용했는데, 자료형태를 감안할 때 이 값이 일인당 GDP를 그대로 사용하는 것보다 훨씬 적합하기 때문이다.

2. '사회적 지원'(즉 곤경 시에 의지할 만한 사람을 가지는 것)은 갤럽월드폴(GWP)의 다음과 같은 질문에 대한 양자택일적 응답(0점 또는 1점)의 국가평균치이다. 즉, "만약 당신이 곤경에 처했을 때, 당신은 언제든지 당신의 요청에 응해 줄 의지할 만한 친척이나 친구가 있습니까, 없습니까?"

3. '건강 수명'에 대한 연도별 자료는 세계보건기구(WHO)와 세계발전지표(WDI)의 데이터를 토대로 구축되었다. WHO는 2012년도의 '건강 수명'에 대한 데이터를 출간한 바 있다. 기대수명에 대한 연도별 자료는 WDI에서 구할 수 있지만, 이 자료는 '기대수명'에 대한 것이지 '건강(기대)수명'에 대한 것은 아니다. 그래서 우리는 연도별 건강(기대)수명을 구하기 위해 다음의 전략을 채택했다. 즉, 우선 우리는 2012년도의 양 자료를 토대로 국가별로 기대수명에 대한 건강(기대)수명의 비율을 산출했다. 그런 다음 이 비율을 다른 해에 적용해서 건강(기대)수명을 산출했다. 보다 자세한 사항들에 대해서는 부록을 참조하시오.

4. '생애 선택에서의 자유'는 갤럽월드폴의 다음 질문에 대한 양자택일적 응답의 국가 평균치이다. 즉 "당신의 생애에서 당신은 하고 싶은 일을 하면서 살

고 있습니까, 그렇지 못합니까?"
5. '관대성'은, "당신은 지난 달 자선단체에 돈을 기부하신 적이 있습니까?"라는 질문에 대한 응답의 국가 평균치를 일인당 GDP에 회귀시켜 얻은 잔차이다.
6. '부패 인식'은 다음 두 질문에 대한 응답의 평균값이다. 즉 "부패가 정부에 만연해있습니까, 그렇지 않습니까?", 그리고 "부패가 경제 부문에 만연해있습니까, 그렇지 않습니까?" 정부 부패에 대한 데이터가 빠져있을 경우에는, 경제 부문에 대한 부패 인식만으로 전반적 부패 정도를 측정했다.
7. '긍정적 정서'는 어제의 긍정적 정서경험들, 즉 행복감과 웃음, 즐거움에 대한 갤럽월드폴의 3-7회(2008년에서 2012년까지, 그리고 일부는 2013년의) 측정치의 평균값으로 정의된다.
8. '부정적 정서'는 어제의 부정적 정서경험들, 즉 근심과 슬픔, 분노에 대한 모든 측정치의 평균값을 말한다.

한편 갤럽월드폴(GWP)의 조사는 '삶의 목적'(life purpose)이 과연 삶의 평가를 높이는 데 중대한 역할을 하는지 여부를 확인케 해주는 자료들을 포함하고 있지는 못하다. 그러나 새롭게 접근 가능해진 영국 데이터의 광범위한 샘플들을 통해서 우리는 다음의 사실을 확인할 수 있었다. 즉, 삶의 조건들이나 긍정적 정서들의 역할과는 별개로, '삶의 목적'을 갖는 것이 삶에 대한 평가를 높이는데 강한 긍정적 역할을 수행한다는 것이다.

6. 국가별 행복 순위

〈그림 2.2〉는 2014~2016 기간의 국가별 사다리 점수를 보여준다. 이 사다리 점수는 현재 삶의 질을 0점에서 10점까지 평가해달라는 '캔트릴 사다리'(Cantril ladder) 설문에 대한 응답의 평균값이다. 모든 국가가 해당 연도에 조사대상이 된 것은 아니며, 따라서 통계 부록에 보고된 국가들은 전 세계의 실제 국가 수에 비해 적을 수밖에 없었다. 순위에 오를 국가 수를 늘리기 위해 우리는 이 기간의 자료는 없지만 2013년도의 자료는 존재하는 국가를 하나 포함시켰다. 이에 따라 〈그림 2.2〉에는 총 155개 국가의 정보가 수록되게 되었다. 〈그림 2.2〉의 각 막대 그림의 오른쪽 수평선은 각각 95%의 신뢰구간을 보여주는데, 이 신뢰구간은 대상 국가의 표본이 보다 커질수록 좁게 나타나게 된다.

각 막대의 전체 길이는 모두 평균점수를 나타내는데, 이는 국가별로 숫자로도 표기되어 있다. 〈그림 2.2〉에 매겨진 순위들은 오직 응답자들이 직접 보고한 캔트릴 사다리 평균점수에 만 근거했으며, 이들 이외의 제3자의 생각이나 의지가 개입된 것은 아니다.

각 막대는 7개 부분으로 세분화됨으로써 사다리 점수의 근거를 찾고자 하는 본 연구진의 노력을 드러내고 있다. 앞의 6개 부분은 6가지의 핵심 변인들이 국가별 사다리 점수에 얼마나 기여하는가를 최악의 가상 국가인 "디스토피아"의 변수값들과 비교하여 계산된 정도를 나타낸다. "디스토피아"(Dystopia)라고 이름을 붙인 이유는, 〈표 2.1〉에서 사용된 6개 핵심 변수들 각자가 2014~2016 기간에 이곳에서 세계 최저의 평균값에 상응하는 변수값을 지녔기 때문이다. 우리는 디스토피아를 6개 요인(변수) 각각의 관점에서 국가가 이룬 성과와 상호 비교하기 위한 '기준점'(benchmark)으로 활용코자 한다. 이러한 기준점의 선택은 모든 실제 국가에서 6개 요인 각자로부터 이룬 기여도가 모두 '음'(-)이 아닌 '양'(+)의 값을 갖도록 하기 위한 선택이다. 우리는 〈표 2.1〉의 추산을 토대로 해서 2014~2016 기간의 디스토피아 사다리 점수를 계산했는데, 디스토피아는 0~10점 척도에서 1.85점에 해당하는 점수를 보여준다. 각 막대 마지막의 7번째 부분은 두 가지 요소의 합을 나타낸다. 하나는 2014~2016 기간의 디스토피아의 삶의 평가 평균값(=1.85)이다. 두 번째는 각 국가 자체의 예측오류

(잔차)인데, 이는 삶의 평가가 〈표 2.1〉 1열의 회귀방정식에 의한 예측치에 비해 높거나 낮게 나타나는 정도에 의해 측정된다. 잔차는 양(+)의 값도 음(-)의 값도 지닐 수 있다.[30]

각 막대의 6개 부분은 6개 요인(변수) 각자가 국가의 삶의 평가 평균점수에 기여하는 정도를 보여주는데, 이것이 어떻게 이루어지는가를 보다 상세히 설명하는 것이 도움이 될 것이다. '건강 수명'의 예를 들어보자. 멕시코의 경우 이 요인을 나타내는 막대부분은 두 개의 수치를 곱한 것이다. 하나는 멕시코 건강 수명 항목에서(디스토피아의) 세계 최저치를 뺀 수치이고, 다른 하나는 〈표 2.1〉에서 멕시코의 건강 수명이 삶의 평가에 미치는 영향력을 나타내는 계수값이다. 이런 식으로 각 부분들의 폭이 다양하게 나타나는데, 이는 6개 변수들 각자가 국가별로 다양한 기여를 하고 있다는 것을 보여준다. 하지만 이런 식의 계산은 확정적인 것이라기보다는 예시적인 것에 불과하다고 할 수 있는데, 몇 가지 이유로 인해 그러하다. 우선, 변수들의 선택이 모든 국가들에게 가용한 것인지에 의해 제한을 받는다. 일인당 GDP나 건강 수명과 같은 전통적인 변수들에 대한 자료 수집은 용이한 편이다. 하지만 사회적 맥락과 관련된 변수들은, 이들이 각종 실험적 연구나 국가적 조사에서 삶의 평가와 강한 연관성을 보여주는 것들임에도 불구하고, 갤럽이나 여타의 세계적 규모의 기관에서 충분히 조사되지 못하고 있다. 이와 같은 제한된 선택의 문제가 있음에도 불구하고 우리는 다음의 사실을 발견한 바 있다. 즉 사회적, 제도적 맥락과 연관된 4가지 변수―

---

[30] 우리는 6개 요인들이 기여하는 것들을 전체 국가별 막대 그림의 왼 편에 설정했는데, 이런 배열 방식이 전체 막대의 길이가 삶의 평가 질문에 대한 평균 응답에만 의존한다는 것을 보다 쉽게 보여주기 때문이다.《세계 행복 보고서 2013》에서 우리는 이와는 다른 배열 방식을 채택했다. 즉 국가들의 잔차 규모를 좀 더 쉽게 비교하기 위해 각 막대의 왼편에 디스토피아와 잔차 요소들의 결합을 설정했다.《세계 행복 보고서 2015》에서도 그러한 비교가 똑같이 가능하도록 하기 위해, 우리는 온라인의 통계 부록에서 그 그림의 대안적 형태도 포함시켰다.

사회적 지원, 관대성, 생애 선택의 자유, 부패 인식-의 총합이 각 국가에서 예측된 사다리 점수와 디스토피아의 점수 간 차이의 50% 이상 책임이 있다는 것이다. 2014-2016 기간의 사다리 점수의 국가 평균인 5.35점은 디스토피아의 사다리 점수인 1.85점보다 3.5점 더 높다. 이 3.5점 중에서 34%에 해당하는 가장 큰 부분은 사회적 지원으로부터, 그리고 28%에 해당하는 두 번째로 큰 부분은 일인당 GDP로부터 발생하며, 그 뒤를 건강 수명(16%), 사회적 자유(12%), 관대성(7%), 부패(4%) 순으로 뒤따르고 있다.[31]

이처럼 변수 선택이 제한적이라는 것은, 우리가 사용하는 변수들이 보다 나은 다른 변수들에게, 그리고 측정불가능한 다른 요인들에게, 빚지고 있을 수 있다는 것을 의미한다. 이러한 제한된 변수 선택의 문제 이외에도 다른 문제가 있을 수 있다. 즉, 변수들 상호 간에 선순환 또는 악순환이 존재할 가능성도 있다. 예컨대, 보다 행복한 삶을 사는 사람들은 더 오래 살고, 더 신뢰적이고, 더 협조적이며, 대체로 인생의 어려움에 보다 잘 대처하는 경향이 있으며,[32] 이것들이 환류하여 다시 건강, GDP, 관대성, 부패, 자유에 영향을 미칠 것이다. 마지막으로, 변수들 중 일부는 삶의 평가에 참여하는 같은 부류의 응답자들에게서 파생되는 것이며, 따라서 응답자들이 지닌 '공통 요인'(common factors)에 의해 결정될 가능성이 있다. 하지만 이러한 위험은 국가 평균을 활용할 경우 대폭 줄어든다. '인성'(personality) 및 다양한 삶의 조건들에 있어서의 개인적 차이가 국가 수준에서는 결국 평균에 수렴하는 경향을 보이기 때문이다.

본 보고서에서 제공하는 결과들이 같은 설문자들로부터 삶의 평가, 사회적 지원, 자유, 자선 및 부패에 대한 응답을 받았다는 이유로 편향성을 우려하는 사람도 있을 수 있다. 하지만 심각하게 편향되어 있는 것이 아니라는 점을 보

---

31 온라인 통계 부록의 〈표 18〉에서는 이 수치들에 대해 더 상세하게 설명하고 있다.
32 이러한 환류가 빈번하게 일어난다는 것이 《세계 행복 보고서 2013》의 4장에 기록되어 있다. De Nerve et al.(2013) 참조.

장하기 위해서 올해의 보고서에서 우리는 결과에 이르는 절차들의 건실성에 대해 시험해 보았다(보다 자세한 사항은 통계 부록 참조). 이는 각 국가의 설문자들을 무작위로 두 집단으로 나누어 한 집단의 사회적 지지, 자유, 자선, 부패에 대한 평균값을 다른 집단의 삶의 평가 평균을 설명하기 위한 방정식에 활용하는 방식으로 이루어졌다. 그 결과 네 가지 변인에 대한 계수들은 예측한 바와 같이 하락하였다. 그러나 그 하락분은 안심할 수 있을 정도로 작은 수준이며 (1%에서 5% 사이에 분포함), 통계적으로도 무의미한 수준이었다.[33]

막대 마지막의 7번째 부분은 두 요소가 합쳐진 것이다. 첫째는 고정된 기본 수인데, 이는 우리 계산의 기준점이 되는 디스토피아의 사다리 점수(=1.85)를 가리킨다. 둘째 요소는 2014-2016 기간의 국가별 평균 잔차이다. 이 두 요소의 합이 각 국가 막대 그림의 오른쪽 끝 부분을 구성하는데, 이 부분의 너비는 국가별로 다양하게 나타난다. 어떤 국가는 그들의 삶의 평가 점수가 예측치 보다 높게 나타나고, 다른 국가는 낮게 나타나기 때문이다. 잔차는 국가의 사다리 평균점수 중 우리의 모형에 의해서는 설명되지 않는 부분을 나타낼 뿐이다. 잔차가 포함되었을 때 모든 막대 부분의 총합은 순위 산출의 근거가 된 실제 삶의 평가 평균에 해당하게 되는데, 이를 토대로 우리는 국가별 행복 순위를 매기

---

[33] 1인당 GDP와 건강 기대수명에 대한 계수들은, 감소하기보다 증가하기는 했지만, 역시 예측된 바와 같이 훨씬 덜 영향을 받았다. 변동량이 미세한 이유는 자료의 출처가 다르며 본 연구의 실험에 따른 영향을 받지 않기 때문이다. 다만 소득 계수가 살짝 증가하기는 하는데, 이는 실험대상인 나머지 네 가지 변인들과 양의 상관관계를 보이기 때문에 소득을 통해 나머지 네 가지 변인들의 드롭인(dropin) 영향력의 일부를 반영할 수 있기 때문이다. 여기에 추가로 작년의 설문에 근거한 4가지 변인들의 값을 활용하여 대안적 건실성 실험 또한 실행하였다. 통계 부록 〈표 12〉에 나타난 바와 같이 이 역시 같은 설문자의 응답을 양측 방정식에 모두 활용하는 것을 피하면서 비슷한 결과를 도출하였다. 〈표 12〉의 결과는 〈표 10〉과 〈표 11〉에 나타난 분할 표본에 대한 결과와 매우 흡사했으며, 세 가지 표 모두 〈표 2.1〉에 나타난 효과와 매우 흡사한 효과 크기를 나타내고 있다.

게 된다.

그러면 2014~2016 기간의 국가 순위와 관련해서 최근의 데이터는 무엇을 보여주고 있는가? 이전의 4차례 《세계 행복 보고서》에 이어서 확인되는 두 가지 주요 사실이 있다.

첫째로, 여러 국가에 걸쳐 사람들의 자신의 삶에 대한 평가가 상당한 정도의 일관성을 보이고 있다. 예컨대, 상위 10개 국가와 하위 10개 국가 간에는 여전히 4점의 차이를 보이고 있다. 〈그림 2.2〉의 상위 10개 국가들은 어느 정도의 상호 순위변동이 있다는 점을 제외하고는 《세계 행복 보고서 2016》에서의 상위 10개 국가들과 동일한 구성인데, 이 국가들의 평균 점수가 매우 촘촘하게 분포되어 있었다는 점에 비추어 이는 충분히 예상할 수 있는 결과였다. 최상위 4개 국가 역시 《세계 행복 보고서 2016》에서의 최상위 4개 국가와 동일하였으나, 노르웨이가 4위에서 1위로 오르며 덴마크의 자리를 빼앗았다. 덴마크는 현재 2위를 기록하고 있으며, 아이슬란드는 3위를 유지했으며, 스위스와 핀란드가 4위와 5위로 그 뒤를 잇고 있다. 네덜란드와 캐나다는 서로 자리를 바꾸어 네덜란드가 현재 6위, 캐나다가 7위를 차지하고 있다. 8위로부터 10위 까지는 〈세계 행복 보고서 2016〉와 동일하게 뉴질랜드가 8위, 호주가 9위, 스웨덴이 10위를 차지하고 있다. 〈그림 2.2〉에서 보이듯 1위 국가와 10위 국가 간의 평균 사다리 점수 차이는 0.25점에 불과하며, 1위와 4위 국가 간에는 0.043점 차이밖에 안 났다. 삶의 평가 평균이 가장 낮았던 하위 10개국의 경우에는 2016년의 하위 10개국과 어느 정도 차이를 보였다. 이는 중앙아프리카공화국과 같은 일부 국가들이 설문 대상으로 복귀하였다는 점이 일부 원인을 이룬 것으로 보이며, 또한 토고와 아프가니스탄의 경우 상당히 큰 사다리 점수의 상승이 있었다는 점, 그리고 탄자니아와 남수단, 예멘이 상당히 큰 사다리 점수의 하락이 있었다는 점도 이에 기여한 것으로 보인다. 상위 10개국과 비교해 보았을 때 하위 10개국의 경우에는 점수 간의 편차가 훨씬 큰 편이다. 이 그룹 안에서 국

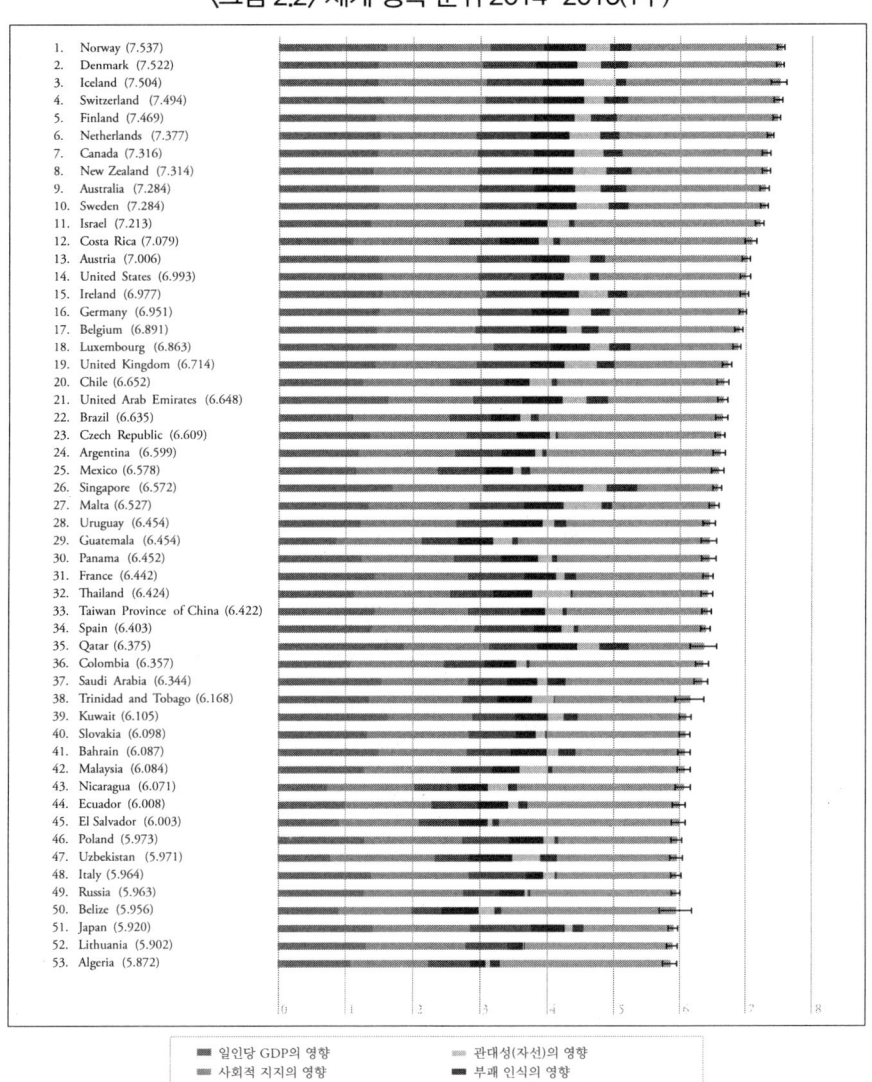

〈그림 2.2〉 세계 행복 순위 2014-2016(1부)

가별 평균 점수는 0.9점이나 차이가 나는데, 이는 이 그룹 평균 점수의 25%를 넘어서는 수치이다. 탄자니아와 르완다는 이례적인 점수를 보이고 있는데, 여섯 가지의 핵심 변인에 기반한 예측값으로 산출한 순위는 실제 설문결과에 따

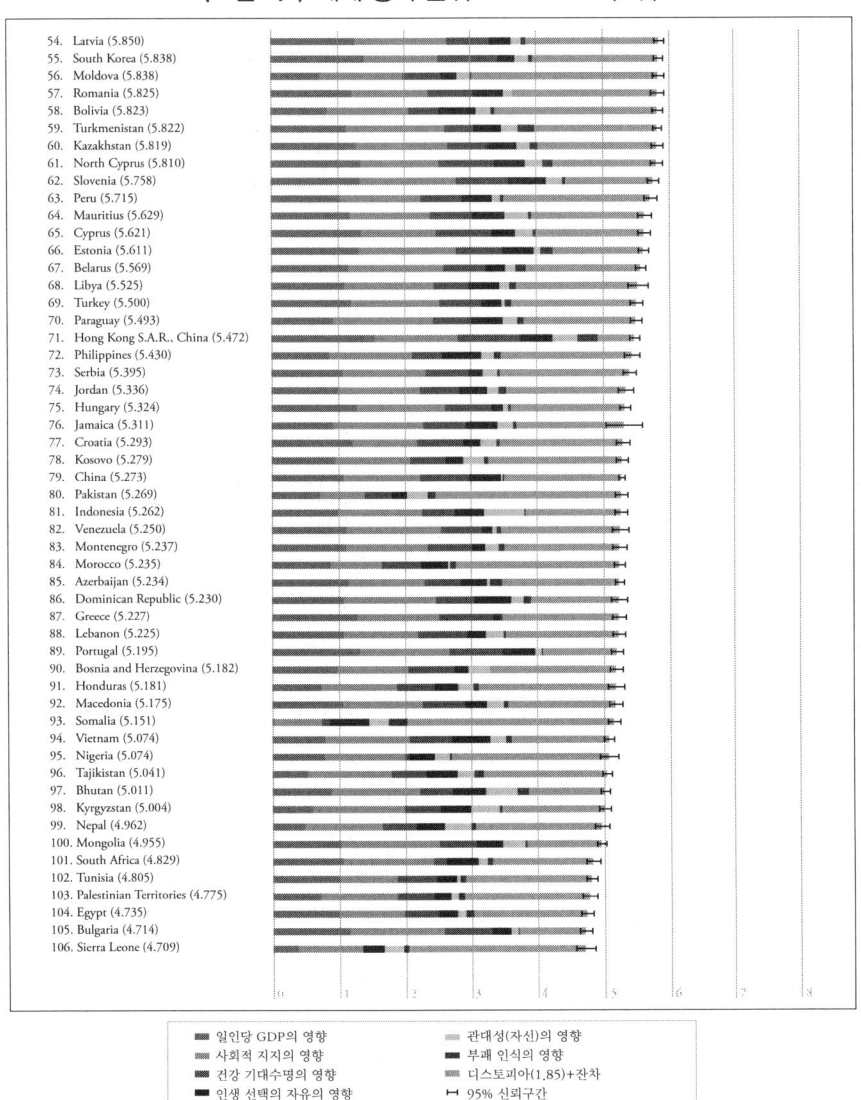

〈그림 2.2〉 세계 행복 순위 2014-2016(2부)

른 순위보다 훨씬 높게 산출될 수 있을 정도이다.

둘째로, 이상에서 살펴본 전반적인 일관성과 안정성에도 불구하고, 이하에서 보다 구체적으로 살펴볼 것이지만, 여러 국가의 평균점수에서 실질적인 변화

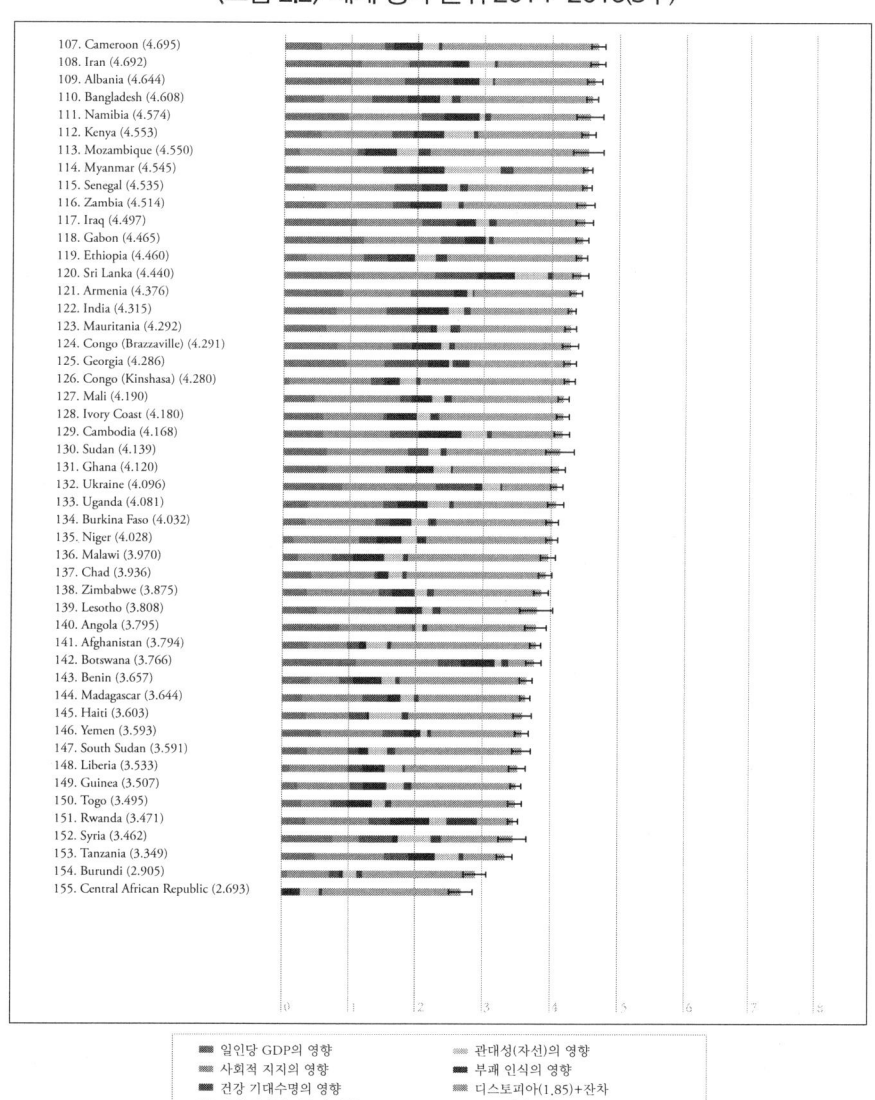

〈그림 2.2〉 세계 행복 순위 2014-2016(3부)

의 조짐도 나타나고 있으며, 이에 따라 2005~2007 기간과 2014~2016 기간의 국가 순위에서도 실질적인 변화가 확인된다.

평균 사다리 점수들을 살펴볼 때, 각 막대 그림 오른쪽 끝부분에 보이는 수염 모양의 수평선에도 주목할 필요가 있다. 이 선들은 95% 신뢰구간을 나타내며, 따라서 오차가 중복되는 막대를 지닌 국가들 간에는 서로 유의미한 점수 차이가 나는 것이 아니다. 이런 관점에서 상위 국가들을 살펴보자. 5개의 최상위 국가들(노르웨이, 덴마크, 아이슬랜드, 스위스, 핀란드)은 중복되는 신뢰구간을 지니고 있으며, 이들은 모두 7.5점 전후의 사다리 평균점수를 지닌 국가들이다. 그 다음의 5개 국가들(캐나다, 네덜란드, 뉴질랜드, 오스트리아, 스웨덴)은 7.377점(네덜란드)부터 7.284점(스웨덴)의 좁은 구간에 밀집해있다.

상위 10개 국가의 삶의 평가 평균점수는 하위 10개 국가 평균점수의 두 배를 넘어선다. 이와 같은 큰 간극에 대한 원인을 〈표 2.1〉의 첫째 방정식을 사용해 찾아보자면, 4점의 차이 중 3.25점은 6개의 주요 변수들의 차이로 귀결된다고 할 수 있다. 즉, 1.15점은 일인당 GDP의 간격에서, 0.86점은 사회적 지원의 차이로, 0.57점은 건강 수명의 차이로, 0.33점은 자유의 차이, 0.2점은 부패의 차이, 0.13점은 관대성의 차이로 인한 것이다. 소득의 차이가 전체 점수 차이의 1/3 이상을 설명하고 있는데, 소득이 6개 변수들 중에서도 국가들 간에 가장 불균등하게 배분되어 있기 때문이다. 상위 10개 국가의 1인당 GDP는 하위 10개 국가의 일인당 GDP의 25배에 이른다.[34]

전반적으로 우리의 모델은 삶의 평가 점수에 있어 지역 간 차이와 함께 지역 내 차이를, 그리고 세계 전역에서 나타나는 차이를 비교적 잘 설명해주고 있

---

[34] 데이터와 계산들이 통계 부록의 〈표 10〉에 상세히 나타나 있다. 상위 10개 국가의 연평균 일인당 소득은 4만 3천 불이며 하위 10개 국가는 1770불인데, 이러한 수치는 '구매력 평가'(ppp)를 기준으로 국제달러 시세로 측정된 것이다. 또한 상위 10개 국가에서 의존할 사람이 있다고 대답한 응답자들이 94%에 달하는 반면에, 하위 10개 국가에서는 61%에 그쳤다. 상위 10개 국가에서 건강 기대수명은 71.5살인 반면에, 하위 10개 국가에서는 50살에 그쳤다. 상위 10개 국가의 93%가 삶의 핵심적인 선택에서 충분히 자유롭다고 인식한 반면에, 하위 10개 국가에서는 64%에 머물렀다. 부패에 대한 평균 인식도는 상위 10개 국가에서는 38%인 반면에, 하위 10개 국가에서는 71%에 이르렀다.

다.³⁵ 하지만 대체로 라틴 아메리카 국가들의 실제 평균점수는 모델에 의한 예측치보다 더 높게(0~10점 척도에서 약 0.6점 정도) 나온다. 이러한 차이는 이전의 연구에서도 확인된 바 있는데, 그 원인은 다양한 각도에서 설명되고 있다. 즉, 체계적인 '인성'(personality)의 차이를 나타내거나, 라틴 아메리카 국가들 고유의 가족적, 사회적 삶의 특징들에, 또는 그들의 문화가 지닌 특이성들에 기인한다는 것이다.³⁶ 그 반면에 동아시아 국가들은 모델이 예측한 점수보다 더 낮은 점수를 보이는데, 조사결과에 따르면 최소한 그 원인의 일부는 응답 스타일에 있어서의 문화적 차이를 반영하는 것이라고 한다. 이처럼 양 지역은 서로 차이를 보이는데, 그 차이들이 실제로는 다른 지역에 비해 해당 국가들에서 두드러지는 어떤 중요하고도 고유한 삶의 특징들이 존재하기 때문일 가능성도 있다.³⁷ 그렇지만 이상의 내용에도 불구하고 6개 변수들의 상대적 중요성에 대한 본 보고서의 연구결과들은 그러한 지역적 차별성들에 대한 명시적 고려 여부와는 대체로 무관한 것으로 밝혀지고 있는데, 이러한 점은 본 보고서의 신뢰도 차원에서 볼 때 매우 고무적인 일이라 하겠다.³⁸

---

35 2012~2014 기간의 국가별, 지역별 실제 및 예측된 삶의 평가 평균값의 줄거리들이 온라인 통계 부록의 〈그림 4〉에 나타나 있다. 그 그림의 45도 선상의 각 부분들은 실제값과 예측값이 일치하는 상황을 나타낸다. 45도 선 이하에 국가들이 모여 있는 것은 실제값이 모형에 의한 예측값보다 낮은 지역을 나타내고 있으며, 그 역도 마찬가지다.
36 Mariano Rojas는 다음과 같이 올바르게 지적한 바 있는데, 이는 캔트릴 사다리와 삶의 만족이 구조적으로 서로 상응한다는 우리의 이전 결론에 부분적으로 예외가 되는 것이다. 즉, 만약 우리의 그림이 캔트릴 사다리보다는 삶의 만족을 활용해서 그려진 것이라면, 그것은 라틴아메리카의 프레미엄을 훨씬 크게 보여줄 것이라는 지적이다. 이러한 지적은 2007년의 데이터에 기초한 것인데, 2007년은 갤럽월드폴이 같은 응답자에게 두 질문을 함께 제기했던 유일한 해에 해당한다.
37 대표적인 예로는, Chen et al.(1995) 참조.
38 하나의 사소한 예외가 있다. 즉 부패의 부정적 효과는, 만약 우리가 지역적 효과를 라틴아메리카의 변수에 포함시킨다면, 보다 커질 것으로 추산된다는 것이다. 이것은 라틴아메리카 지역의 부패가 세계 평균보다 더 심하기 때문이며, 그래서 특별한 라틴아

7. 행복도 변화에 대한 탐색

이 섹션에서 우리는 삶의 평가 점수가 어떻게 변화해 왔는지 고찰하고자 한다. 즉, 우리는 세계적 경기침체가 시작되기 이전인 2005~2007부터 최근의 3년인 2014~2016까지 삶의 평가 평균점수가 어떻게 변화해 왔는지를 갤럽월드폴(GWP)의 데이터를 통해 살펴보고자 한다. 〈그림 2.3〉은 두 기간에 나타난 126개 국가의 변화 양상을 보여주고 있는데, 이들은 모두 양 기간에 대해 충분한 횟수의 관찰이 이루어진 국가들이다.[39]

2005~2007과 2014~2016의 양 기간 모두에 대해 자료가 존재하는 총 126개 국가 중에서 95개의 국가가 큰 수준의 변동을 보였다. 이 중 58개 국가는 0~10점 척도에서 +0.12점 내지 +1.36점 사이에 분포하는 상당한 수준의 상승을 보였지만, 반대편의 38개국은 -0.12점 내지 -1.6점 사이에 분포하는 상당한 수준의 하락을 보였다. 나머지 30개국은 해당 기간에 걸쳐 유의미한 변동추세를 보이지는 않았다. 통계 부록의 〈표 34〉에서 드러나듯, 이러한 큰 폭의 상승과 하락은 세계 곳곳에 걸쳐 매우 불균등하게 분포되어 있으며, 때로는 같은 대륙 내에서도 그러했다. 예컨대, 서유럽에서는 11개국이 큰 수준의 하락을 보였으나 1개국만이 큰 수준의 상승을 보였다. 중·동부 유럽에서는 12개국이 큰 상승을 보이고 1개국만이 하락을 보이는 상반된 결과가 나타났다. 그리고 아래

메리카 변수가 부패 상관계수로 하여금 보다 높은 값을 취하도록 허용하기 때문이다. Veenhoven(2012)은 이러한 지역적 차이들의 원천 및 결과를 검증하는 작업을 여러 번 수행해서 다음의 결론을 내린 바 있다. 즉, 지역적 차이는 국가 간에 나타나는 행복의 차이를 계측하고 설명하는 능력을 과도하게 손상시키지는 않는다.

[39] 통계 부록이 보여주듯이, 2012-2014 기간의 〈그림 2.2〉의 사다리 순위에 나오는 국가들 중 33개 국가는 〈그림 2.3〉에서는 변화를 보이지 않고 있다. 변화가 없는 이러한 국가들 중에는 〈그림 2.2〉에서 가장 낮은 순위를 기록한 10개 국가들 중 5개 국가가 포함되어 있다. 이들 국가 중 일부는 가장 하락폭이 큰 10개 국가들에도 속할 가능성이 높다.

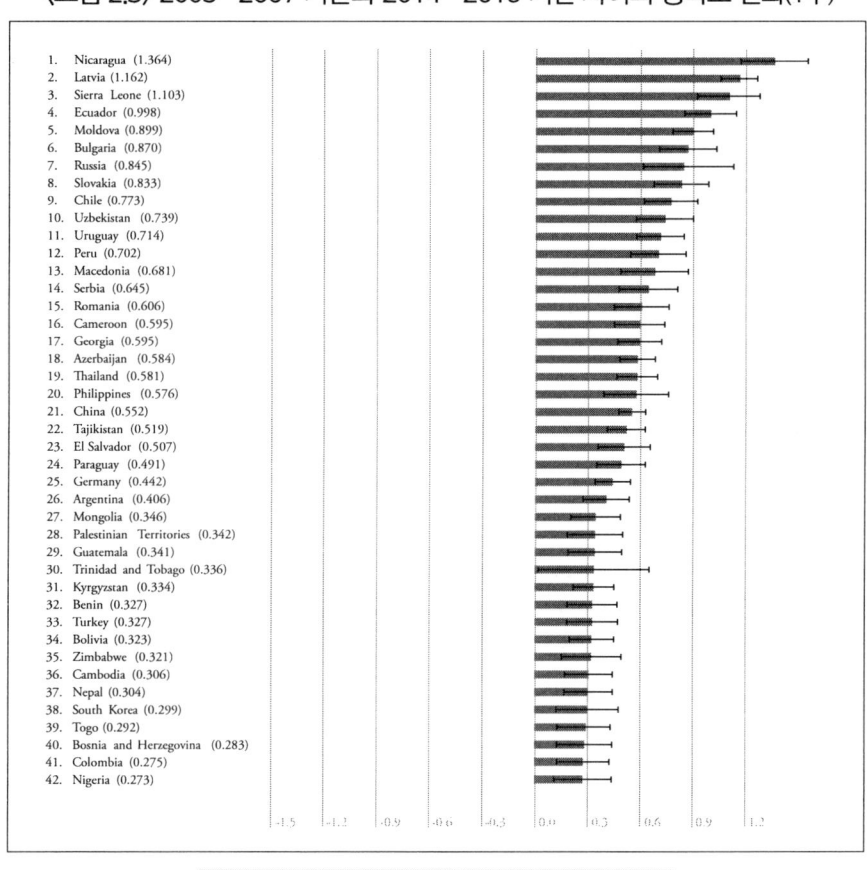

〈그림 2.3〉 2005~2007 기간과 2014~2016 기간 사이의 행복도 변화(1부)

■ 양 기간 사이의 행복도 변화   ⊢ 95% 신뢰구간

의 두 다른 지역에서는 상승을 보인 국가들이 하락을 겪은 국가들보다 훨씬 많이 나타났다. 즉, 라틴 아메리카와 카리브 연안에서는 13개의 큰 상승을 보이는 국가와 4개의 큰 하락을 겪은 국가가, 독립국가연합에서는 8개의 상승 국가와 2개의 하락 국가가 있었다. 그렇지만 세계의 나머지 지역들에서는 상승과 하락을 겪은 국가들이 이들에 비해 훨씬 더 균등하게 분포되어 있다.

가장 큰 상승을 보인 20개국들은 모두 사다리 평균점수가 0.50점 이상 상승하였는데, 그 중 11개국은 독립국가연합이나 중·동부 유럽에 속해 있으며, 5

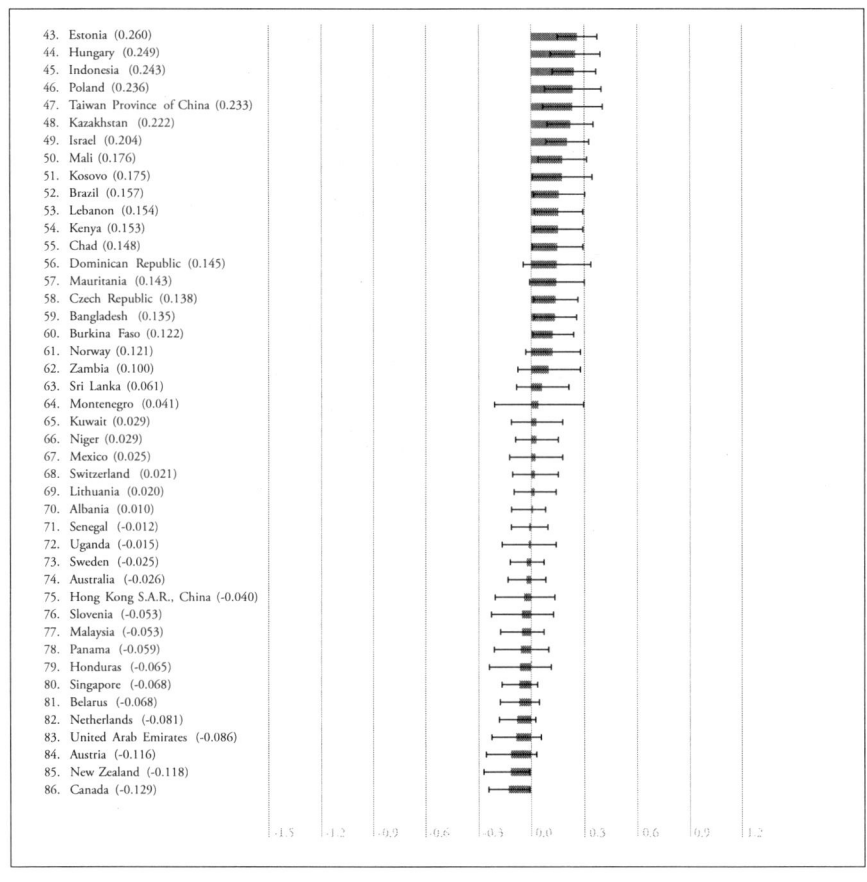

〈그림 2.3〉 2005~2007 기간과 2014~2016 기간 사이의 행복도 변화(2부)

■ 양 기간 사이의 행복도 변화 ⊢⊣ 95% 신뢰구간

개국은 라틴 아메리카에, 2개국은 사하라 이남 아프리카에 있으며, 나머지는 아시아의 태국과 필리핀이다. 가장 많은 하락을 겪은 20개국은 0.5점 이상의 하락을 겪었는데, 그중 5개국은 중동 및 북아프리카에 있으며, 5개국은 사하라 이남 아프리카에, 4개국은 서유럽, 3개국은 라틴아메리카와 카리브 연안, 그리고 남아시아와 중·동부 유럽, 독립국가연합에 각각 1개 국가씩 있었다.

전반적으로 상승과 하락의 폭은 매우 큰데, 특히 가장 큰 상승과 하락을 경험한 양 쪽의 10개 국가들의 경우가 그러하다. 상승 상위 10개국의 경우, 각 국

<그림 2.3> 2005~2007 기간과 2014~2016 기간 사이의 행복도 변화(1부)

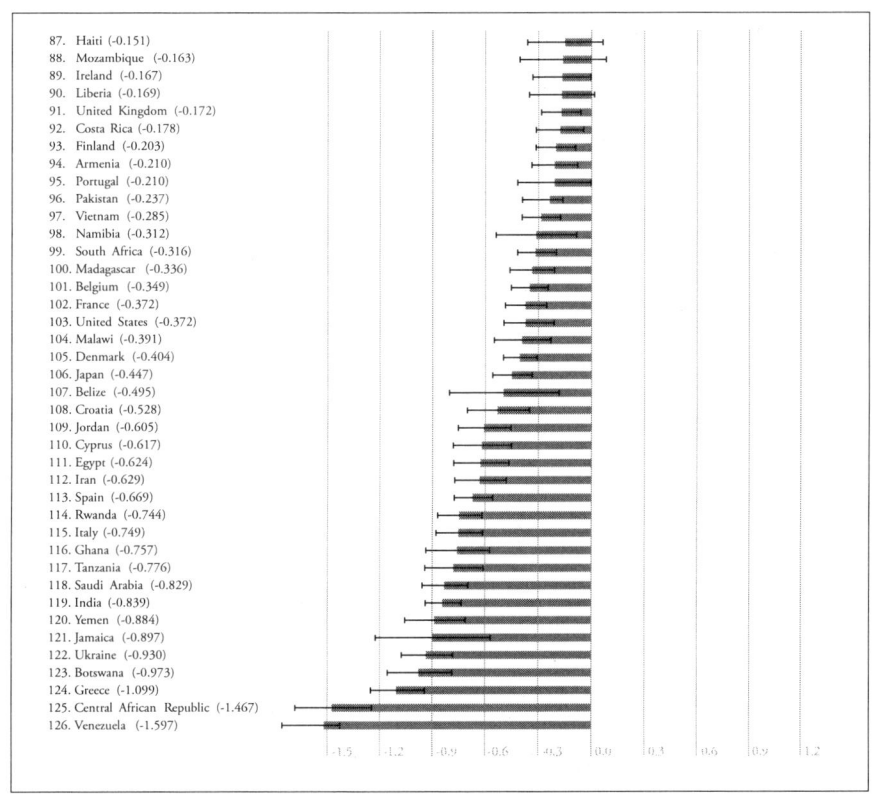

■ 양 기간 사이의 행복도 변화   ⊢⊣ 95% 신뢰구간

의 삶의 평가 평균점수의 상승분이 1인당 소득이 2배로 증가했을 때 기대되는 상승의 정도를 능가했다. 그리고 하락 상위 10개국의 경우, 그 하락분이 1인당 소득이 반토막 났을 때 예상되는 손실의 정도를 능가했다. 그래서 삶의 평가 점수 변화의 정도는 거시경제적 변화에 의한 소득의 증가 및 감소로부터 기대되는 정도를 크게 넘어서고 있는데, 이러한 현상은 2007년 세계 경제위기 이후에도 여전히 확실하게 나타나고 있다. 우리는 삶의 평가 점수가 세계 경기침체로 인한 중대한 결과들을 반영할 것으로 기대하는데, 이는 상당부분 합리적인

예측이라고 보아도 무방할 것이다. 하지만 부정적인 경제 요인들을 완화하고, 약화시키며, 또한 무력화시키기도 함으로써 행복의 추동력으로 작용하는 부가적인 힘들이 존재한다는 사실도 결코 외면해서는 안 된다.

점수 상승을 겪은 국가들의 경우, 유럽 동부의 5개 체제전환 국가들이 큰 폭의 상승을 보여 모두 최상위의 10개국에 포함되어 있는데, 이는 체제전환 중인 국가들에서 일반적으로 나타나는 삶의 평가 상승의 추세를 반영하는 것이다. 한편 사하라 이남 아프리카 국가들은 최고의 상승 국가 집단과 최대의 하락 국가 집단의 양쪽 모두에서 모습을 드러내고 있는데, 이러한 사실은 사하라 이남의 25개 국가들의 경험이 지닌 다양성과 불안전성을 반영하는 것이다.

삶의 평가에서 가장 큰 하락을 경험한 10개 국가는 모두 어떤 형태로든 경제적, 정치적, 사회적 스트레스의 결합을 겪은 전형적인 경우이다. 《세계 행복 보고서 2016》에 따르면 유럽의 3국가(그리스, 이탈리아, 스페인)가 바로 이러한 경우에 해당한다. 즉, 이들 국가는 모두 경제위기로부터 가장 큰 타격을 입은 유로존 국가들인데, 이 국가들의 경제위기 이후의 경험에 대해서는 4년 전에 발간된 《2013 세계 행복 보고서》에서 상세히 분석한 바 있다. 위 3개국 중에서 그리스가 가장 심대한 타격을 입었는데, 애석하게도 그리스는 이들 중에서도 유일하게 이번 《2017 세계 행복 보고서》에서도 여전히 점수 하락 상위 10개국에 포함되어 있다. 그리스의 총 하락분은 1.1점인데, 기존의 하락분은 무려 1.3점이었다. 나머지 9개국들은 10개의 세계 지역 중 6개 지역에 속하고 있는데, 각각 다른 사정들이 점수 하락의 원인이 되고 있다.

통계 부록의 〈그림 18〉과 〈표 33〉은 2005~2007 기간 및 2014~2016 기간 동안 세계 10개 지역의(인구수 가중된) 실제 및 예측 행복도 변동을 보여주고 있다. 실제 변동과 예측 변동간의 상관관계는 0.35에 해당하며, 실제와 예측값이 일치한 경우는 가장 많은 점수(0.43점) 상승을 겪은 독립국가연합의 경우가 유일했다. 남아시아는 상당한 점수 상승을 겪을 것으로 예측되었으나, 실제로는 가장 큰 점수 하락을 겪었다. 사하라 이남 아프리카 지역은 상당한 점수 상승이 이루어질 것으로 예측되었으나, 실제 발생한 변동은 매우 미세한 수준의 하락이었다. 기타 지역들의 경우에는 실제 변동과 예측이 동일한 방향으로 이루어졌으며, 여기에서 미국은 상당한 수준의 점수하락을 보였고(미국은 NANZ 지역에서 가장 큰 국가에 해당), 서유럽과 중동, 북아프리카는 예측보다 더 큰 상승을 경험했다. 남아시아, 동아시아, 중·동부 유럽에서 실제로 이루어진 큰 수준의 행복도 상승은 예측되었던 바와 같았으나, 라틴 아메리카의 점수 상승은 방정식에 의해 예측되지 않았었다. 〈그림 18〉에서 드러나듯이, 6가지 변인의 변화들은 격동의 시기를 통해 점차 진화해나가는 각 국가들의 삶의 양식을 예측하는데 그저 소소한 성공만을 거두고 있을 뿐이다. 즉, 대다수 변화의 방향은 예측된 그대로였지만, 변화의 폭은 이와 달리 대체로 예측에 따르지 않았다.

8. 행복의 사회적 기반

이 부분은 제2장의 핵심적 부분으로, 행복의 사회적 기반들(social foundations)에 대해 집중적으로 탐구하고자 한다. 우리는 행복의 수준 및 변화를 설명하기 위해 6가지 요소를 핵심 변인으로 하는 설명틀을 채택한 바 있다. 이 6가지 변인 중 '사회적 지지', '인생 선택의 자유', '관대성(자선)', '부패'의 4가지는 행복의 사회적 기반의 다양한 측면을 잘 표상하고 있다고 할 수 있다. 나머지 두 변인인 '1인당 GDP'와 '건강 수명'은(이미 국가 발전의 목표로 확립된 지 오래지만) 그 자체로 국가의 사회적 기반의 질을 측정하는 척도라고 할 수는 없다. 하지만 그럼에도 불구하고 이들은 사회적 맥락에 의해 큰 영향을 받는 변인들이다. 그렇다면 행복과 연관된 사회적 맥락의 중요성을 이해하기 위한 노력은 어디서 시작되어야 할까? 다양한 접근법을 고려해본 끝에 우리는 결국 6

가지 변인을 표제로 하여 논의하는 가장 단순한 접근법을 채택하였다. 다만 이러한 접근법으로 충분히 다룰 수 없는 부분에 대해서는 몇 가지 추가적인 설명으로 보완토록 하겠다.

먼저 사회적 맥락의 질과 실질 소득, 그리고 건강 수명 간의 연결고리를 검토할 것이다. 그리고 사회적 기반의 질에 대한 1차적 척도로 취급받고 있는 나머지 4가지 변인들이 삶의 질에 추가적 연결고리로써 정립되는 메커니즘을 고려하도록 한다. 그 다음으로는 불평등이 어떻게 사회적 기반에 영향을 미치고, 사회적 기반이 어떻게 불평등에 영향을 미치는지를 검토하고, 추가적으로 회복 탄력성(resilience)의 사회적 기반에 대한 기존의 분석들을 살펴보도록 한다. 마지막으로, 생애 과정과 연관된 행복의 사회적 토대에 관한 새로운 증거들을 살펴볼 것인데, 이들은 행복의 연령 프로파일(age profile)이 인생의 서로 다른 단계와 서로 다른 연령대에 있는 사람들의 사회 구조의 상대적 질을 반영한다고 주장한다.

1) 소득의 사회적 토대

인간의 삶과 기술이 세월의 흐름에 따라 점차 복잡하고 밀접해지면서 안정적인 사회적 규범과 제도라는 반석이 제공하는 장점도 점차 명확하게 드러나게 되었다. 그러면 도대체 어떤 사회적 규범이 인간 개발에 있어 가장 유리할까? 이러한 의문에 대한 다양한 견해와 연구가 있어왔는데, 이 중 대표적인 주장을 아담 스미스(Adam Smith)가 대변하고 있다. 아담 스미스는 『도덕감정론』(The Theory of Moral Sentiments)에서 인간이란 선천적으로 자기 자신을 넘어서 타인의 운명에 대해 동정적이지만, 그러한 동정심을 자기 자신과 가족, 친족 혹은 모국을 넘어서서 발휘하기에는 너무 불완전한 존재라고 주장하였다. 따라서 세계 만민의 전반적 행복 달성을 위한 능력과 그에 대한 책임은 오로지

신의 것이었으며, 개인과 그들의 가족은 오로지 자신들과 가까운 이들에게만 완벽하게 동조할 수 있는 것으로 이해되었다. 근대 심리학의 실험 연구결과들도 이와 같은 견해에 부합한다. 즉, 학생들이 자가채점을 할 때에 자신에게 유리한 성적을 부여하는 성향이 상당한 것으로 나타났는데, 하지만 이러한 성향은 종교적 지침들을 기억하게 함으로써 시정되기도 했다.[40] 아담 스미스가 주창한 '강하지만 제한적인 동정심'의 개념은 『국부론』(The Wealth of Nations)과 같은 더 성공적이고 영향력 있는 저술에서의 논지를 보강해주었다. 『국부론』에서 스미스는 생산의 전문화를 조장하는 비인격적 시장의 능력에 대해 극찬하였다. 비인격적 시장들이 사회적 규범에 의해 충분히 지탱되는 한 상업이 호혜적으로 노력과 보상을 공유하도록 하는 장치로써 활용된다는 것이다. 이와 같은 규범들은 타인들이 계약을 지킬 것이라는 믿음을 가지고 사람들이 계획을 짜도록 하고, 또한 사람들로 하여금 강제력의 활용을 제한토록 하는데 필요하다는 것이다. 경제학 부문의 수많은 후속 연구들도 스미스의 전제를 따르는 경향을 보였다. 즉, 개인의 도덕적 동정심은 주로 가족과 친구에로 국한되며, 개인의 이기심이야말로 결정의 동기로 작용한다는 것이다. 하지만 지난 100년간 특히 상품과 서비스의 생산과 분배의 협력 행위에서 사회적 규범의 중요성에 대한 인식이 확대되어 왔다. 실제로, 본 장에 기재된 것을 포함한 각종 연구결과들에서 사람들이 일상적으로 아담 스미스가 상정한 것보다 훨씬 덜 이기적으로 행동한다는 점,[41] 그리고 그렇게 비이기적으로 행동할 경우에 더 행복하다는 점이 드러나고 있다.[42]

신뢰(trust)는 오랫동안 경제의 효율성을 뒷받침해주는 주요 요인으로 인식

---

[40] 10계명을 기억해보라는 요청만으로도 학생들이 자기에게 보다 유리한 점수를 부여하는 경향성이 사라졌다. Mazar et al.(2008) 참조.
[41] 예컨대, Ostrom(2000) 참조.
[42] Ricard(2015) 참조.

되었다. 경제활동의 참여자들 간의 신뢰야말로 계약의 구속력이라는 장치가 예측할 수 있는 범위 밖에 있는 무수한 사태에 대처할 수 있게 해주는 필수적 자산이라는 것이다. 신뢰는 또한 계약 그 자체가 지켜질 것이라는 점을 보장해 주기도 한다.[43] 경제적 효율성의 사회적 기반에 관한 지난 20년간의 실증적 연구에서 신뢰는 핵심적 역할을 부여받았으며, 사회적 자본(social capital)의 요소 혹은 결과로 간주되었는데, OECD는 이 사회적 자본을 "집단 내부의, 혹은 여러 집단 간의 협동을 촉진시켜주는 공통의 규범, 가치 및 이해와 함께하는 네트워크"[44]로 정의한 바 있다. 경제적 성과와 경제적 성장의 평균수준이 높은 신뢰 수준을 지닌 지역이나 국가들에서 더 높게 나타난다는 연구결과 역시 점차 축적되고 있다.[45] 이러한 사회적 규범들이 현존하며 공적 제도를 통해 보호받는 만큼 그것들이 경제적 성과를 보조해 줄 수 있는 역량 또한 그만큼 증가하게 된다.[46] 요컨대, 양질의 거버넌스가 경제적 성장을 위한 핵심적 토대에 해당한다는 증거가 많다. 양질의 거버넌스는 경제적 발전을 뒷받침하는 것을 넘어서 행복증진에 관련된 장점 또한 지니고 있는데, 이에 대해서는 후에 보다 자세히 살펴볼 것이다.

2) 건강의 사회적 토대

건강의 사회적 결정요인에 대해 널리 인정되어 온 연구결과가 있다. 즉, 건강의 사회적 결정요인을 나타내는 것으로 생각되는 주된 요소들은 무엇보다도 사회경제적 지위의 척도들인데, 주로 소득, 교육 수준, 직업상 지위가 이에 해

---

[43] Solow(2000, p.8) 및 Fukuyama(1995) 참조.
[44] OECD(2001, p.41). 추가로 Putnam(2001) 참조.
[45] 시간 순서에 따라 Knack & Keefer(1997), Zak & Knack(2001), Beugelsdijk et al.(2004), Algan & Cahuc(2010), Bjørnskov(2012) 참조.
[46] 세계적 증거에 대한 검토는 Acemoglu & Robinson(2012) 참조.

당된다는 주장이다.[47] 이 세 가지의 표지들 모두에서, 사회 내부적으로 혹은 사회들 간에 비교를 해 보았을 때, 상위에 있는 사람들이 하위에 있는 사람들보다 사망과 질병이라는 측면에서 더 나은 위치에 있음이 확인되었다.[48] 이 효과가 어떤 경로를 통해 발현되는 것인지는 아직 확실히 이해되지 않고 있다. 하지만 보건에 대한 접근성, 보다 건강한 행동양식, 영양공급의 우위 등의 요소가 그 경로들에 속하는 것으로 생각되고 있다. 추가적으로, 소득과 교육의 불평등 문제를 해결하는 것이 건강의 불평등을 완화할 뿐만 아니라 건강의 평균 수준을 올릴 수 있다는 증거도 나타나고 있다. 이 연구에 따르면 적어도 행복에 대해 소득이 지닌 영향력의 일부가, 그리고 행복에 대해 교육이 지닌 영향력의 상당부분이, 건강 수명에 대한 영향력을 통해 발현된다고 한다.

다른 한 계통의 연구에서는 실험을 통해 사회적 신뢰와 건강 상태 간의 상당한 연관관계가 발견되었다.[49] 소득의 불평등이 건강 상태에 영향을 미칠 수 있다는 점이 소득 불평등과 사회적 신뢰 간 부정적 연관성 확인을 통해 증명되었다.[50] 세계 곳곳에서 드러나는 증거들도 사회적 지지와 관대성(자선)이라는 2가지 핵심 변인들이 대부분의 국가에서 지속적으로 건강 상태에 대한 자기 인식과 연결되고 있음을 시사하고 있다.[51] 나아가, 부패가 적고 통치 수준이 전반적으로 높은 곳일수록 건강 수준이 높게 나타난다는 점에서 사회적 제도의 질 또한 건강에 중요하고도 직접적인 영향을 미친다는 것을 알 수 있다.[52]

---

47 사회적 네트워크의 지원에 대한 보다 직접적인 고려와 함께 소득과 교육을 통한 통로를 합쳐서 검토한 최근의 연구로 Havranek et al.(2015) 참조.
48 Marmot et al.(1997), Evans et al.(1994), Marmot(2005), Wilkinson & Marmot(2003) 참조.
49 Kawachi & Berkman(2000) 참조.
50 Kawachi et al.(1997) 참조.
51 Kumar et al.(2012) 참조.
52 Holmberg & Rothstein(2011) 참조.

보다 일반적인 연구결과도 많다. 즉, 수술실 내,[53] 수술 후의 회복단계, 외상으로부터 회복중인 사람들 사이,[54] 새로운 혹은 재발하는 질병을 피하고자 하는 사람들 사이, 혹은 노인 요양을 받고 있는 사람들 사이[55]에서 사회적 맥락의 질을 유지하거나 향상시키는 것이 중요한 보호적, 회복적 요소라는 것이다. 여기서 사회적 관계의 질과 범위 양자 모두가 중요하다. 사회적 지지는 높은 스트레스를 동반한 사건이 건강에 미치는 해악을 감소시켜줌으로써 더 나은 건강을 유지할 수 있게 해준다. 예컨대, 스웨덴 남성들에 대한 전향적 연구(prospective studies)에 따르면 기존에 건강하던 남성들이 스트레스를 동반하는 사건에 노출된 경우 사망률이 급격하게 증가하는 것으로 나타났으나, 스스로 높은 수준의 정서적 지지를 받고 있다고 느낀 사람들에게는 이 위험이 거의 없다시피 한 것으로 나타났다.[56] 건강에 대한 사회적 통합의 직접적인 긍정 효과는 공동체 단위의 다양한 전향적 연구를 통해 속속 드러나고 있다. 이러한 연구들에서는 사회적 네트워크가 더 활발한 사람들이 초기 건강 상태와 기타 다양한 보호 요소들을 감안한 상태에서도 더 낮은 사망률을 보인다는 연구결과가 나왔다.[57]

---

[53] WHO 가이드라인의 채택과 함께 수술시 안전검점 체크리스트를 활용하는 것이 세계적으로 확산되었다(Haynes et al. 2009). 추후 연구에 따르면 체크리스트 절차의 전형적인 적용만으로는 수술 경과를 유의미하게 개선시킬 정도에 이르기에 부족하다는 결과가 도출되었다(Urbach et al. 2014). 안전 개선을 이루는 데 가장 중요한 것은 수술팀 훈련의 개선(Neily et al. 2010), 수술팀의 관여도 개선(Rydenfalt et al. 2013, Walker et al. 2012), 팀워크 및 수술실에서의 소통 개선(Russ et al. 2013)인 것으로 보인다. 후자의 것들은 모두 환자의 안전은 물론 팀 구성원들의 주관적 웰빙에 직접적으로 기여하는 요소들에 해당한다.

[54] C. Haslam et al.(2008) 참조.

[55] Theurer et al.(2014) 참조.

[56] Rosengren et al.(1993) 참조.

[57] Almeda County에 대한 최초의 연구는 Berkman & Syme(1979)에 의해 이루어졌으며, 그 결과는 Berkman & Glass(2000)이 검토한 일련의 추후 연구에 의해 확인된바

관대성, 즉 행복의 중요한 원천으로 규명된 바 있는 자선 행위 역시 육체적 건강에 기여하는 것으로 나타났는데, 여러 연구들이 동료 간 및 기타 형태의 후원활동에서 수혜자보다는 기부자가 건강상으로 더 큰 긍정적 효과를 얻는다는 결과를 보여주고 있다.[58]

실험 결과에 따르면, 사회적 접촉의 폭이 넓은 사람들일수록 그들이 지닌 사회적 역할의 범위를 반영하는 한도 내에서 감기 바이러스에 대한 감염률이 상당 수준으로 낮은 것으로 나타났다.[59] 유사한 이유에서 부정적인 사회적 관계는 건강에 악영향을 미칠 수 있다. 예컨대, 지속적인 사회적 분쟁을 겪고 있는 사람들의 경우에(실험적으로 노출된) 감기 바이러스에 감염될 확률이 두 배나 높았다.[60]

건강에 기여하는 사회적 자본의 힘에 관한 대부분의 증거는 기존의 자연적인 사회관계가 존재하는 것, 그리고 그것이 유지되는 것과 연관되어 있다. 목숨이 위급한 중병 상태에 있는 사람들에 대한 사회적 차원에서의 개입으로부터 나온 증거는 이보다 일관적이지 못한데, 그로 인해 일부 학자들은 자연적인 결속관계를 개선시키는 것이 특정 환자에 대한 집중적 지원보다 더 효과적일 수 있다는 주장을 하기도 한다.[61]

있다. 사회적 네트워크를 잘 유지할 수 있는 사람일수록 뇌졸중 후유증에 대한 회복이 잘 이루어지며(C. Haslam et al, 2008), 산후우울증을 겪을 가능성도 적다는(Seymour-Smith et al. 2016) 소규모 지역 단위의 최근 연구들은 이 외에도 다양하다. 또한 노인요양시설에서 이타주의가 건강에 기여하는 것으로 예측되기도 하였다(Theurer & Wister, 2010).

58 Abolfathi Momtaz(2014), Brown et al.(2003), Thomas(2009), Weinstein & Ryan(2010) 참조.
59 Cohen et al.(1997) 참조.
60 Cohen et al.(1998) 참조.
61 Cohen(2004, 681-682) 참조. 예컨대, Helgeson et al.(2000)의 연구에 따르면 같은 처지의 사람들끼리 모여 구성한 정서적 협력단체들의 경우 배우자나 주치의로부터의 지원을 받지 못한 사람들에게는 도움이 되었지만 인위적이지 않은 자연스러운 지원

3) 사회적 지지의 직접적 역할

앞선 논의에서 사회적 지지(social support)가 육체적·정신적 건강에 대한 효과를 통해 행복과 강한 연관성을 지니고 있음을 이야기한 바 있다. 그러나 이는 단편적인 논의에 불과하다고 할 것이다. 〈표 2.1〉에서 이미 본바와 같이, 고소득과 양호한 건강 상태의 효과를 먼저 반영한 상태에서도 의지할 수 있는 누군가를 가지고 있다는 사실은 행복에 매우 큰 영향을 미친다.

힘든 시기에 의지할 수 있는 누군가를 가지고 있다고 응답한 사람은 디스토피아에서는 인구의 29%에 머물렀지만, 아이슬란드에서는 거의 99%에 육박했다. 한 국가에서 인구의 10%가 더 의지할 사람을 가지고 있게 된다면(수치상 가장 높은 국가와 가장 낮은 국가 간의 간격이 70%에 달한다는 점에 비추어 이는 그리 큰 수준의 상승이 아니지만) 이는 0~10점 척도에서 0.23점에 해당하는 삶의 평가 평균값의 상승으로 이어지게 된다. 이 정도 수준의 삶의 평가 점수 상승은 1인당 GDP가 2배로 증가하였을 때나 발생할 수 있는 결과이며, 행복도의 국가 순위가 7순위나 상승하는 것과 동일한 효과에 해당한다. 이러한 효과는 소득의 증가와 건강의 개선을 통해 나타날 것으로 생각되는 효과를 훨씬 초월한 것이다.

의지할 만한 사람이 있다고 대답한 사람이 인구의 90%를 넘는 국가들이 결코 적지 않다는 점에 비추어 볼 때, '의지할 수 있는 사람이 한 명이라도 있을 것'이라는 우리의 사회적 지지 정의가 그리 높은 요구 수준이라고 할 수는 없을 것이다. 사람들에게는 가정, 길거리, 직장, 이웃 사이, 사회적 네트워크 내부 등 사회적 지지의 다양한 차원이 존재한다. 그렇기 때문에 보다 상세한 사회적 지지 척도를 활용하면 보다 큰 효과가 드러날 것이라고 추측된다. 의지할만한 사람이 있느냐 여부는 그 자체로 본질적인 중요성을 지닌 요소인 것이 분명하

을 높은 수준으로 받고 있던 사람에게는 오히려 해악을 끼쳤다.

나, 보다 충실한 사회적 접촉과 지지를 얻을 수 있는 교우관계를 가진다면 그만큼 효과는 더욱 커진다고 할 것이다.

4) 자유

갤럽월드폴(GWP)에서는 설문자들에게 자신의 인생 선택에서 얼마나 자유로운지를 "만족/불만족" 중 택일하도록 하는 설문을 제시한다. 선택 영역을 특정하지 않은 채 제시되는 이 설문은 장점을 지녔다고 볼 수 있는데, 응답자들이 각자 자신이 가장 중요시하는 삶의 영역에 자유롭게 집중하여 응답할 수 있게 되기 때문이다. 그러나 해당 설문에 대한 응답이 양자택일적이라는 점, 즉 응답 선택지가 0과 1뿐이라는 점은 문제점이라 할 것이다. 사람들이 구체적으로 어느 정도의 자유를 느끼고 있는지, 그리고 인구 전반에 걸쳐 이 자유에 대한 인식이 얼마나 균등하게 분포되어 있는지를 인식할 수 없게 되기 때문이다. 물론, 이렇게 단순한 척도를 통한 측정만으로도 삶의 평가에 대한 국가 간 차이에 대한 상당한 수준의 설명력을 제공할 수 있다. 자유에 대한 편차는 26~98% 범위에 있으며 평균값은 71%로 사회적 지지의 경우보다 국가 간에 더 큰 편차를 보이고 있다. 인생 선택의 자유에 대한 인구 10%의 응답이 불만족에서 만족으로 바뀌는 것의 효과는 0~10점 척도를 기준으로 삶의 평가 점수 평균이 0.11점 증가하는 것에 상응한다. 이는 의지할 수 있는 사람을 가진 경우에 비하면 절반에 살짝 못 미치는 수준이다. 그럼에도 불구하고 이는 상당히 큰 효과로, 1인당 GDP의 40% 증가나 순위 차원에서 몇 순위의 상승에 상응하는 효과이다.

그러면 자유에 관한 설문에 대한 답변이 행복의 사회적 기반들과 어떻게 연관되는가? 어떤 면에서 보면, 자유와 사회적 지지에 관한 설문들이 사회 구조의 서로 다르지만 동시에 밀접히 연관된 측면들을 대상으로 한다고 말할 수 있다. 안정감을 느끼기 위해 사람들은 타인들이 자신을 아껴주고 필요할 때에 도와줄 것이라는 느낌을 가질 필요가 있다. 보통 그러한 상호적 의무의 네트워크에 속해있다는 점은 개인이 인생 선택을 제약없이 할 자유를 일정 수준 제한한다고 볼 수 있다. 타인의 이익도 항상 고려하고 있어야 하기 때문이다. 본 연구 결과에 따르면, 위의 두 가지 요소 즉 자유와 사회적 지지가 좋은 삶을 위해 모두 중요하다는 점이 명백하게 드러난다. 또한 가장 성공적인 사회들이란 이 두 가지 사회 질서가 모두 튼튼한 사회라는 점에서 양자가 대상으로 하는 측면들이 서로 충돌되는 것이 아니라는 점 또한 자료로부터 명백히 드러난다. 보건과 교육 체계와 같이 인간을 돌봐주는 능력을 반영하고 있는 일부 사회구조 요소들은, 개인에게 열려있는 인생 선택의 폭과 가능성에 영향을 미치는 삶의 기회에서의 차이를 어느 정도 평준화 시켜준다. 예컨대, 사회적 지지와 인생 선택의 자유 차원에서 높은 순위를 기록하고 있는 일부 북유럽 국가들은 높은 평균 성취도를 보임과 동시에 성취도의 차이를 좁혀주는 교육 체계를 가지고 있기 때문에 이를 통해 상당히 다른 수준의 부모 교육 수준을 지닌 가정에서 자라난 아이들 간의 미래 인생 선택지의 차이 역시 좁혀질 수 있게 된다.[62]

5) 관대성: 자선

갤럽월드폴(GWP)은 응답자들에게 최근 30일 이내에 자선적 목적으로 돈을 기부한 적이 있는지 여부에 대해 물어보고 있다. 이 설문에 따라 산출된 국가별 평균 수치를 행복도를 설명하기 위해 활용하는 경우, 가장 먼저 국가 간 1인당 GDP의 차이를 통해 설명될 수 있는 행복도 변량을 모두 제외하여야 한다.

---

[62] 12개국으로 이루어진 표본 중에서, 스웨덴과 네덜란드의 두 북유럽 국가들이 가장 높은 평균 학생 어학 능력을 가지고 있었고, 또한 부모의 교육으로부터의 영향력도 가장 적었다. Willms(2003)의 연구 참조.

일반적으로 금전 기부행위는 부유한 국가들일수록 높은 빈도로 이루어지는데, 이는 소득이 높을수록 기부할 수 있는 자원이 더 많아진다는 점에 그 일부 원인이 있다. 즉, 도출된 결과가 단순히 높은 소득의 효과가 아니라는 점을 확실히 하기 위하여 소득의 효과와 관련된 부분을 보정해야 하는 것이다. 이렇게 함으로써 동시에 1인당 소득이 가지는 효과의 예측값도 증가시키게 되는데, 이는 그 예측값들이 자선의 증가를 통해 드러나는 효과 또한 포함하게 되기 때문이다.

인구의 10%가 더 자선 활동을 하게 된다면 이는 삶의 평가 평균값에서 0.084점을 증가시키는 것에 상응한다. 이는 대략 1인당 GDP의 25% 상승에 상응하는 값이기도 하다.

자선의 행복 관련 효과를 분석하기 위해 사용된 증거는 두 종류가 있다. 첫째는 설문조사를 통한 증거이다. 설문조사를 통해서는 자선 활동의 평균적 빈도를 측정할 수 있으며 이를 토대로 자선이 삶의 평가에 어떻게 연관되는지를 파악할 수 있다. 둘째는 인위적인 실험을 통한 증거이다. 자선 활동의 동기와 결과에 대해 더욱 깊이 탐구하기 위해서는 실험적 방식이 활용된다. 이 경우 자선 행위의 변화들이 삶의 평가 수준에 영향을 미치기에는 너무 작고 너무 일시적이기 때문에 그 대신에 정서적 척도들 즉 실험의 전과 후, 혹은 도중에 측정된 다양한 긍정적·부정적 감정들이 활용되고 있다.[63]

실험 연구의 결과 사리사욕(self-interest)이라는 관점에서는 예측할 수 있는 범위를 넘어서는 선의와 이타심을 보이는 사람들이 꾸준히 나타나기 때문에 이러한 행위를 보답에 대한 기대나 다른 장기적 자기 이익의 추구 차원에서 설명하려는 시도들이 무력화되곤 한다. 주관적 웰빙에 관한 근래 연구들은 다음

---

63 예컨대, Aknin et al.(2017) 참조.

의 사실을 보여주고 있다. 즉, 모든 사회에서,[64] 그리고 심지어 유아기 때부터,[65] 사람들이 친사회적(pro-social) 행동에 끌리게 되며,[66] 친사회적으로 행동할 때에 더 행복해진다.[67]

6) 부패와 신뢰, 그리고 거버넌스(governance)의 질

사회적 신뢰(social trust)란, 앞서 본 바와 같이, 경제적 효율성과 육체적 건강에 기여하는 중요한 요소에 해당한다. 그러나 그 이외에도, 보다 높은 소득과 보다 양호한 건강에 따른 효과를 미리 반영한 후에도, 신뢰도가 높은 공동체와 사회들이 더 살기 행복한 곳이라는 결과가 나타난다. 하지만 갤럽월드폴(GWP)에는 사회적 신뢰에 대한 설문이 정규적으로 포함되는 것은 아니기 때문에 우리는 '정부와 기업의 부패에 대한 인식'에 관한 정규적인 설문 결과를 대체 척도로 활용할 것이다.

응답자들은 자신의 국가에서의 정부와 기업의 부패에 대한 별도의 질문을 받게 되며, 부패의 효과에 대해 예측할 때 그 평균치를 활용한다. 안타깝게도 이에 대한 답변은 단순한 '예/아니오'(yes/no) 형식이기 때문에 사람들이 부패가 얼마나 심각한 문제라고 인식하고 있는지에 대해 제대로 측정을 할 수 없으며, 부패에 대한 인식이 얼마나 불균등하게 분포되어 있는지도 알 수 없다. 2005~2016 기간의 자료를 전체적으로 보았을 때 국가별 평균 부패 인식도는 4%에서 98%까지 다양하게 나타나며, 76%의 평균을 보이고 있다. 부패의 문제가 존재한다고 생각하는 사람을 인구의 10% 정도만큼 줄이는 경우 그 효과는

---

[64] Aknin et al.(2013) 참조.
[65] Aknin et al.(2012) 참조.
[66] Shultz and Dunbar(2007) 참조.
[67] Schwartz & Sendor(1999) 참조.

본 연구 모델에 의하면 삶의 평가 평균값을 0.05점 증가시킬 것으로 예측된다. 이는 사회적 지지, 자유, 자선에 비하면 적은 양이기는 하나 여전히 상당한 수준이며, 1인당 GDP의 20% 상승에 준하는 효과에 해당한다. 이러한 행복도 상승 효과는 부패가 1인당 실질 GDP에 미치는 효과를 월등히 추월한다.

신뢰할 수 있는 환경이 지닌 온전한 행복 관련 효과는 기업이나 정부에의 부패 존재 여하에 대한 단순한 측정을 통해 확인할 수 있는 것보다 훨씬 클 가능성이 농후하다. 사회적 신뢰와 청렴(부패의 부재) 외에도 신뢰가 웰빙 차원에서 중요한 몇 가지 삶의 영역이 존재한다는 점은 이미 확인되었다. 직장 내, 길거리, 동네, 사업 거래, 정부의 몇몇 측면이 이에 해당한다. 유럽사회조사(ESS)에서는 신뢰에 대한 몇 가지 종류의 척도를 활용하여 각 척도가 행복에 대해 어느 정도의 독립적 영향력을 지니는지를 확인할 수 있도록 하였다. 만약 모든 신뢰 척도들이 지닌 영향이 동일한 종류의 것이라면 각 척도 간의 차이가 없을 것이다. 유럽사회조사의 자료에 따르자면, 사용되는 여러 종류의 신뢰 척도들은 각자 웰빙에 독립적이고도 중요한 영향을 미치며, 여러 종류의 신뢰 향상으로 인한 총체적 효과는 단일 척도로 다른 척도들을 대신하는 경우에 비해 상당히 높게 나타난다. 유럽사회조사는 유용하게도 여기에 신뢰 인식에 대한 0~10점 척도의 설문을 추가함으로써 신뢰의 수준과 분포 정도를 보다 정확하게 측정할 수 있게 해주며 동시에 서로 다른 종류의 신뢰가 가지는 효과를 구분할 수 있는 확률도 높여주고 있다. 유럽사회조사의 개인 수준 결과에 따르면 5가지 종류의 신뢰 각자가 삶의 만족도에 독립적으로 기여한다. 가장 중요한 2가지는 '사회적 신뢰'와 '경찰에 대한 신뢰'로, 이 신뢰도들이 유럽사회조사 설문에서 활용되는 0~10점 척도에서 1점 증가하면 삶의 만족도가 0.08점 상승하는 효과가 나타난다. '법체계에 대한 신뢰'와 '의회에 대한 신뢰', '정치인에 대한 신뢰'로부터 오는 삶의 만족도에 대한 기여는 사회적 신뢰와 경찰에 대한 신뢰의 3분의 1 정도에 해당한다. 5가지 신뢰 모두에 걸쳐 각 1점씩 상승이 이루어진다면 개인의 삶의 만족도가 0~10점 척도에서 0.23점 만큼이나 높아질 것으로 예측된다. 사회적 신뢰가 다른 모든 신뢰를 대체하여 활용되는 경우에 예측되는 효과는 0.11점으로 각 신뢰를 모두 활용하는 경우에 비해 절반도 되지 않는다.[68]

국가의 사회적 자본의 총체적 가치를 예측하는 데에 사회적 신뢰만을 활용한다고 하여도, 세 가지 국제 설문조사의 '부(富)등가 신뢰 가치평가'(wealth-equivalent trust valuation)를 활용하여 132개국으로부터 수집한 증거에 의하면, 사회적 신뢰가 모든 국가와 지역의 국부(國富)의 상당한 지분을 표상함을 알 수 있다. 물론 세계 지역 간에 큰 차이가 존재하며, 예컨대 라틴 아메리카에서는 전체 부의 12%, OECD 국가들에서는 28%의 지분율이 나타난다.[69]

부패의 부재와 신뢰의 존재가 모두 국가 제도의 질을 측정하는 유용한 척도임에는 틀림없으나, 동시에 이들은 거버넌스의 질이 소득과 건강을 통해 나타나는 효과를 넘어서서 어떻게 삶의 평가에 영향을 미치는지에 대한 폭넓은 시야를 제공해주기에는 너무 좁은 범주의 척도들이기도 하다. 거버넌스의 질에 대해 더 일반적으로 접근하는데 있어 제도의 형식적 구조와 그 제도들이 일상에서 어떻게 작용하는지를 구분하는 것이 유용하다. 전자는 후자에 비해 훨씬 높은 빈도로 연구의 대상이 되는데, 이는 제도의 형식적 구조가 측정 및 분류에 더 용이하기 때문이다. 그러나 의회제도, 사법제도, 혹은 선거제도와 같은 국가 제도의 형식적 구조에 대해 생각해보더라도 그 제도들이 법령상으로 어떻게 규정되어 있고 성립되어 있는지 보다는 그것들이 얼마나 실제로 잘 작동하는 것처럼 보이는지가 삶의 평가 차원에서 더 밀접한 관련성을 지닌다.[70] 일

---

[68] 이와 같은 결과들은 Helliwell, Huang & Wang(2016)의 부록 〈표 6〉에서 가져왔다.
[69] Hamilton et al.(2016) 참조.
[70] 공공 제도와 신뢰(및 부패) 상호 간에는 이처럼 복잡한 관계가 존재한다. 양질의 제도

부 연구들은 종합적 수준에서 삶의 평가 평균값과 2가지 큰 틀로 나눈 정부의 각 특성과의 연관성을 비교한 바 있다. 첫 번째 큰 틀은 서비스의 설계와 제공에 대한 정부의 신뢰성과 반응성에 관한 것이며, 이하에서 이를 '서비스 제공의 질(quality of delivery)'라고 칭하도록 할 것이다. 두 번째 큰 틀은 민주적 선거제도와 대표제도의 핵심적 요소들의 존재 및 편재성(pervasiveness)에 관한 것이다. 서비스 제공의 질은 세계은행의 다음 4가지 척도의 평균을 통해 측정되었다: ① 정부의 효과성(effectiveness) ② 규제의 질 ③ 법치질서 ④ 부패에 대한 통제.[71] 국가의 민주적 절차의 질은 세계은행의 나머지 두 가지 척도를 기준으로 측정되었다: ① 시민참여와 책임성(voice and accountability) ② 정치적 안정성과 폭력의 부재. 이러한 연구결과에 따르면 모든 국가들을 합쳐서 보았을 때 서비스 제공의 질이 민주주의의 존재 여부보다 웰빙에 더 중요했다.[72] 서비스 제공의 질은 모든 국가들에게 매우 중요했으며, 민주주의 관련 변인은 모든 국가를 하나의 집단으로 묶어서 볼 경우 부유한 국가들에 생긴 긍정적 효과를 가난한 국가들에 생긴 부정적 영향이 상쇄함에 따라 아무런 영향력이 없다는 결과가 도출되었다. 더 많은 국가들을 표본으로 하고 더 다양한 설문과 삶의 평가를 활용한 후속 연구들에서도 서비스 제공의 질과 민주적 측면 양자가 행복한 삶에 대하여 각자 지니는 연계성 간의 상대적 차이에 대한 결과가 전반적으로 유지되었다.[73]

우리는 이미 기존의 행복 보고서들을 통해서 국가들이 경제위기의 시기에

는 제도 자체에 대한 신뢰를 초월하여 사회적 신뢰의 발달에 도움이 되는 것으로 나타났다(Charron & Rothstein, 2017). 심한 기후 변동과 같이 양질의 제도와 강한 협력을 요구하는 역사적 상황이 존재하는 경우일수록 사회적 신뢰와 신뢰할 만한 제도들이 발달될 가능성이 높다는 주장 또한 제기된 바 있다(Buggle & Durante, 2016).

71 Kaufmann, Kraay & Mastruzzi(2009), Helliwell & Huang(2008)에서 가져온 자료임.
72 Helliwell & Huang(2008) 참조.
73 Ott(2010), Helliwell, Huang, Grover & Wang(2014) 참조.

도 훌륭한 거버넌스를 통해 행복을 유지하거나 증진시킬 수 있다는 취지의 증거들을 검토한 바 있다. 즉, 보다 양질의 거버넌스가 시행되던 국가에 사는 국민일수록 행복했다. 그리고 거버넌스의 질의 실제 변화가 이루어지면 이것이 삶의 질에도 상당한 변화를 초래하였다. 이번 보고서에서는 국가고정효과를 포함하는 확장 모델을 활용하여 기존의 연구를 업데이트 하였으며, 이를 통해 각 국가에서 해마다 발생하는 각종 변화를 설명해 보았다. 통계 부록의 〈표 17〉에 표시된 이번 보고서의 업데이트 연구결과에 따르면 1인당 GDP와 정부의 질 변동이 2005~2016 기간의 삶의 평가 변동에 상당히 영향을 미친 것으로 나타난다.[74]

7) 불평등이 어떻게 행복의 사회적 기반에 영향을 미치는가?

《세계 행복 보고서 2016》에서 우리는 행복의 불평등이 일반적으로 사용되는 소득과 부의 불평등에 대한 척도만큼, 혹은 그 이상으로 중요할지도 모른다는 취지의 주장을 한 바 있다. 행복이 소득보다도 더 정확한 웰빙의 척도라면 '소득의 불평등'이라는 보다 협소한 범주의 개념보다는 '행복의 불평등'이라는 범주에 더 많은 신경을 써야 할 것이다. 당시 연구에서는 3가지의 국제적 데이터(세계가치조사, 유럽사회조사, 갤럽월드폴)로부터 도출된 증거를 활용하여 표본 인구의 삶 만족도 표준편차를 통해 측정된 행복의 불평등이 실제로 개인 간의 삶의 만족도 차이에 대한 예측인자로서 소득 불평등보다 더 효과적이라는 논지를 전개하였다. 이와 더불어, 소득 불평등이 줄어들어야 한다는 명제에 공

---

[74] 국가별 고정효과를 포함한 〈표 17〉의 8번, 9번 항목에서는 국정과 GDP의 변동과 삶의 평가에 대한 변동 간의 관계를 보여주고 있다. 이와 같은 연도별 자료에서는 인과관계의 흐름이 GDP와 서비스 제공의 질(갤럽 세계조사 설문 자료로부터 각각 독립적으로 측정)로부터 삶의 평가로 나타날 확률이 그 반대로 나타날 확률보다 훨씬 높다.

감하는 사람의 경우 삶의 만족에 대한 행복 불평등의 예측 효과가 훨씬 더 크게 나타났다.[75] 게다가, 행복 불평등은 소득 불평등보다도 사회적 신뢰도의 차이를 설명해주는 요인의 역할로서도 더 효과적으로 기능한다.[76] 그래서 우리는 행복의 불평등은 그 자체로 사회 구조의 질과 건실성에 대한 중요한 지수인 '사회적 신뢰'(social trust)에 악영향을 줄 수 있다는 결론에 도달하게 된다.[77]

사회적 기반과 불평등 간의 연계성을 보여주는 최근의 연구결과가 하나 있는데, 그것은 바로 사회적 신뢰의 개선이 다른 사람들보다도 실업자와 병약자, 그리고 피차별자들에게 더 큰 행복 관련 효과를 지닌다는 것이다.[78] 이 3가지 조건이 삶의 평가도가 낮은 사람들에게 더 많이 나타나기 때문에 사회적 신뢰의 증가는 행복의 불평등을 감소시킴으로써 삶의 평가 평균값을 직·간접적으로 개선시키게 된다.

8) 회복탄력성(resilience)의 사회적 기반

기존의 행복 보고서들을 통해 우리는 신뢰 수준과 제도적 강인성으로 대변되는 사회 구조적 기초체력이 경제적·사회적 위기에 대응할 수 있는 사회적 회복탄력성에 영향을 미친다는 취지의 주장을 한 바 있다. 우리는 특히 그

---

[75] Goff et al.(2016) 참조.

[76] Rothstein and Uslaner(2005)는 소득 불평등이 신뢰를 파괴하는데 핵심적 역할을 한다는 증거를 제공하고 있다. 그 이후로 Goff et al.(2016, ⟨표 6⟩)의 연구에서는 세 가지 국제적 자료집을 활용하여 '얼마나 타인을 신뢰할 수 있는가'의 질문에 대한 사람들 간의 답변 차이를 설명하는 데 웰빙의 불평등이 소득 불평등보다 더 중요한 요소임을 보여준바 있다.

[77] 물론 불평등과 사회적 신뢰 간 양의 연관관계는 쌍방향적일 가능성이 크다. Goff et al.(2016)에서는 사회적 신뢰와 불평등 간의 쌍방향 연관관계의 종합적 효과는 소득 불평등의 경우보다 웰빙 불평등의 경우가 더 크다는 결과가 나왔다.

[78] Helliwell, Huang & Wang(2016) 참조.

리스에 주목했다. 〈그림 2.3〉에 나타난 바와 같이, 그리스는 세계에서 세 번째로 큰 행복도 하락(기존 행복 보고서에서 측정된 값에 비하면 호전되기는 했지만, 2014~2016 구간은 2005~2007 구간에 비해 여전히 1.1점 낮은 수준임)을 겪은 국가인데, 그 행복도의 하락 정도가 경제지표를 통해 직접 설명할 수 있는 범위를 월등히 초월하였기 때문이다. 기존 행복 보고서들에서는 사회적 자본과 경제 및 기타의 위기들 간의 상호관계에 대한 증거가 제시된 바 있는데, 이에 따르면 여러 위기 상황이 사회 구조의 질을 테스트하는 일종의 시련으로서 기능하였다.[79] 만약 충분히 강한 사회구조를 갖추고 있다면, 그때는 위기가 오히려 행복(주관적 웰빙)의 상승으로 이어질 수도 있다. 그 위기가 사람들에게 선한 목적을 위해 함께 일할 기회를 제공해 주며, 또한 호혜적인 사회적 지원의 힘을 깨닫고 감사할 수 있는 기회도 제공해 주기 때문이다.[80] 그리고 그 위기가 잘 극복되면서 기초적인 사회적 자본이 유용한 방향으로 개선될 수도 있다.

하지만 이러한 주장이 설득력을 얻기 위해서는 양쪽의 예시가 모두 필요하다. 즉, 행복도의 하락과 사회 구조의 퇴락이 연관되어 보이는 경우를 제시하는 것뿐만 아니라 그 반대 측의 예시 또한 보여줄 필요가 있다. 비교적 큰 충격에 직면해서도 오히려 행복을 증진시킬 만큼 강한 사회적 구조를 지닌 국가들을 증거로 제시할 필요가 있다는 말이다. 2007년 이후의 경제위기와 관련하여 대규모의 외부적 충격에도 불구하고 행복도가 유지된 가장 좋은 예시로 아일랜드, 그리고 특히 아이슬란드의 경우를 꼽을 수 있다.[81] 두 국가 모두 여느 국가와 다를 바 없이 금융시스템이 와해될 정도의 큰 충격을 받았지만, 동시에 이와 같은 경제적 피해에 전혀 걸맞지 않는 작은 수준의 행복도 하락만을 겪

---

[79] Helliwell, Huang & Wang(2014) 참조.

[80] Ren & Ye(2016), Brown & Westaway(2011), Uchida et al.(2014), Yamamura et al.(2014) 참조.

[81] Gudmundsdottir(2013)는 2007~2009 기간 동안 아이슬란드에서의 삶의 만족도 순위의 안정성을 보여주는 종단연구 자료를 제시하고 있다.

었다. 특히 아이슬란드는 위기 후에 오히려 삶의 평가 점수의 회복이 엄청나서 2014~2016 기간에는 국가의 행복도 순위가 세계 3위에 오를 정도였다. 두 국가가 모두 '사회적 지지'(social support)의 지표에서 계속 높은 수준을 유지했다는 사실은 갤럽월드폴(GWP)의 조사에서도 확인되고 있다. 즉, 힘든 시기에 의지할 만한 사람을 가지고 있다고 보고한 사람들의 비율이 아이슬란드와 아일랜드에서 특히 높게 나타난 바 있다.[82]

9) 생애 과정과 행복의 사회적 기반

《세계 행복 보고서 2015》 제3장에서는 삶의 평가와 정서를 포함한 여러 가지 주관적 웰빙 척도들이 어떻게 연령과 성별에 따라 차이를 보이는지를 분석하였다. 본 보고서의 제5장에서는 동일한 사람들을 일정 기간 동안 추적하면서 이루어진 설문조사 결과를 활용하여 개인의 성격과 과거와 현재의 경험 및 삶의 조건이 반영될 수 있는 방식으로 행복이 어떻게 연령에 따라 차이를 보이는지 보여줄 예정이다. 이 두 가지 연구결과 이외에도 다양한 연구들이[83] 많은 국가들에서 삶의 만족도가 생애 과정을 거치면서 평균연령 50세를 전후하여 최저점을 찍는 U자 모양을 취한다는 결과를 도출하고 있다. 그러나 이와 동시에 꽤나 다양한 형태가 나타나는데, 어떠한 국가들은 중년기 이후 삶의 만족도가 전혀 상승하지 않거나 매우 미세하게만 상승하는 경향을 보이는 반면, 어떤 국가들에서는 이와 반대로 중년 이후로 삶의 평가가 상승하다가 70대 후반에 이

---

82 2014~2016 기간의 갤럽월드폴 조사 결과를 평균으로 내보면, 의지할 수 있는 사람의 존재 여부를 기준으로 측정되는 '사회적 지지' 항목에 대해 각 98%, 96%의 긍정적 응답으로 아이슬란드와 아일랜드가 각 1위와 4위를 기록하고 있으며, 이는 세계 평균인 80%를 크게 상회하는 것이다.

83 예컨대, Blanchflower & Oswald(2008).

르러 다시 감소하는 S자 형태가 나타나는 경우도 있었다.[84] 이러한 경향의 존재 여부 및 그 규모는 생애 과정에 따른 삶의 만족도 변화가 육체적 건강의 효과를 포함하여 측정되는지 여부에 따라 달라진다. 중년기 이후 삶의 평가 평균값의 상승은 노화로 인한 건강 상태의 지속적 악화에 따라 지속적으로 상승하게 되는 부정적 효과들을 감안한 상태에서도 여러 국가에서 관측되는 현상이다. 연령에 따른 U자 형태의 곡선이 꽤나 흔하게 나타나기 때문에 일부 연구자들은 이러한 결과가 인생 경험의 범주를 초월한 무언가를 표상하는 것일지도 모른다는 생각을 하게 되었는데, 이는 유인원에 대한 연구에서도 유사한 결과가 도출된 바 있기 때문이다.[85]

하지만 생애 과정에서 나타나는 자연스러운 현상으로 받아들여진 이 현상이 사실은 사회적 관계 양식의 변화를 반영함에 따라 나타나는 것으로, 그렇기 때문에 개인별 생활환경에 따라 어느 곳에서는 나타나거나 나타나지 않을 수도 있고, 누구에게는 나타나거나 나타나지 않을 수 있을지도 모른다는 가능성을 검토해볼 필요가 있다.[86] 이는 매우 새로운 아이디어이며 선행 연구가 거의 존재하지 않는 분야이기 때문에, 이에 대한 분석은 몇몇 분산된 연구결과에 근거하고 있을 뿐인 매우 초기적 수준에 불과하다. 하지만 행복에 대한 실증적 연구가 발전하고 활용가능한 데이터가 풍부해져감에 따라 이제는 연령, 결혼 여부, 직업, 소득, 사회적 맥락 등 각각의 독립적 효과를 검토하는 것뿐만 아니라, 이 요소들 간의 상호작용에 대해서까지 검토해볼 수 있게 되었다. 이 경우에는 연령에 따른 U자 형태가 다른 사회적 맥락 속의 사람들에게도 동일하게 적용

---

84 Bonker et al.(2016).
85 Weiss et al.(2012).
86 이는 세 가지 패널조사에 개별적 고정효과를 포함시킨 경우 U자 형태가 거의 나타나지 않는다는 결과를 발견한 Frijters and Beatton(2012)의 연구결과를 해석하는 한 가지 방법에 해당한다. 같은 조사대상이 계속 유지되는 패널 구성원의 대부분은 삶의 사회적 맥락의 질에 있어 변화가 크지 않을 것이다.

되는지 여부가 주요 논제가 될 것이다. 이에 대한 가장 단순한 답변은 '그렇지 않다'는 것이다. 예컨대, 연령에 따른 U자형은 미혼자보다 기혼자의 경우에 상당히 적게 나타난다.[87] 이는 기혼자들의 경우 직장 및 기타 사유로 발생하는 여러 가지 곤란한 일들이 동시에 몰려오곤 하는 중년기의 어려움을 부부가 함께, 그리고 더 효과적으로 극복해나갈 수 있음을 보여준다. 그러나 만일 U자형이 직장 스트레스, 그리고 그 직장 스트레스가 삶의 다른 영역으로까지 침투한 것에 일부 기인하는 것이라면, 연령에 따른 U자 형태는 보다 친근한 사회적 맥락을 제공하는 직장을 지닌 사람들에게 더 적게 나타나게 될 터인데, 이것이 사실인 것으로 보인다. 갤럽-헬스웨이 일간 조사(Gallup-Healthway Daily Poll)에 따르면, 직장인 설문자들 중 자신의 직접적 상급자를 상사보다는 동료로 인식하는 사람의 경우 30대 초반부터 중년기까지 삶의 평가에 대한 감소가 나타나지 않았다. 이와 반대로 상급자를 동료가 아닌 상사로 인식하는 사람들의 경우에는 확연한 U자형이 나타나게 되며, 45~54세 구간에서 30세 미만 구간에 비해 삶의 평가 점수 역시 확연히 낮게 나타났다.[88]

연령에 따른 U자 형태가 사회적 맥락의 질과 깊게 연관된 것이 사실이라면, 지방 공동체(local community)에서 더 오래 살았던 사람일수록 U자 형태가 덜 나타날 것이라는 예측도 가능할 것이다. 사회적 기반이라는 것이 성립되는 데에 상당한 시간이 걸리는 것이기 때문이다. 덴마크의 연구자들이 지역 공동체에 15년 이상/이하로 거주한 사람들에 대하여 연령 분포를 따로 측정하는 방

---

87 Grover and Helliwell(2014) 참조.
88 상급자를 동료로 인식한 사람들의 경우, 그 중 30세 미만자들의 캔트릴 사다리 평균 점수는 7.1점(표준오차=.005)을 기록했고, 45~54세인 사람들은 7.1점(표준오차=.007)을 기록하였다. 상급자를 상사로 인식한 사람들의 경우, 그 중 30세 미만자들의 사다리 평균점수는 6.88점(표준오차=.007)을, 45~54세인 사람들은 6.67점(표준오차=.006)을 기록했다. 유사한 맥락에서 일일행복도 수치의 연령별 U자형은 주중 평일인 경우보다 주말과 휴일의 경우 더 완만하게 나타났다.

식을 활용하자 두 집단 모두에 어느 정도의 U자 형태가 나타나기는 하였으나, 공동체에 짧게 산 사람일수록 훨씬 더 큰 중년기의 삶의 평가 하락이 나타나는 경향을 보였다.[89]

《행복의 사회적 기반들에 관한 개요》

본 장에서는 행복에 기여하는 사회적 요인들이 매우 포괄적이고 총체적인 역할을 한다는 것을 볼 수 있었다. 소득과 건강에서부터 직장과 길거리에서의 삶에 이르기까지 어느 부분을 살펴보더라도 사회 구조의 질은 중요한 것으로 드러났다. 자주 연구의 대상이 되곤 하는 소위 U자형의 삶의 평가, 즉 생애 과정의 삶의 평가에서 나타나는 U자 형태의 경우조차 사회적 기반이 가진 지지력의 변화에 중대한 영향을 받고 있는 것으로 받아들여지고 있다. 이처럼 사회적 요소들의 중요성이 점차 널리 받아들여지고 있기는 하나, 그 기저에 깔린 작동원리에 대해서는 이제야 이해의 첫걸음을 떼고 있을 뿐이다. 본 장에서 이루어진 최근 연구에 대한 간략한 검토는 실제 이루어진 전체 연구의 극히 일부분을 조명한 것에 불과하며, 진정한 이해를 위해 앞으로 이루어져야 할 연구의 양에 비하면 더욱 미미한 정도에 해당할 것이다. 서비스의 설계와 제공, 고통 받는 사람에 대한 보살핌, 이 모든 것을 경험해보지 못한 자들에 대한 목적의식과 기회의 부여를 위해서는 인간이 어떻게 해야 행복한 삶을 위해 함께 노력할 수 있는지에 대한 더욱 깊은 이해를 추구하는 것이 무엇보다 중요하다. 이를 인정함으로써 우리는 비로소 행복(주관적 웰빙)에 관한 자료를 보다 현명하게 정기적으로 수집할 수 있게 되고, 현재 통용되고 있는 이론들뿐만 아니라 새로운 이론들도 체계적으로 검토할 수 있게 되며, 또한 실험적 연구결과들이 다양한 공동체와 문화, 그리고 학문을 넘나들며 공유될 수 있게 될 것이다. 실로 행

---

[89] Bonke et al.(2016).

복의 사회적 기반을 개선시킴으로써 얻을 수 있는 이익은 막대하다. 부록의 〈표 18〉에서는 행복의 사회적 기반의 개선효과가 어느 정도일지를 대략적으로 보여준다. 이 표에서는 〈표 2.1〉에서 활용하고 있는 4가지 사회적 변인들 각 항목이 2014~2016 기간에 관측된 가장 낮은 수치에서 세계 평균치까지 개선되는 경우 삶의 평가가 어느 정도 개선될 수 있는지를 보여주고 있다. 이것은 각 사회적 변인(사회적 지지, 자유, 자선, 부패 인식)의 최저값과 평균값 사이의 거리를 〈표 2.1〉에 표시된 각 변인의 단위당 기여 예측값에 곱하는 방식으로 계산되었다.

건강의 개선 및 소득의 증가를 통해 나타나는 효과를 무시한 상태에서도 사회적 기반을 세계 평균 수준으로 개선시켰을 때의 효과는 삶의 평가를 0~10점 척도에서 거의 2점(약 1.97점)이나 상승시키는 것에 상응하는 것으로 계산된다. 이 중 1.19점은 사회적 지원(의지할 수 있는 사람이 존재함)으로부터 비롯되며, 0.41점은 생애 선택의 자유가 존재한다는 생각으로부터, 0.25점은 자선 행위가 더 많은 환경에서 사는 것으로부터, 0.12점은 보다 적은 부패 인식으로부터 비롯된다. 이 사회적 기반 효과들을 합치면 1인당 GDP와 건강 수명을 최저값에서 세계 평균값까지 증대시켰을 때의 효과를 합친 것보다 더 큰 것으로 나타나고 있다. 사회적 지원이 증가하는 것은 그 자체로 세계에서 가장 가난한 3국가의 1인당 GDP를 세계 평균 수준으로 상승시키는 정도, 즉 1인당 GDP 평균을 16배나 상승(대략 $600에서 $10000로 상승)시키는 것이 지닌 행복 효과에 상응할 정도이다.

행복의 사회적 기반이 가장 취약한 국가들이 만약 세계 평균 수준을 넘어서서 각 변인의 세계 최상위 3개국 수준까지 개선을 이룰 수 있다면 1.27점의 행복 점수가 더 추가되어 총 3.24점이 상승하는 효과를 보게 될 것이다. 물론 디스토피아에서 유토피아로 나아가는 이러한 극단적 수준의 향상은 가까운 미래에는 가능하지 않을 것이다. 하지만 이는 쉽게 무시되곤 하는 사회적 기반의 중요성이 어느 정도인지를 보여주는 데에는 매우 유용한 장치라 하겠다. 위 계산들은 사회적 기반의 개선을 통해 가능해진 소득 상승 및 건강 개선이 유발하는 효과를 아예 고려하지 않은 것이다. 각 변인의 최하 3개국에서 최상 3개국으로 이동하는 것은 건강 수명의 경우 약 34년의 수명 연장 효과를, 1인당 GDP의 경우 약 $600에서 $10000로의 소득 향상 효과를 보이며, 삶의 평가를 각 0.98점과 1.78점 향상시키는 것으로 나타난다.[90] 요컨대, 6가지 설명 인자들 모두가 디스토피아와 유토피아에서의 삶을 설명하는 데 중요하기는 하나, 사회적 기반과 관련된 4가지 요소들의 총합이 가장 큰 지분을 지닌다는 점은 분명하다.

9. 결론

본 장에서는 국가 수준의 자료를 제시하고 설명하는데 있어 지속적으로 0~10점 척도로 보고되는 삶의 질 평가를 조명하고 있다. 우리는 2014~2016 기간의 설문결과의 평균을 활용하였으며, 3000명 정도를 전형적인 국가 표본의 크기로 삼았다. 그리고 155개국에 해당하는 이 자료들의 순위를 〈그림 2.2〉와 같은 방식으로 매겨보았다. 최상위 10개국은 이번에도 역시 중소규모의 서방 산업국이었으며, 그 중 7개국은 서유럽에 있었다. 그러나 11위부터는 국가들의 분포가 급격히 다양해지며, 11~20위의 국가들은 10개의 세계 지역 중 4개 지역에 편재해 있었다.

최상위 10개국의 삶의 평가 평균은 7.4점 정도였으며, 최하위 10개국은 그

---

[90] 위의 수치들은 물론이고 〈표 18〉 및 〈표 19〉에 나타난 수치들도 2014~2016 기간 155개국의 국가별-기간별 평균에 기반하고 있다. 이에 따라 최곳값, 최젓값 및 평균값이 통계 부록 〈표 6〉에 기재되어 있는 통계 요약본에 나온 수치와 약간 다르게 나타나는데, 이는 통계 요약본이 국가별-기간별 평균이 아닌 국가별-연도별 평균에 기반하고 있기 때문이다.

절반도 안 되는 3.4점을 기록했다. 최하위 국가들은 6가지 핵심 변인(1인당 GDP, 건강 수명, 사회적 지지, 자유, 자선, 부패의 부재)의 모든 항목에서 낮은 점수를 기록했으며, 추가적으로 폭력과 질병에 노출되어 있는 경우가 많았다. 최상위 10개국과 최하위 10개국 간의 4점의 격차를 살펴보면 75% 이상이 6가지 변인들 간의 차이로 설명될 수 있으며, 그 중 1인당 GDP, 사회적 지지, 건강 수명이 가장 큰 지분을 지니고 있었다.

2005~2007 기간과 2014~2016 기간 동안 126개국에서 발생한 삶의 평가 변동을 검토해보면 58개국이 상당한 상승을 겪고 38개국이 상당한 하락을 겪는 등 많은 변동이 있었다는 점을 알 수 있다. 라틴 아메리카와 독립국가연합, 중·동부 유럽에서는 하락을 겪은 국가보다는 상승을 경험한 국가들이 훨씬 많았다. 서유럽에서는 하락을 겪은 국가가 더 많았으나, 세계의 나머지 지역에서는 상승 국가와 하락 국가의 수효가 얼추 균형을 이루었다. 2005년 이래로 국가들이 당면하게 된 각종 위기의 성격 및 크기가 다양하여 일부 국가의 경우에는 설명하기 어려운 모호한 영역으로 진입하게 된 경우도 있었지만, 그럼에도 6가지 핵심 변인들의 변동이 이러한 변화의 상당 부분을 설명해 주었다.

우리가 주목했듯이, 사회적·제도적 인프라의 질에 따라 중대한 위기의 경험이 매우 다른 방식으로 삶의 평가를 바꿀 수 있다는 증거가 지속적으로 드러나고 있다. 특히 제도적 구조가 취약한 사회에 위기가 발생했을 때 그 위기가 협력과 회복보다는 분쟁과 비난을 촉진시킬 수 있으며, 이 경우 그 사회를 지탱하는 사회 구조가 추가적으로 손상될 수 있다는 증거에 주목할 필요가 있다. 이와 반대로, 사회 기저의 제도가 충분히 높은 질을 지니고 있다면 자연재해와 경제위기의 경험이 오히려 사회 구조의 손상이 아닌 향상으로 이어지는 경우도 존재할 수 있다.[91] 이러한 사회 구조의 향상은 위기에 대한 보다 나은 대응

---

[91] Dussailant & Guzman(2014) 참조. 2010년 칠레 대지진의 경우 초기에는 낮은 신뢰도의 일부 지역에서 약탈행위가 발생했었다. 구호가 전반적으로 이루어지자 이 지역

력을 갖추게 해줄 뿐만 아니라 그에 따른 상당한 수준의 행복 상승도 가져오게 되는데, 이는 사람들이 효과적이고도 자애로운 공동체에 속해있다는 느낌에 진정한 가치를 부여하는 경향이 있기 때문이다.

《세계 행복 보고서 2016》에서는 각 국가 내의 행복 불평등이 소득의 불평등과 상당히 다른 양태를 보인다는 점을 다룬 바 있다. 또한 행복의 불평등이 클수록 평균적 행복 수준이 낮다는 점 또한 밝힌 바 있다. 그리고 소득보다는 행복으로 논의의 초점을 넓히면 타인에게 피해를 입히지 않으면서도 불행한 사람들의 삶을 개선시킬 수 있는 방법을 크게 다변화시킬 수 있으며, 이를 보다 지속가능하고도 저비용의 방법으로 실현할 수 있다는 점도 확인할 수 있었다.

이상의 사실은 2017년도 행복 보고서의 본 장에서 특히 집중한 바 있는 행복의 사회적 기반에 대한 개선 효과와 관련하여 명백하게 나타난다. 사회적 지지, 자선, 자유, 사회적 신뢰 중 어느 것을 보더라도 주는 자와 받는 자 모두의 삶을 향상시킬 수 있는 방식을 강구할 수 있다는 것을 알 수 있었다.

행복의 사회적 원천들을 집중적으로 조명하는 일은 유한한 물적 자원에 대한 압박을 경감시키면서도 동시에 행복도를 높일 수 있는 여러 가지 가능성을 제공해 준다. 물론 행복의 사회적 기반을 결정짓는 다양한 요인들 간의 상호작용을 보다 깊이 이해하고, 사회적 기반을 개선시키기 위한 다양한 대안적 방안을 강구하기 위해서는 훨씬 더 많은 연구가 필요할 것이다. 그러나 우리는 다음과 같은 굳은 희망을 갖게 되었다. 즉, 우리 관심의 초점을 행복의 물적 기반으로부터 사회적 기반으로 옮기는 것만으로도 국가와 세대를 넘어 모두의 행복을 지속가능하게 증진시킬 수 있으리라는 희망을.

에서도 추후 신뢰도가 상승하게 되었다.

참고문헌

Abolfathi Momtaz, Y., Ibrahim, R., & Hamid, T. A.(2014). The impact of giving support to others on older adults' perceived health status. *Psychogeriatrics*, 14(1), 31-37.

Acemoglu, D., & Robinson, J.(2012). *Why nations fail: The origins of power, prosperity, and poverty*. Crown Business.

Aknin, L. B., Barrington-Leigh, C. P., Dunn, E. W., Helliwell, J. F., Burns, J., Biswas-Diener, R., ... & Norton, M. I.(2013). Prosocial spending and well-being: Cross-cultural evidence for a psychological universal. *Journal of Personality and Social Psychology*, 104(4), 635.

Aknin, L. B., Hamlin, J. K., & Dunn, E. W.(2012). Giving leads to happiness in young children. *PLoS One*, 7(6), e39211.

Aknin, L. B., Mayraz, G., & Helliwell, J. F.(2017). The emotional consequences of donation opportunities. *The Journal of Positive Psychology*, 12(2), 169-177.

Algan, Y., & Cahuc, P.(2010). Inherited trust and growth. *The American Economic Review*, 100(5), 2060-2092.

Barrington-Leigh, C. P.(2013). The Quebec convergence and Canadian life satisfaction, 1985–008. *Canadian Public Policy*, 39(2), 193-219.

Berkman, L. F., & Glass, T.(2000). Social integration, social networks, social support, and health. *Social epidemiology*, 1, 137-173.

Berkman, L. F., & Syme, S. L.(1979). Social networks, host resistance, and mortality: a nine-year follow-up study of Alameda County residents. *American journal of Epidemiology*, 109(2), 186-204.

Beugelsdijk, S., De Groot, H. L., & Van Schaik, A. B.(2004). Trust and economic growth: a robustness analysis. *Oxford economic papers*, 56(1), 118-134.

Bjørnskov, C.(2012). How does social trust affect economic growth?. *Southern Economic Journal*, 78(4), 1346-1368.

Blanchflower, D. G., & Oswald, A. J.(2008). Is well-being U-shaped over the life cycle?. *Social science & medicine*, 66(8), 1733-1749.

Bonikowska, A., Helliwell, J. F., Hou, F., & Schellenberg, G.(2013). An assessment of life satisfaction responses on recent Statistics Canada Surveys. *Social Indicators Research*,

118(2), 1-27.

Bonke, J., Mortensen, L.H., Ploug, N., Hansen, A.V.(2016) Explaining inter-area variation in life-satisfaction - matched survey and register data. Statistics Denmark(Paper presented at the OECD/LSE conference on well-being over the life course. December 13, 2016.

Brown, S. L., Nesse, R. M., Vinokur, A. D., & Smith, D. M.(2003). Providing social support may be more beneficial than receiving it: results from a prospective study of mortality. *Psychological Science*, 14(4), 320-327.

Brown, K., & Westaway, E.(2011). Agency, capacity, and resilience to environmental change: lessons from human development, well-being, and disasters. *Annual review of environment and resources*, 36(1), 321.

Buggle, J., & Durante, R.(2016). Climate risk, cooperation and the co-evolution of culture and institutions. http://www.johannesbuggle.com/docs/climate.pdf.

Cantril, H.(1965). *The pattern of human concerns.* New Brunswick: Rutgers University Press.

Charron, N., & Rothstein, B.(2017). Regions of trust and distrust: How good institutions can foster social cohesion. In Benritz, U., Martensson, M., Oxelheim, L. & Persson, T. eds. *Bridging the Prosperity Gap in the EU: The Social Challenge Ahead*. Cheltenham, Edward Elgar.

Chen, C., Lee, S. Y., & Stevenson, H. W.(1995). Response style and cross-cultural comparisons of rating scales among East Asian and North American students. *Psychological Science*, 6(3), 170-175.

Clark, A. E., & Georgellis, Y.(2013). Back to baseline in Britain: Adaptation in the British Household Panel Survey. *Economica*, 80(319), 496-512.

Cohen, S.(2004). Social relationships and health. *American psychologist*, 59(8), 676.

Cohen, S., Doyle, W. J., Skoner, D. P., Rabin, B. S., & Gwaltney, J. M.(1997). Social ties and susceptibility to the common cold. *Journal of the American medical association*, 277(24), 1940-1944.

Cohen, S., Frank, E., Doyle, W. J., Skoner, D. P., Rabin, B. S., & Gwaltney Jr, J. M.(1998). Types of stressors that increase susceptibility to the common cold in healthy adults. *Health Psychology*, 17(3), 214.

Deci, E. L., La Guardia, J. G., Moller, A. C., Scheiner, M. J., & Ryan, R. M.(2006). On the benefits of giving as well as receiving autonomy support: Mutuality in close friendships. *Personality and Social Psychology Bulletin*, 32(3), 313-327.

De Neve, J. E., Diener, E., Tay, L., & Xuereb, C.(2013). The objective benefits of subjective well-being. In J. F. Helliwell, R. Layard, & J. Sachs(Eds.), *World happiness report 2013*(pp. 54-79). New York: UN Sustainable Development Solutions Network.

Diener, E., Helliwell, J., & Kahneman, D.(Eds.)(2010). *International differences in well-being*. Oxford University Press.

Diener, E., Lucas, R. & Oishi, S.(2016). Advances and open questions in the science of well-being. Unpublished manuscript, University of Virginia.

Durand, M., & Smith, C.(2013). The OECD approach to measuring subjective well-being. In J. F. Helliwell, R. Layard, & J. Sachs(Eds.), *World Happiness Report 2013*(pp. 112-137). New York: UN Sustainable Development Solutions Network.

Dussaillant, F., & Guzman, E.(2014). Trust via disasters: The case of Chile's 2010 earthquake. *Disasters*, 38(4), 808-832.

Evans, R. G., Barer, M. L., & Marmor, T. R.(Eds.)(1994). Why are some people healthy and others not? *The Determinants of the health of populations*. New York: De Gruyter.

Exton, C., Smith, C., & Vandendriessche, D.(2015). Comparing happiness across the world: Does culture matter? OECD Statistics Working Papers, 2015/04, Paris: OECD Publishing. http://dx.doi.org/10.1787/5jrqppzd9bs2-en.

Exton, C., Siegerink, V., and Smith, C.(forthcoming), *Measuring subjective well-being in national statistics: Taking stock of recent OECD activities*, OECD Publishing, Paris.

Frank, K., Hou, F., & Schellenberg, G.(2016). Life satisfaction among recent immigrants in Canada: comparisons to source-country and host-country populations. *Journal of Happiness Studies*, 17(4): 1659–680. doi:10.1007/s10902-015-9664-2

Fredrickson, B. L.(2001). The role of positive emotions in positive psychology: The broaden-and-build theory of positive emotions. *American psychologist*, 56(3), 218-226.

Frijters, P., & Beatton, T.(2012). The mystery of the U-shaped relationship between happiness and age. *Journal of Economic Behavior & Organization*, 82(2), 525-542.

Fukuyama, F.(1995). *Trust: The social virtues and the creation of prosperity*. New York: Free press.

Gandelman, N., & Porzecanski, R.(2013). Happiness inequality: How much is reasonable? *Social Indicators Research*, 110(1), 257-269.

Gerxhani, K.(2016). Tax evasion and well-being: A study of the social and institutional context in Central and Eastern Europe. *European Journal of Political Economy*, 45, 149-159.

Goff, L., Helliwell, J., & Mayraz, G.(2016). The welfare costs of well-being inequality. *NBER*

Working Paper 21900.

Grover, S., & Helliwell, J. F.(2014). How's life at home? New evidence on marriage and the set point for happiness. *NBER Working Paper 20794*.

Gudmundsdottir, D. G.(2013). The impact of economic crisis on happiness. *Social Indicators Research*, 110(3), 1083-1101.

Hamilton, K., Helliwell, J. F., & Woolcock, M.(2016). Social capital, trust and well-being in the evaluation of wealth. *NBER Working Paper 22556*.

Haslam, C., Holme, A., Haslam, S. A., Iyer, A., Jetten, J., & Williams, W. H.(2008). Maintaining group memberships: Social identity continuity predicts well-being after stroke. *Neuropsychological Rehabilitation*, 18(5-6), 671-691.

Haslam, C., Cruwys, T., Haslam, S. A., Dingle, G., & Chang, M. X. L.(2016). Groups 4 Health: Evidence that a social-identity intervention that builds and strengthens social group membership improves mental health. *Journal of affective disorders*, 194, 188-195.

Havranek, E. P., Mujahid, M. S., Barr, D. A., Blair, I. V., Cohen, M. S., Cruz-Flores, S., ... & Rosal, M.(2015). Social determinants of risk and outcomes for cardiovascular disease a scientific statement from the American Heart Association. *Circulation*, 132(9), 873-898.

Haynes, A. B., Weiser, T. G., Berry, W. R., Lipsitz, S. R., Breizat, A. H. S., Dellinger, E. P., ... & Merry, A. F.(2009). A surgical safety checklist to reduce morbidity and mortality in a global population. *New England Journal of Medicine*, 360(5), 491-499.

Helgeson, V. S., Cohen, S., Schulz, R., & Yasko, J.(2000). Group support interventions for women with breast cancer: who benefits from what?. *Health psychology*, 19(2), 107.

Helliwell, J. F.(2014). Understanding and improving the social context of well-being. In Hamalainen, T. & Michaelson, J.(Eds.) *Well-Being and Beyond: Broadening the Public and Policy Discourse*. Elgar(pp 125-143).(Also as NBER Working Paper 18486).

Helliwell, J. F., Barrington-Leigh, C., Harris, A., & Huang, H.(2010). International evidence on the social context of well-being. In E. Diener, J. F. Helliwell, & D. Kahneman(Eds.), *International differences in well-being*(pp. 291-327). Oxford: Oxford University Press.

Helliwell, John F., Bonikowska, A. & Shiplett, H.(2016). Migration as a test of the happiness set point hypothesis: Evidence from Immigration to Canada. *NBER Working Paper 22601*.

Helliwell, J. F., & Huang, H.(2008). How's your government? International evidence linking good government and well-being. *British Journal of Political Science*, 38(04), 595-619.

Helliwell, J. F., Huang, H., Grover, S., & Wang, S.(2014). Good governance and national well-being: What are the linkages? *OECD Working Papers on Public Governance*, No. 25, Paris: OECD Publishing. DOI: http://dx.doi.org/10.1787/5jxv9f651lwj-en.

Helliwell, J. F., Huang, H., & Wang, S.(2014). Social capital and well-being in times of crisis. *Journal of Happiness Studies*, 15(1), 145-162.

Helliwell, J. F., Huang, H., & Wang, S.(2016). *New Evidence on Trust and Well-being*(No. w22450). National Bureau of Economic Research.

Helliwell, J. F., Layard, R., & Sachs, J.(Eds.).(2012). *World happiness report*. New York: UN Sustainable Development Solutions Network.

Helliwell, J. F., Layard, R., & Sachs, J.(Eds.).(2015). *World happiness report 2015*. New York: UN Sustainable Development Solutions Network.

Helliwell, J. F., Layard, R., & Sachs, J.(Eds.).(2016). *World Happiness Report Update 2016*. New York: UN Sustainable Development Solutions Network.

Helliwell, J. F., & Wang, S.(2013). World happiness: Trends, explanations and distribution. In J. F. Helliwell, R. Layard, & J. Sachs(Eds.), *World Happiness Report 2013*(pp. 8-37). New York: UN Sustainable Development Solutions Network.

Helliwell, J. F., & Wang, S.(2014). Weekends and subjective well-being. *Social Indicators Research*, 116(2), 389-407.

Helliwell, J. F., & Wang, S.(2015). How was the weekend? How the social context underlies weekend effects in happiness and other emotions for US workers. *PLoS ONE*, 10(12), e0145123.

Hicks, S., Tinkler, L., & Allin, P.(2013). Measuring subjective well-being and its potential role in policy: Perspectives from the UK Office for National Statistics. *Social Indicators Research*, 114(1), 73-86.

Holmberg, S., & Rothstein, B.(2011). Dying of corruption. Health Economics, *Policy and Law*, 6(04), 529-547.

Huppert, F. A., Marks, N., Clark, A., Siegrist, J., Stutzer, A., Vittersø, J., & Wahrendorf, M.(2009). Measuring well-being across Europe: Description of the ESS well-being module and preliminary findings. *Social Indicators Research*, 91(3), 301-315.

Inagaki, T. K., & Eisenberger, N. I.(2012). Neural correlates of giving support to a loved one. *Psychosomatic Medicine*, 74(1), 3-7.

International Organization for Migration(2013). *World migration report 2013*. http://publications.iom.int/system/files/pdf/wmr2013_en.pdf.

Kahneman, D., & Deaton, A.(2010). High income improves evaluation of life but not emotional well-being. *Proceedings of the National Academy of Sciences*, 107(38), 16489-16493.

Kalmijn, W., & Veenhoven, R.(2005). Measuring inequality of happiness in nations: In search for proper statistics. *Journal of Happiness Studies*, 6(4), 357-396.

Kaufmann, D. Kraay, A., & Mastruzzi, M.(2009). Governance matters VIII: Aggregate and individual governance indicators, 1996-2008. World Bank Policy Research Working Paper No. 4978. http://ssrn.com/abstract=1424591.

Kawachi, I., & Berkman, L.(2000). Social cohesion, social capital, and health. Social epidemiology, 174-190. Kawachi, I., Kennedy, B. P., Lochner, K., & Prothrow-Stith, D.(1997). Social capital, income inequality, and mortality. *American journal of public health*, 87(9), 1491-1498.

Keeley, B.(2015). *Income inequality: The gap between rich and poor*. OECD Insights, Paris: OECD Publishing.

Knack, S., & Keefer, P.(1997). Does social capital have an economic payoff? A cross-country investigation. *The Quarterly journal of economics*, 1251-1288.

Konrath, S., Fuhrel-Forbis, A., Lou, A., & Brown, S.(2012). Motives for volunteering are associated with mortality risk in older adults. *Health Psychology*, 31(1), 87.

Kumar, S., Calvo, R., Avendano, M., Sivaramakrishnan, K., & Berkman, L. F.(2012). Social support, volunteering and health around the world: Cross-national evidence from 139 countries. *Social science & medicine*, 74(5), 696-706.

Kuznets, S.(1955). Economic growth and income inequality. *American Economic Review*, 45(1), 1-28.

Lucas, R. E.(2007). Adaptation and the set-point model of subjective well-being: Does happiness change after major life events? *Current Directions in Psychological Science*, 16(2), 75-79.

Lucas, R. E., Clark, A. E., Georgellis, Y., & Diener, E.(2003). Reexamining adaptation and the set point model of happiness: reactions to changes in marital status. *Journal of Personality and Social Psychology*, 84(3), 527-539.

Marmot, M.(2005). Social determinants of health inequalities. *The Lancet*, 365(9464), 1099-1104.

Marmot, M., Ryff, C. D., Bumpass, L. L., Shipley, M., & Marks, N. F.(1997). Social inequalities in health: Next questions and converging evidence. *Social Science & Medicine*, 44(6), 901-910.

Mazar, N., Amir, O., & Ariely, D.(2008). The dishonesty of honest people: A theory of self-concept maintenance. *Journal of marketing research*, 45(6), 633-644.

Neckerman, K. M., & Torche, F.(2007). Inequality: Causes and consequences. *Annual Review of Sociology*, 33, 335-357.

Neily, J., Mills, P. D., Young-Xu, Y., Carney, B. T., West, P., Berger, D. H., ... & Bagian, J. P.(2010). Association between implementation of a medical team training program and surgical mortality. *Jama*, 304(15), 1693-1700.

OECD(2001). *The Well-Being of Nations: The Role of Human and Social Capital. Education and Skills*. Organisation for Economic Cooperation and Development, 2 rue Andre Pascal, F-75775 Paris Cedex 16, France.

OECD.(2013). *OECD guidelines on measuring subjective well-being*. Paris: OECD Publishing.

OECD(2015). In it together: *Why less inequality benefits all*. Paris: OECD Publishing. DOI: http://dx.doi.org/10.1787/9789264235120-en.

Ostrom, E.(2000). Collective Action and the Evolution of Social Norms. *Journal of Economic Perspectives*, 14(3), 137-158.

Ott, J. C.(2010). Good governance and happiness in nations: Technical quality precedes democracy and quality beats size. *Journal of Happiness Studies*, 11(3), 353-368.

Piketty, T.(2014). *Capital in the 21st Century*. Cambridge: Harvard University Press.

Putnam, R. D.(2001). *Bowling alone: The collapse and revival of American community*. Simon and Schuster.

Ren, Q., & Ye, M.(2016). Donations make people happier: Evidence from the Wenchuan earthquake. *Social Indicators Research*, 1-20.

Ricard, M.(2015). *Altruism: The power of compassion to change yourself and the world*. Atlantic Books Ltd.

Rosengren, A., Orth-Gomer, K., Wedel, H., & Wilhelmsen, L.(1993). Stressful life events, social support, and mortality in men born in 1933. *BMJ: British Medical Journal*, 307(6912), 1102.

Rothstein, B., & Uslaner, E. M.(2005). All for all: Equality, corruption, and social trust. *World Politics*, 58(1), 41-72.

Russ, S., Rout, S., Sevdalis, N., Moorthy, K., Darzi, A., & Vincent, C.(2013). Do safety checklists improve teamwork and communication in the operating room? A systematic review. *Annals of surgery*, 258(6), 856-871.

Ryan, R. M., Bernstein, J. H., & Brown, K. W.(2010). Weekends, work, and well-being: Psychological need satisfactions and day of the week effects on mood, vitality, and physical symptoms. *Journal of Social and Clinical Psychology*, 29(1), 95-122.

Rydenfalt, C., Johansson, G., Odenrick, P., Akerman, K., & Larsson, P. A.(2013). Compliance with the WHO Surgical Safety Checklist: deviations and possible improvements. *International Journal for Quality in Health Care*, 25(2), 182-187.

Ryff, C. D., & Singer, B. H.(2008). Know thyself and become what you are: A eudaimonic approach to psychological well-being. *Journal of Happiness Studies*, 9(1), 13-39.

Shultz, S., & Dunbar, R. I.M.(2007). The evolution of the social brain: anthropoid primates contrast with other vertebrates. *Proceedings of the Royal Society of London B: Biological Sciences*, 274(1624), 2429-2436.

Schwartz, C. E., & Sendor, R. M.(1999). Helping others helps oneself: response shift effects in peer support. *Social science & medicine*, 48(11), 1563-1575.

Solow, R. M.(2000). Notes on social capital and economic performance. *Social capital: A multifaceted perspective*, 6(10).

Steffens, N. K., Jetten, J., Haslam, C., Cruwys, T., & Haslam, S. A.(2016). Multiple Social Identities Enhance Health Post-Retirement Because They Are a Basis for Giving Social Support. *Frontiers in Psychology*, 7.

Stiglitz, J., Sen, A., & Fitoussi, J. P.(2009). *The measurement of economic performance and social progress revisited: Reflections and overview*. Paris: Commission on the Measurement of Economic Performance and Social Progress.

Stone, A. A., Schneider, S., & Harter, J. K.(2012). Day-of-week mood patterns in the United States: On the existence of 'Blue Monday', 'Thank God it's Friday' and weekend effects. *Journal of Positive Psychology*, 7(4), 306-314.

Theurer, K., & Wister, A.(2010). Altruistic behaviour and social capital as predictors of well-being among older Canadians. *Ageing and Society*, 30(1), 157.

Theurer, K., Mortenson, W. B., Stone, R., Suto, M., Timonen, V., & Rozanova, J.(2015). The need for a social revolution in residential care. *Journal of aging studies*, 35, 201-210.

Thomas, P. A.(2009). Is it better to give or to receive? Social support and the well-being of older adults. *The Journals of Gerontology Series B: Psychological Sciences and Social Sciences*, 65B(3):351-357.

Uchida, Y., Takahashi, Y., & Kawahara, K.(2014). Changes in hedonic and eudaimonic well-being after a severe nationwide disaster: The case of the Great East Japan Earthquake. *Journal of Happiness Studies*, 15(1), 207-221.

Urbach, D. R., Govindarajan, A., Saskin, R., Wilton, A. S., & Baxter, N. N.(2014). Introduction of surgical safety checklists in Ontario, Canada. *New England Journal of Medicine*, 370(11), 1029-1038.

Walker, I. A., Reshamwalla, S., & Wilson, I. H.(2012). Surgical safety checklists: do they improve outcomes?. *British Journal of Anaesthesia*, aes175.

Weiss, A., King, J. E., Inoue-Murayama, M., Matsuzawa, T., & Oswald, A. J.(2012). Evidence for a midlife crisis in great apes consistent with the U-shape in human well-being. *Proceedings of the National Academy of Sciences*, 109(49), 19949-19952.

Weinstein, N., & Ryan, R. M.(2010). When helping helps: autonomous motivation for prosocial behavior and its influence on well-being for the helper and recipient. *Journal of personality and social psychology*, 98(2), 222.

Wilkinson, R. G., & Marmot, M. G.(2003). *Social determinants of health: the solid facts*. World Health Organization.

Willms, J. D.(2003). Literacy proficiency of youth: Evidence of converging socioeconomic gradients. *International Journal of Educational Research*, 39(3), 247-252.

Yamamura, E., Tsutsui, Y., Yamane, C., Yamane, S., & Powdthavee, N.(2015). Trust and happiness: Comparative study before and after the Great East Japan Earthquake. *Social Indicators Research*, 123(3), 1-17.

Yap, S. C., Anusic, I., & Lucas, R. E.(2012). Does personality moderate reaction and adaptation to major life events? Evidence from the British Household Panel Survey. *Journal of Research in Personality*, 46(5), 477-488.

Zak, P. J., & Knack, S.(2001). Trust and growth. *The Economic Journal*, 111(470), 295-321.

제3장

1990~2015년 중국의 성장과 행복*

리처드 이스털린(Richard A. Easterlin)** · 페이 왕(Fei Wang)*** · 슌왕(Shun Wang)****

> 만족할 수 없어!
>
> 롤링스톤즈, 1965년

'주관적 웰빙'(subjective well-being)이 웰빙을 재는 수단으로서 국내총생산(GDP)의 대체물이거나 보완물이라는 관심이 크게 늘어났다. 두 측정값을 비교하는 데 중국만큼 좋은 시금석이 될 수 있는 곳은 없다. 중국에서 국내총생산은 지난 25년 동안 5배 넘게 늘어났지만, 같은 기간에 주관적 웰빙은 회복과정을 거치기 전인 15년 동안 떨어졌다. 평균적으로 볼 때, 지금의 웰빙 수준은 25년 전보다 더 낮다. 이와 같은 상이한 결과는 두 측정치가 서로 다른 조사 범위를 반영하기 때문이다.

국내총생산은 삶의 경제적 측면, 그것도 단 하나의 차원인 재화와 서비스의 산출과 관련이 있다. 이와 달리, 주관적 웰빙은, 사람들의 웰빙을 결정하는 경제

---

* 이 장은 UN 《세계 행복 보고서 2017》의 제3장(Chapter 3. Growth and Happiness in China, 1990-2015)을 장시복 교수(목포대 경제학과, sibok@hanmail.net)가 번역한 것이다.
** 사우스캘리포니아대학 경제학과 교수.
*** 중국 렌민대학 노동과 인간 자원학부 조교수.
**** 한국 KDI 국제정책대학원 조교수.

와 비경제의 다양한 관심과 열망을 고려하는, 개인의 웰빙에 대한 포괄적인 측정값이다. 국내총생산만으로는 중국에서 사람들의 삶에 영향을 미치는 거대한 구조 변화를 설명할 수 없다. 주관적 웰빙은 노동시장의 증대가 초래하는 걱정거리와 새로운 관심사를 담고 있다. 우리의 자료들은 1990년에서 대략 2005년까지 주관적 웰빙이 눈에 띠게 떨어졌고, 그 뒤 현저히 회복했음을 보여준다. 제3장은 실업과 사회안전망의 변화가 1990년 이후의 하락과 뒤이은 회복 모두를 설명하는 데 중요한 구실을 한다는 점을 보여준다.

1. 서론

지난 25년 동안 중국의 1인당 실질 국내총생산(GDP)은 다섯 배 넘게 늘었는데, 이는 전례 없는 위업이었다.[1] 2012년쯤 모든 도시 가구 대부분은 컬러텔레비전, 냉방기, 세탁기와 냉장고를 가지고 있었다. 열 가구 가운데 거의 아홉 가구는 개인용 컴퓨터를, 다섯 가구 가운데 한 가구는 자동차를 보유했다. 농촌 가구들은 얼마간 도시보다 뒤처져있었지만, 1990년 농촌에서는 거의 없었던, 이러한 풍요의 동일한 조짐은 2012년에는 아주 흔했다.[2] 이와 같은 새롭게 찾을 수 있는 풍요를 보고, 어떤 사람은 주민들이 느끼는 웰빙도 비슷하게 증가했다고 생각할지도 모르겠다. 그런데, 앞으로 논하겠지만 오늘날의 웰빙은 어쩌면 1990년보다 못하다.

앞선 연구에 밑바탕을 둔,[3] 이 장은 1990년 이후 25년 동안 중국에서 웰빙의

---

1   Penn World Table(2016).
2   National Bureau of Statistics of China(2013).
3   Easterlin et al(2012)을 보라. 중국의 주관적 웰빙을 다룬 연구들이 기쁘게도 늘어났다. 학술지,《사회지표연구Social Indicators Research》는 최근 이 주제를 전체 호에 실었다(또한 Abbott et al(2016), Steele & Lynch(2013)를 보라). Cheng et al(2016)이

변화를 기술하고 주관적 웰빙(subjective well-being: SWB)과 1인당 국내총생산(이후 간단하게 국내총생산이라 부름)의 서로 다른 추이가 나타났던 그럴듯한 까닭들을 제시한다. '주관적 웰빙', '삶에 대한 만족', 그리고 '행복'이라는 세 용어는 이 논문에서 같은 뜻으로 바꿔 쓰며, 사람들의 삶에 대한 전체 평가를 뜻한다. 또한 이 장은 여러 인구집단의 주관적 웰빙의 중요한 차이들을 기술하고 이들 차이가 나타나는 몇몇 그럴싸한 까닭을 지적한다.

비록 대체로 시간이 지남에 따라 나아지고 있지만, 개발도상국에 대한 역사 연구에서처럼, 양적 자료는 부족하다. 실증연구의 과제는 얻을 수 있는 양적 증거를 모아 평가하고, 여기서 하려는 것처럼, 이것의 적합도를 광범위한 역사의 맥락에서 판단하는 데 있다. 중국의 주관적 웰빙에 대해 얻을 수 있는 측정값은 도시 부문에 편향되는 경향이 있으며, 이는 경제성장에서도 마찬가지다.[4] 그렇기 때문에, 우리는 보다 광범위한 현재의 자료를 토대로 해서 웰빙의 추이에 대해 합당한 전망을 제시해야만 한다.

《사회지표연구》에 실은 논문은 최근 연구의 귀중한 개관을 제시해 주었다. 그런데, 이 연구 대부분은 횡단면 연구로 이루어진다. Bartolini and Sarracino(2015)를 중요한 예외로 둔다면, 여기서 주요 관심사, 시간이 지남에 따른 주관적 웰빙의 특성과 결정요인들에 중점을 둔 연구는 없었다. 2012년 이전의 시계열 연구를 다룬 논의는 Easterlin et al(2012)을 보라. 중국경제의 훌륭한 개관은 Brandt and Rawski(2008), Fan et al(2014a)과 Naughton(2007)이 있다.

4 Knight and Song(2005), Xu(2011). Cai et al.(2008)의 181쪽에서는, 1993년에 시작했던 개혁 정책기에 대해 언급하면서 "대규모 자원들이 도시 산업화를 지원하려 농업과 농촌 부문에서 나왔다"고 보고한다.

2. 장기 움직임

1990년 이후 중국의 주관적 웰빙은 시간이 지남에 따라 U자형을 띠어서, 2000~2005년에 저점에 이를 때까지 하락하다가 그 뒤 회복했다(〈그림 3.1〉).[5] 이 형태는 1990년부터 시작하는 네 개의 다른 시계열 조사—세계가치관조사(World Values Survey), 갤럽1(Gallup1), 갤럽2(Gallup2)와 호라이즌(Horizon)—에서 찾을 수 있다. 〈그림 3.1〉에서, 중국사회총조사(China General Social Survey(CGSS))에 근거를 둔, 다섯 번째 시계열은 2000년대에 시작했고, 같은 기간 다른 시계열과 마찬가지로 상승하는 경향이 있다. 1990년대를 포함하는 이들 시계열 가운데, 두 개는 미국이고 하나는 중국에 있는, 세 개의 다른 조사기관에서 나왔다. 비록 이 시계열들은 주관적 웰빙의 출발점과 측정값, 그리고 표본크기는 다르지만, 모든 시계열에서 저점 이전 값과 이후 값은 2000~2005년의 값보다 높다([기술 상자 1]을 보라). 이들 서로 다른 시계열에서 나온 결과의 일관성은 전체 움직임에 대한 결과를 보강해준다. 연간 자료가 모자라기 때문에 주관적 웰빙의 저점을 알려주는 더 정확한 자료를 확인하지는 못한다. U자형을 뒷받침하는 추가 근거는 세계가치관조사 자료에서 제시한 95퍼센트 신뢰구간 막대가 제공한다. 2000~2005년의 신뢰구간과 1990년 이 시계열의 최초값과 2012년 최종값을 포괄하는 이에 상응하는 기간 사이의 겹침은 없다.

1990년 세계가치관조사의 주관적 웰빙을 측정한 7.29라는 값은 가난한 나라치고는 높은 듯하지만, 몇몇 연구는 그 타당성을 지적한다.[6] 당시 중국의 도시

---

[5] 〈그림 3.1〉과 그 뒤 그림들에서, 수직축의 꺾은선들은 주관적 웰빙이 저점일 때 기간으로 범위를 정한다. 또한, 장기 움직임을 강조하려, 3년 이동평균이 연간 자료의 시계열로 찍혀있다.

[6] 이 글에서 인용한 그래프와 수치의 자료와 출처는 [부록]에 있다.

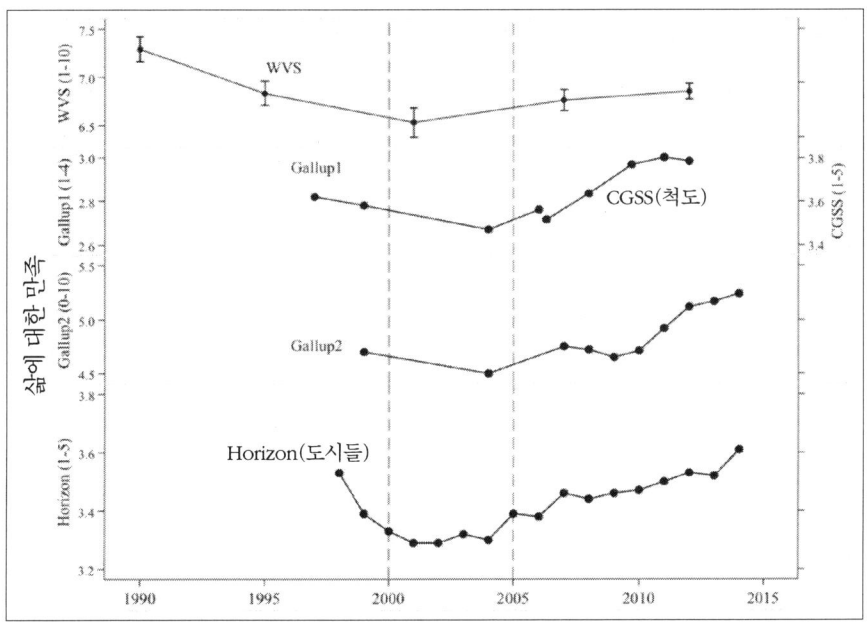

〈그림 3.1〉 1990~2015년, 다섯 개 시계열의 평균 주관적 웰빙

출처: [부록]의 〈표 A 3.1〉.
주: 호라이즌 시계열은, 1997~2015년 연간 자료의 3년 중심이동평균이다; 2004년 이후 갤럽2는 2006~2015년 연간자료의 3년 중심이동평균이다; 중국사회총조사는 [기술상자 3.1]에 있는 자료들의 3개 항목의 이동평균이다. 1~4나 1~5의 응답 선택사항의 시계열은 1~10과 0~10의 응답 선택사항의 두 배 규모로 찍혀 있다. 조사 질문과 응답 선택사항은 [기술상자 3.1]을 보라.

노동시장은 "최소복지국가"(mini-welfare state)로, 도시 노동자들은 '철밥통'을 가진 것으로 묘사되었다.[7] 한 사람이 가진 현재와 미래의 직업과 가계안정에 대한 염려는 거의 없었다. (많은 도시 고용을 차지했던) 공기업에서 일했던 노동자들은 대부분 평생직장을 보장받았고 음식, 주택, 건강보험, 육아와 연금뿐 아니라, 그들이 키운 자식들에 대한 일자리 보장을 포함하는 혜택을 받았다. 러시아의 노동정책과 임금정책은 공산주의 중국 모형의 전례가 되었고 7.29라는 중국의 측정값은 이행기 이전 얻을 수 있는 러시아 자료에서 나왔던 7.26과 거

---

[7] Knight and Song(2005), 19쪽.

의 같았다.[8] 1990년 중국에서 사회경제적 지위에 따른 삶에 대한 만족의 차이는 매우 적었고, 이는 이행하기 전의 이전 소비에트연합에서도 마찬가지였다.[9] 1990년 중국의 조사 자료에서, 7.0을 넘는 평균값은 교육, 직업과 소득에 따른 분포에서 찾을 수 있다. 따라서 높은 전체 평균값은 높은 삶에 대한 만족을 다룬 1990년 조사에서 편중된 대표성 탓이라고 할 수 없다.

[기술상자 3.1] 주관적 웰빙의 조사와 측정 방식

세계가치관조사(표본 크기: c. 1,000 – c. 2,000). 삶에 대한 만족: 모든 사항을 헤아릴 때, 당신은 요즘 당신의 삶에 어느 정도 만족하십니까? 당신이 응답하기 편하게 이 점수표를 사용하세요. 1(불만족) 2 3 4 5 6 7 8 9 10(만족)

갤럽1(표본 크기: c. 3,500). 삶에 대한 만족: 대체로, 당신은 요즘 당신의 삶에서 진행되는 일에 어느 정도 만족하거나 만족하지 못합니까? 당신은 이렇게 말할 수 있다. 4, 매우 만족; 3, 다소 만족; 2, 다소 불만족; 1, 매우 불만족.

갤럽2 1999년, 2004년(표본 크기: c. 4,000). 인생 사다리: 맨 아래가 0이고 꼭대기가 10인 사다리의 계단을 상상해 보세요. 사다리의 맨 꼭대기는 당신에게 최상으로 할 수 있는 삶을 나타내며, 사다리의 맨 아래는 당신에게 최악으로 할 수 있는 삶을 나타낸다고 말한다고 가정해 보세요. 요즘 당신은 개인적으로 사다리의 몇 단계 계단에 서 있으십니까?

갤럽2: 갤럽 세계 여론조사 2006~2015년(표본크기: c. 4,000, 2012년은 c. 9,000). 인생 사다리 맨 아래가 0이고 꼭대기가 10인 사다리의 계단을 상상해 보세요. 사다리의 맨 꼭대기는 당신에게 최상으로 할 수 있는 삶을 나타내며, 사다리의 맨 아래는 당신에게 최악으로 할 수 있는 삶을 나타낸다고 말한다고 상

---

8 Easterlin(2014).
9 Easterlin(2012).

정해 보세요. 더 높은 계단이 당신의 삶이 더 좋다고 느끼고 더 낮은 계단이 더 나쁘다 느낀다면, 요즘 당신은 개인적으로 사다리의 몇 단계 계단에 서 있으십니까? 당신이 느낄 때 어떤 계단에 더 가까이 다가서 계신가요?

호라이즌 1997~1999년, 2001년(표본 크기: c. 5,000). (중국에서) 일반적으로 당신은 당신의 현재 삶에 만족하십니까?: 매우 만족, 꽤 만족, 꽤 불만족, 매우 불만족.(하나만 답하세요) 5, 4, 2나 1로 기재하세요.

호라이즌 2000년, 2002~2010년(표본 크기: c. 2,500~c. 5,500). (중국에서) 일반적으로 당신은 당신의 현재의 삶에 만족하십니까?: 매우 만족, 꽤 만족, 평균, 꽤 불만족, 매우 불만족.(하나만 답하세요) 5, 4, 3, 2나 1로 기재하세요.

중국사회총조사(CGSS) 2003년, 2005년, 2006년, 2008년, 2010~2013년(표본 크기: c. 5,500~c. 12,000). (중국에서) 대체로, 당신은 당신의 삶에 행복을 느끼십니까? 매우 불행, 불행, 그럭저럭, 행복, 매우 행복.(하나만 답하세요) 1, 2, 3, 4나 5로 기재하세요.

해당 기간 말에 주관적 웰빙의 회복이 1990년의 주관적 행복과 같은 값에 이르렀는지는 의심스럽다. 세계가치관조사의 시계열들 가운데 가장 긴 기간을 포괄하는 시계열에서 내놓은 2012년 6.85라는 최종값이 1990년 7.29라는 값보다 현저히 작다. 2012년 95퍼센트 신뢰구간의 상한은 6.93인데, 이는 1990년 하위의 7.16보다 더 작다. 중국이 1990년 값으로 회복하지 않았다는 것을 보여주는 다른 지표는 주관적 웰빙에 따라 전 세계에서 그 순위가 떨어진 정도다. 만약 최근 세계가치관조사 자료에 있는 100개 나라들의 2012년 높은 값에서 낮은 값으로 매긴 순위가 기준으로 주어진다면,[10] 중국은 1990년 28위에서 2012년 50위로 떨어진다. 2012년 세계가치관조사 순위에서 중국이 차지한 중간적 지위는 157개 나라들에 대한 현재의 갤럽월드폴의 인생 사다리 순위 조

---

[10] Helliwell at al.(2012), 39쪽.

사(Gallup World Poll Ladder-of-Life array)의 순위—2013~15년 중국은 83위였다—와 꽤나 흡사하다.[11]

주관적 웰빙을 다룬 연구 문헌에서, 횡단면 연구는 대체로 행복이 국내총생산과 양의 관계로 변한다는 점을 발견하고, 이 발견은 경제성장이 주관적 웰빙을 증가시킨다는 증거로 종종 인용된다.[12] 하지만 중국을 다룬 주관적 웰빙 자료는 이 주장의 적실성에 의문을 제기한다. 이와 같은 횡단면 연구의 회귀결과에 근거를 둔다면, 1990년 이후 중국의 놀라운 국내총생산의 5배 증가는 1~10의 잣대로 삶에 대한 만족에 만점이나 그 이상으로 주관적 웰빙이 늘어날 것으로 예상된다. 1990년대를 다룬 네 개의 다른 조사는 이 정도에 이른 전체 증가의 증거를 보여 주지 않는다(〈그림 3.1〉 참조).

행복을 다룬 선행 연구에서 알려졌던 주관적 웰빙과 국내총생산이 맺는 양(+)의 횡단면 관계는 국내총생산과 주관적 웰빙의 증가율이 양의 관계가 있음을 뜻한다. 그렇지만 1990년에서 2012년까지 중국의 국내총생산 증가율은 세 번의 순환을 거쳤지만 주관적 웰빙은 한 번의 순환만 거쳤다(〈그림 3.2〉를 〈그림 3.1〉의 왼쪽 패널과 비교해 보라). 게다가, 국내총생산의 증가율은 2000~2005년에 가장 높았지만, 주관적 웰빙은 거의 0에 가까운 증가율로 저점에 있었다. 또한 보통 주관적 웰빙과 음(-)의 관계가 발견되었던, 인플레이션 증가율의 서로 다른 추이도 주목할 만하다.[13] 2000년에서 2005년까지, 중국에서 주관적 웰빙은 가장 낮았고 인플레이션 증가율도 낮았다—1994년에서 2005년까지는 다른 기간보다 더 낮았다(〈그림 3.2〉, 오른쪽 패널과 〈표 A3.2〉). 국내총생산이나 인플레이션은 주관적 웰빙의 추이를 설명할 수도 있는 시계열 형태를 띠지 않

---

11 Helliwell et al.(2016), 21쪽.

12 Arrow and Dasgupta(2009), Deaton(2008), Diener et al(2010), Frey and Stutzer(2002), Guriev and Zhuravskaya(2009), Inglehart(2002), Stevenson and Wolfers(2008), Veenhoven(1991).

13 DiTella et al.(2001).

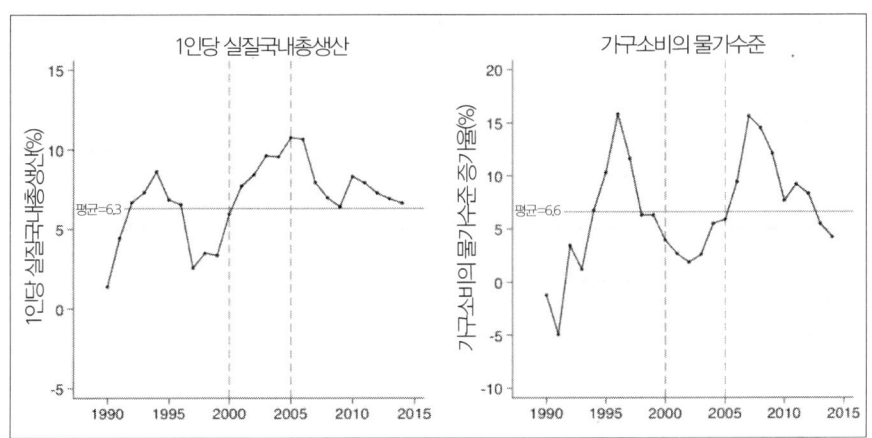

〈그림 3-2〉 1988~2015년 1인당 실질국내총생산과 물가 수준의 증가율
(3년 중심이동평균)

* 출처: 펜세계도표(PWT)와 중국통계청(NBS). [부록]의 〈표 A3.2〉 3열과 6열을 보라.

는다. 아래에서 보듯이, 중국의 주관적 웰빙에 대한 설명은 다른 요인에 근거를 둔다.

많은 동유럽 나라들은 중국과 비슷한 시기에 사회주의에서 자유시장경제로 이행했다. 따라서 어떻게 중국의 삶에 대한 만족의 이행 형태가 이들 동유럽 나라들과 비교되는지와 관련한 질문은 흥미를 끈다. 실제로, 중국의 주관적 웰빙의 전체 궤적은 이들과 아주 비슷하다. 주관적 웰빙 자료가 사회주의 시기까지 이어진 동유럽 나라들에서, 주관적 웰빙은 이행기에 늘 U자형이나 V자형을 띤다.[14] 그런데, 국내총생산이 유례없이 증가한 중국과 달리, 동유럽 나라들에서, 국내총생산은 주관적 웰빙의 형태와 아주 비슷하게 급락하다 회복하는데, 이것이 뒤에서 논하는 중국과 동유럽의 차이다.

---

14 Easterlin(2009).

3. 주관적 웰빙 추이의 결정요인들

두 가지 요인—실업과 사회 안전망—이 중국에서 주관적 웰빙의 U자형 추이를 형성하는데 아주 중요했다. 1990년대 대량 실업이 나타났고 사회 안전망이 해체되었다. '철밥통'은 직업, 소득 보장, 가족, 그리고 건강과 관련한 긴급한 새로운 관심이 나타나면서 깨졌다. 비록 직업을 가진 사람들 대부분에서 소득이 늘었지만, 소득 증가가 웰빙에 끼친 긍정 효과는 물질에 대한 열망이 동시에 나타나면서 상쇄되었다. 열망의 증가가 소득 증가에 끼친 상쇄효과는 많은 중국의 전문가가 지적했다. 셍젠 판 등(Shenggen Fan et al)은 이렇게 말했다: "행복은 상대적 비교에서 나온다. 소득이 늘어나면서, 사람들의 열망은 새로운 목표로 나아갔다."[15] 존 나이트(John Knight)와 그의 동료들이 한 연구는 중국에서 준거집단에 행복이 끼친 효과에 귀중한 통찰을 추가로 제공해 준다.[16]

주관적 웰빙에 관한 조사에서, 저명한 스티글리츠-센-피투시 위원회(Stiglitz-Sen-Fitoussi Commission)는 이렇게 말한다. "주관적 웰빙을 다룬 모든 연구가 우려하는 것이 하나 있는데, 그것은 인건비 상승이 실업으로 연결된다는 것이다."[17] 실업이 주관적 웰빙에 주로 반대되는 효과를 내는 이유는 간단하다—일자리는 사람들의 삶, 가족과 건강을 유지하는데 아주 중요하며, 행복을 형성하는 데 가장 중요한 사람들의 환경과 관련이 있다.[18]

실업과 관련한 양적 증거는 실업이 중국의 주관적 웰빙의 추이를 결정하는 중요한 요인이라는 견해와 일치한다. 실업률은 1990년 이전 잠깐 동안 거

---

15 Fan et al.(2014b), 10쪽. 또한 Akay et al.(2012), Carlsson and Qui(2010), Chen(2014)과 이 보고서 제5장의 〈표 5.8〉을 보라.
16 훌륭한 요약은 Knight and Gunatilaka(2011)을 보라.
17 Stiglitz, Sen, and Fitoussi(2008), 149쪽. 또한 Helliwell and Huang(2014), Layard et al.(2012)과 이 책의 제7장을 보라.
18 Cantril(1965), Easterlin(2013), and Radcliff(2013)을 보라.

⟨그림 3.3⟩ 1988~2015년 4가지 시계열의 도시 실업률(노동력에서 차지하는 비중)

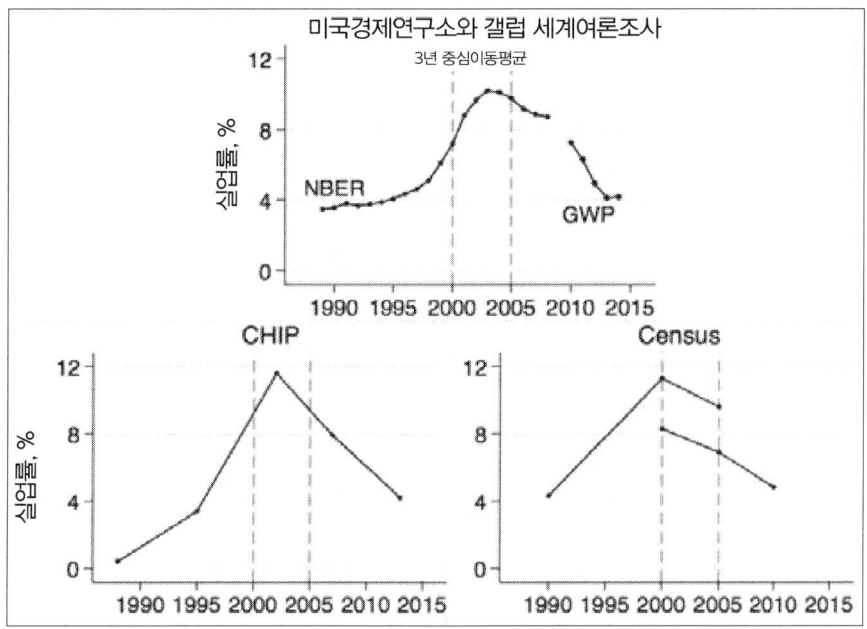

* 출처: [부록]의 ⟨표 A3.3⟩.

의 0에 가까웠지만, 2000~2005년 두 자리 수준으로 급증했고 그 뒤 약간 하락했다. 비록 실업의 측정이 어느 정도 초보적인 수준에 있지만,[19] 이 양상은 몇몇 서로 다른 출처를 가진 실업 자료에서 일관되게 나타난다(⟨그림 3.3⟩). 주관적 웰빙은 실업률의 추이와 대체로 역상관성을 가진다. 즉, 실업률이 증가하면 주관적 웰빙이 떨어지고, 실업률이 하락하면 주관적 웰빙이 올라간다. 2000~2005년 주관적 웰빙의 저점은 실업률이 최고조에 이를 때 나타났다.

'대량'(massive)이라는 용어는 중국 전문가들이 1990년대 시작했던 실업률의 급등을 묘사하는데 거듭 사용한다.[20] (1992~93년에서 2004년까지) 10년이 약

---

19 Feng, Hu, and Moffitt(2015); Gustafson and Ding(2011); Knight and Xue(2006).
20 Cai, Park, and Zhao(2008), 182쪽; Naughton(2008), 121~122쪽; Huang(2014), 294쪽을 보라.

간 안 되는 기간에, 7,800만 명 가운데 5,000만 명이 국영기업(SOEs)에서 일자리를 잃었고, 다른 2,000만 명은 도시의 집산기업(urban collective)에서 해고되었다.[21] 나이트와 송(Knight and Song)은 이 시기를 "가혹한…노동의 출혈"(draconian…labor shedding) 가운데 하나로 적절하게 묘사한다.[22]

실업이 주관적 웰빙에 끼친 영향은 직장을 잃은 사람에게만 한정되지 않았다. 주관적 웰빙을 다룬 문헌이 입증했듯이,[23] 증가한 실업은 또한 해고가 늘어나면서 자신의 일자리를 잃을까 걱정하는 피고용자들의 웰빙을 떨어뜨렸다. 중국에서 고도의 실업 수준에 따라 널리 퍼진 걱정을 잘 나타내주는 지표는 "지금, 우리의 경제 상황을 생각할 때, 당신은 현재 중국의 경제 상황을 어떻게 묘사하시겠습니까? 매주 좋다, 다소 좋다, 다소 나쁘다, 매우 나쁘다"라는 전국 대표조사(nationally representative survey)의 질문에 대한 답변이다. 2002년 실업률이 두 자리 수준일 때, 응답자의 거의 절반(48퍼센트)이 다소 나쁘거나 매우 나쁘다고 응답했다. 2014년 실업률이 눈에 띄게 나아졌을 때, 이 두 범주에 대한 응답비율이 겨우 6퍼센트로 떨어졌다.[24] 조사 응답들은 고용이 국내총생산의 증가가 아니라 주관적 웰빙에 중요한 문제임을 보여준다. 국내총생산 증가율은 2014년보다 2002년이 훨씬 더 높았지만(⟨표 A.3.2⟩), 응답은 경제 상황이 2002년이 훨씬 나쁘다고 평가했다.

실업의 증가와 함께, 사회 안전망(고용주가 제공하는 혜택)이 사라지면서, 주관적 웰빙이 더 하락했다. 노동자들이 일자리를 잃으면서, 비록 도시의 해고프로그램에서 적은 양의 임시지원이 제공되었지만, 그들이 누리던 혜택도 사라졌다. 민간 기업에서 일자리를 얻은 사람들은 그들이 공공부문에서 이전에 받

---

21 Naughton(2008), 121쪽.
22 Knight and Song(2005), 22쪽.
23 DiTella, MacCulloch, and Oswald(2001), Helliwell and Huang(2014).
24 Pew Research Center(2014).

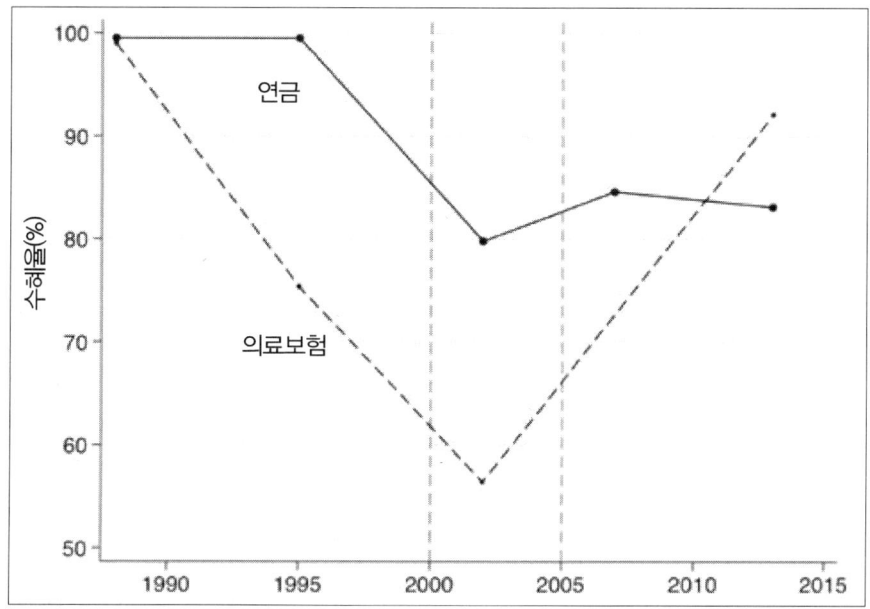

〈그림 3.4〉 안전망 지표: 1988~2013년 연금과 건강보험의 수혜율(도시 가구)

* 출처: 중국가구금융조사. [부록]의 〈표 A3.4〉을 보라.

았던 혜택을 더 이상 누리지 못했다. 심지어 공공 일자리를 유지했던 사람들에게도, 새로운 정부정책들로 고용보장과 생애혜택이 폐지되었다. 사회 안전망과 주관적 웰빙이 맺는 양(+)의 관계는 경제학자들과 정치학자들 모두가 입증했다.[25]

혜택이 고용에 의존하기 때문에 실업률 자체는 안전망 수혜율의 지표다. 연금과 건강보험 수혜율을 다룬 조사 자료는 안전망 수혜의 추이를 보여주는 추가 양적 자료를 제시해 준다(〈그림 3.4〉). 이 안전망 지표의 형태가 U자형을 띠는 경향이 있고, 수혜의 저점이 실업이 정점에 이르고 주관적 웰빙이 최저점에 이른 2000~2005년에 일어났다는 점을 지적해둘 필요가 있다.

대량실업의 등장과 사회 안전망의 해체는 정부가 발의했던, 비효율이고 수익을 내지 못했던, 국영기업에 대한 광범위한 구조조정 정책 때문이었다. 비록

---

25 DiTella et al.(2003), O'Connor(2016), Pacek and Radcliff(2008), Radcliff(2013).

새로운 정책이 경제성장을 촉진하는 데는 성공했지만, 이 정책은 '패자 없는 개혁'(reform without losers) 시대의 종말을 보여주었다. 노턴(Naughton)이 지적하듯이 도시의 국영기업 노동자들은 "개혁과 관련한 비용의 공격 목표가 되었다."[26] 세계은행의 보고에 따르면, "모든 측정값에서, 국영기업의 구조조정은 수백만 명의 도시 노동자의 후생에…큰 영향을 끼쳤다."[27] 여기서 실업률과 안전망 그리고 주관적 웰빙의 패턴들은 이 언급과 일치한다.

대규모로 늘어나는 도시 실업에 직면해서, 정부의 정책은 속도를 바꿨다. 1995년에서 2003년까지, 국영기업에서 줄어든 실업은 도시 부문의 다른 영역에서 증가했던 고용을 훨씬 넘어섰다. 이에 따라, 상황이 역전되었고, 실업률은 개선되었다(〈그림 3.3〉).[28] 건강보험과 연금 수혜를 지표로 한, 안전망도 나아졌다(〈그림 3.4〉). 그 결과 주관적 웰빙이 방향을 전환했고 점차 회복되었다.

2000~2005년 국내총생산 증가율은 실업이 최고조에 이름과 동시에 가장 높은 수준에 이르렀다. 어떻게 고용이 하락하는 때에 산출이 그렇게 빠르게 증가할 수 있었을까? 중국의 구조조정 정책은 수많은 작고 노동집약적이며 낮은 생산성을 가진 국영기업을 희생하고 더 적은 비중을 차지하는 자본집약적이고 높은 생산성을 가진 국영기업에 대한 지원을 크게 확대했다. 공식적으로 정책은 '큰 기업을 잡고 작은 기업을 놓아 주는 것'이라 불렸다. 후앙(Huang)은 이렇게 묘사했다.[29]

'큰 기업을 잡는다는 것'은 중국의 거대 국영기업을 구조조정하고 통합하고 강화하는 것을 뜻했다.…'작은 기업을 놓아주는 것'은 정부가 수는 많지만 규모가 작

---

26 Naughton(2008), 121쪽.
27 World Bank(2007). 경제 구조조정이 도시 노동자들에 끼친 영향을 다룬 광범위한 연구는 Giles, Park, and Cai(2006)을 보라.
28 OECD(2010), Gustafsson and Ding(2011).
29 Huang(2014), 294쪽. 또한 Huang(2008), 169쪽 이하를 참조하라.

은 개별 국영기업의 사유화를 지원하는 것을 뜻했다. 이 소규모 국영기업들은 노동집약적인 회사였고, 대량실업, 사회 불안에 따라 사회적 보호를 만들지 않은 채, 사유화로 그 기업들을 하나로 묶고, 인건비를 줄였다.…수만 개에 이르는 작은 기업을 나라 곳곳으로 분산시켜 관리하는 대신에, 중국 정부는 이제 단지 금융, 인간과 경영자원을 소규모 국영기업에서 거대 국영기업으로 대규모 재배치해서 [이득은 얻었던] 수천 개에 이르는 기업에 집중할 수 있었다.

생산성이 낮은 소규모 국영기업에서 생산성이 높은 대규모 국영기업으로 이러한 자원의 재배치가 이루어지면서 소규모 국영기업이 노동을 내치고 대규모 실업자를 양산하는 동시에 산출을 크게 증가키는 결과를 낳았다. 후앙이 지적했듯이, "…1990년대 국내총생산의 큰 증가는 중국 시민의 후생과는 무관했다.[30] 2002년과 2004년의 경제상황을 알려주는 위의 조사에 대한 응답은 이러한 단절의 지속을 보여주는 구체적인 증거를 제공해 준다. 심지어 국내총생산 증가율이 2014년보다 훨씬 더 높았는데도, 사람들은 2002년 중국 경제가 훨씬 더 나빴다는 견해를 보여주었다.

앞서 지적했듯이, 이행기 중국의 국내총생산은 유례없이 증가했지만, 유럽의 이행기 나라들의 국내총생산은 주관적 웰빙과 비슷한 형태를 띠며 떨어졌다가 회복되었다. 중국과 동유럽 나라들의 국내총생산 추이의 차이는 구조조정 정책의 차이 때문인 듯하다. 두 사례 모두에서 구조조정으로 대량실업이 양산되었다. 하지만 동유럽 이행기 나라들은 전체 공공 부문에서 사유화를 포기했고 국내총생산의 큰 하락을 겪었지만, 중국은 가장 생산성이 높은 국영기업에 대규모 투자를 했고 눈에 띠는 산출 증가라는 보상을 얻었다.

---

[30] Huang(2008), 273쪽.

4. 기타 사회경제적 요인들

중국의 주관적 웰빙 추이는 사회적 자본, 소득 불평등, 환경오염 등과 같은 사회조건들을 반영하는가? 중국의 주관적 웰빙의 시계열을 설명했던 기존에 나온 『세계 행복 보고서』에서 인식했던 나라별 주관적 웰빙의 차이의 '예측요인들'—좋은 삶을 위한 물질적, 사회적, 제도적 지원들—은 어떠했는가?[31] 이 질문들에 답하려, 이 절은 1990년대 이후 주관적 웰빙의 움직임을 예상케 해주는 이들 변수가 시간에 지남에 따라 어떻게 변화했는지를 검토한다. 이 검토는 실업과 사회 안전망을 다룬 이전 절과 같은 절차를 밟아 이루어진다.

여기서 검토한 사회적 자본의 측정—타인에 대한 신뢰나 시민 간 협력관계—은 1990년에서 2007년까지 중국의 삶에 대한 만족의 변화를 설명하려는 최근 논문에서 사용한 것인데, 이 논문은 시간의 변화를 알려주는 희귀한 논문 가운데 하나다.[32] 특정 질문과 응답은 [기술 상자 2]에 있다. 사회적 자본을 측정한 두 개의 지표는 따로 분리해서 다룬다.

신뢰는 주관적 웰빙과 대체로 비슷한 추이를 가지는데, 시작할 때 떨어지다가 끝날 때 올라간다(〈그림 3.5〉). 1990년대에는, 구조조정이 실업과 일자리 경쟁의 등장과 증가를 낳음으로써, 개인 간 신뢰를 떨어뜨렸다. 이에 상응해서, 2000년대 회복한 고용의 증가는 신뢰 회복에 도움을 주었다. 이에 따라, 신뢰의 하락과 회복은 주관적 웰빙의 U자형 추이를 강화했다. 신뢰와 주관적 웰빙

---

31 Helliwell et al.(2012) 13쪽 이하;(2013) 11쪽 이하;(2016), 17쪽.
32 Bartolini and Sarracino(2015)를 보라. 저자들은 사회적 자본의 세 번째 척도로 사회 참여를 포함하는데 사회참여는 (a) 다양한 기관들의 회원이나 (b) 무료자원봉사자의 참여 비중으로 측정한다. 불행하게도, 이 측정값은 시간을 기준으로 비교할 수 없다. 세계가치관조사에서 이름붙인 기관의 수는 8에서 15까지 다양하다. 그 결과, 선택항목의 총 응답수는(1995년, 2007년과 2012년에) 8~15에서 1990년과 2001년의 29~30까지 다양하다. 참여에 대한 최고값은 응답자의 선택항목이 가장 많은 최근 2년에 나타난다.

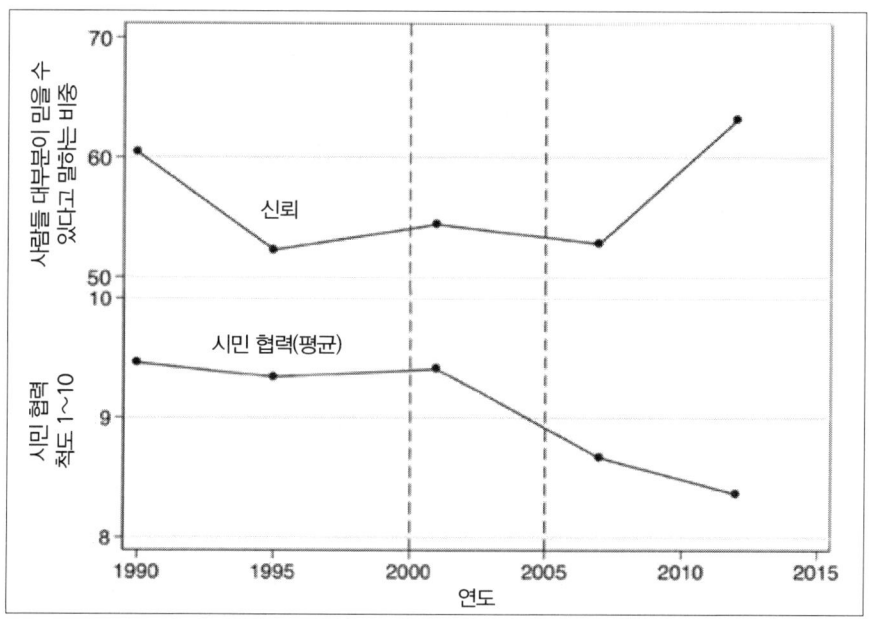

〈그림 3.5〉 1990~2012년 사회자본의 측정

* 출처: 세계가치관조사. [부록]의 〈표 A3.5〉를 보라.

의 가장 큰 차이는 2000~2005년 기간에 집중했다. 신뢰는 약간 높았고, 인접한 기간에 훨씬 차이가 나지 않았지만, 주관적 웰빙은 낮아졌다. 앞서 지적했듯이, 2000~2005 기간의 낮은 주관적 웰빙의 값은 서로 독립해서 이루어진 네 개의 다른 조사에서 찾을 수 있기 때문에 신뢰할 만하다.

사회적 자본을 재는 다른 측정방법은 사회적 협력, 곧 세금을 납부하거나 정부수혜를 주장하는 상황에서 사기나 뇌물에 대한 반대를 반영하는 용어다([기술상자 2]를 보라). 여기서 제시한 종합값은, "각각이 요약값의 형태와 비슷한 형태를 가지는", 네 가지 요소의 평균값이다([기술상자 3.2]와 〈표 A3.5〉). 1997년에서 2007년까지 각 구간에서, 2001년 이후 사회적 협력은 약간 낮지만, 사회적 협력의 요약값은 신뢰와 같은 방향으로 움직인다. 그렇지만, 2001년 이후 신뢰와 시민협력은 눈에 띠게 갈라지기 시작해서, 언뜻 보기에 2007년부터 반대방향―신뢰의 증가는 시민협력의 하락과 함께 움직였다. 곧, 사기와 뇌물의 용인이 늘었다. 신뢰와 달리, 시민협력의 전체 변화 형태는 주관적 웰빙의 형태와 결과적으로 꽤 다르고, 둘 사이의 인과관계에 의문을 제기한다.

[기술상자 3.2] 사회적 자본과 선택의 자유에 대한 측정

세계가치관조사 1990년, 1995년, 2001년(표본 크기: ~1,000-1,500). 신뢰: 일반적으로, 당신은 대부분의 사람이 믿을만하다고 생각하나요, 아니면 사람을 대할 때 매우 조심해야 한다고 생각하나요? 1, 사람들 대부분이 믿을 수 있다. 2, 매우 조심해야 한다. 1이나 0으로 기록하세요.

세계가치관조사 2007년, 2012년(표본 크기: ~2000). 신뢰: 일반적으로, 당신은 대부분의 사람이 믿을만하다고 생각하나요, 아니면 사람을 대할 때 매우 조심해야한다고 생각하나요? 1, 사람들 대부분이 믿을 수 있다. 2, 매우 조심해야 한다. 1이나 0으로 기록하세요.

세계가치관조사(표본 크기: ~1,000-2000). 시민 협력: 당신이 생각하실 때 아래의 질문이 정당한지, 정당하지 않은지, 또는 그 사이에 있는지를 이 숫자카드를 이용해 말해 주세요.

A) 당신은 수혜를 받을 자격이 없는 정부의 혜택을 요구한다.

전혀 1 / 2 / 3 / 4 / 5 / 6 / 7 / 8 / 9 / 10 늘

B) 대중교통의 요금을 내지 않는다.

전혀 1 / 2 / 3 / 4 / 5 / 6 / 7 / 8 / 9 / 10 늘

C) 기회가 있다면 탈세를 한다.

전혀 1 / 2 / 3 / 4 / 5 / 6 / 7 / 8 / 9 / 10 늘

D) 누군가는 직무를 수행하면서 뇌물을 받는다.

전혀 1 / 2 / 3 / 4 / 5 / 6 / 7 / 8 / 9 / 10 늘

> 각 질문에 10, 9, 8, 7, 6, 5, 4, 3, 2이나 1로 기록해 주세요.
>
> **세계가치관조사(표본크기: ~1,000-2,000). 선택의 자유:** 몇몇 사람들은 그들이 완전하게 선택의 자유를 가지며 자신들의 삶을 통제한다고 느끼고, 다른 사람들은 그들에게 일어난 일에 실제 영향을 끼치지 않는다고 느낀다. 자신의 삶에서 어느 정도 선택의 자유와 통제를 느끼는지 수자를 사용해 주세요. 전혀 1 2 3 4 5 6 7 8 9 10 아주 많이

소득 불평등과 행복의 관계를 다룬 일반 문헌에서 제시한 결과는 혼재되어 있다. 즉, 몇몇 연구들은 관계가 없다고 보고하지만, 다른 연구들은 불평등의 증가가 행복을 감소시킨다는 것을 찾아냈다.[33] 중국에서, 지니계수로 측정한 소득 불평등은 주관적 웰빙이 하락하고 증가하는 때인 1980년대 초반 이후 상승하는 추세였다(〈그림 3.6〉, 패널 A).[34] 어떻게 소득 불평등의 추이만으로 주관적 웰빙의 U자형으로 움직이는지를 설명할 수 있는지를 이해하기는 어렵다. 실제로, 뒤에 살펴보듯이, 새 천년이 시작한 뒤 가장 낮은 소득 계층과 가장 높은 소득 계층의 삶에 대한 만족의 차이는 소득 불평등이 늘어나는데도 감소했다.

어떤 사람은 중국에서 널리 사람들에게 알려진 환경오염이 행복에 나쁜 영향을 주었으리라고 예상할지도 모른다. 그런데, 횡단면 자료에 근거를 둔 최근 연구는 비록 매일 매일의 기분에 단기적으로 영향을 주기는 하지만, 오염과 전체 삶에 대한 만족도 사이에 아무런 관계도 없음을 찾아냈다.[35] 현재 분석에서 찾은 시계열은 아무런 효과도 없는 횡단면 결과와 거의 비슷하다는 것이 드러

---

33 Layard et al.(2012), 70~71쪽.
34 Xie and Zhou(2014); 우리는 Xie 교수와 Zhou 교수가 그들의 논문의 〈그림 1〉에서 중국의 시계열을 재현하는데 필요한 자료를 제공해 준데 감사한다. 또한 Cai et al.(2010), Gustafsson et al.(2008), Knight and Song(2000)을 보라.
35 Zhang et al.(2015).

⟨그림 3.6⟩ 소득 불평등, 환경오염과 주택가격의 추세를 보여주는 지표들

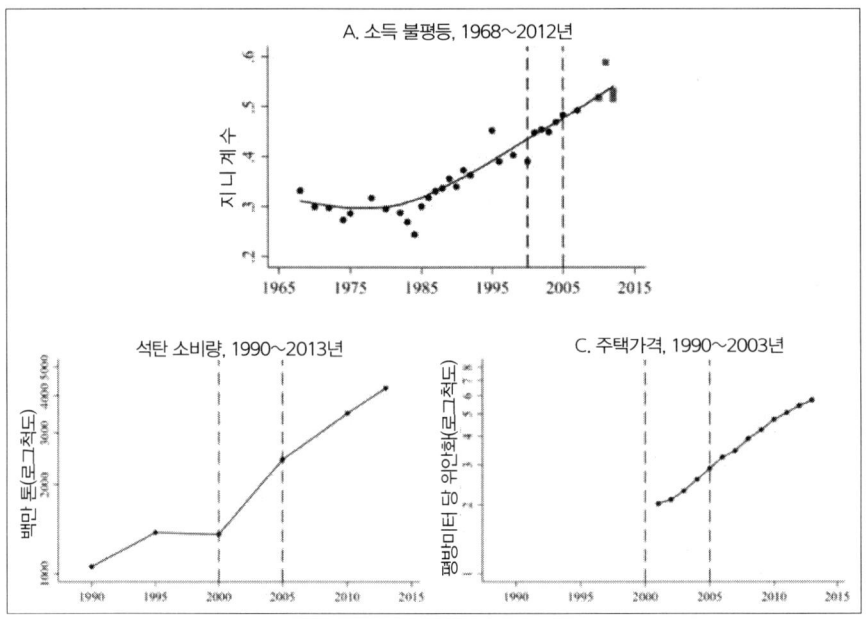

* 출처: 첫 번째 패널은 Xie and Zhou(2014)에서 그대로 가져왔다; 패널 B와 패널 C는 중국 통계청. [부록]의 ⟨표 A3.6⟩을 보라.

난다. 만약 석탄 소비량이 환경오염의 추이의 측정값으로 다룬다면, 최고 증가율에 이른 2005년 이후 대부분의 기간에서 상승경향을 찾을 수 있지만, 삶에 대한 만족도는 떨어지기보다는 늘었다(⟨그림 3.6⟩, 패널 B).

주택가격도 종종 삶에 대한 만족을 결정하는 요인으로 언급되었다. 주택가격 자료는, 중국에서 주택시장이 광범위하게 세워진지 뒤 오래지 않은, 2000년에야 시작한다.[36] 주택가격은 2000년 이후 꾸준히 상승하는 추세인데(⟨그림 3.6⟩, 패널 C), 이 상승은 삶에 대한 만족의 감소를 예상케 해 준다. 하지만 실제로 삶에 대한 만족도는 떨어지기는커녕 상승했다.

『세계 행복 보고서』에서 제시한 주관적 웰빙의 연간 국가평가의 '예측변수'는 여섯 가지다—(로그 형태의) 1인당 국내총생산, 건강 기대수명, 자신의 삶을

36　Wang and Zhou(2016).

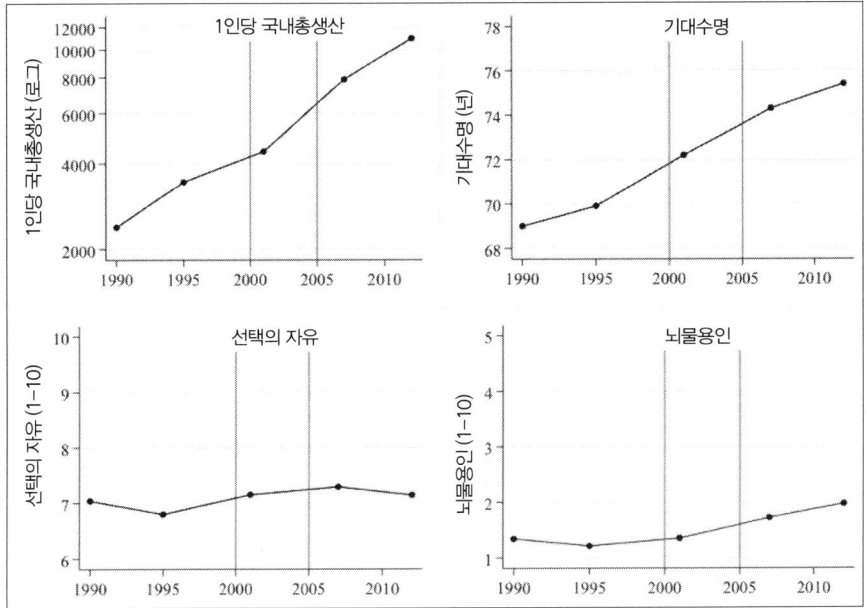

〈그림 3.7〉 1990~2012년, 『세계 행복 보고서』의 주관적 웰빙의 예측변수들

* 출처: 펜세계도표(PWT), 세계은행과 세계가치관조사. [부록]의 〈표 A3.7〉을 보라.

통제할 자유, 부패, 사회적 지원, 자선. 이 가운데 이 보고서를 포괄하는 기간에 얻을 수 있는 중국의 시계열 측정치는 앞의 네 개다(2016년 『세계 행복 보고서』에서 건강 기대수명의 시계열 추이는 그냥 기대수명에 근거를 두었는데, 우리의 현재의 분석도 이를 그대로 사용한다.)[37] 이들 '예측변수'는 주관적 웰빙과의 인과관계를 암시하는 시계열 형태를 가지지 않는다. 국내총생산과 기대수명은 그 자체로 높은 상관관계를 가져서 전체 기간 동안 상승 추세였다(〈그림 3.7〉). 자신의 삶의 과정에 대한 통제는 시간에 따라 아주 약간 변했고, 그 움직임은 주관적 웰빙의 움직임과 같지 않다. 여기서 뇌물 수뢰가능성으로 대략적으로 측정한 바 있는 부패는 2001년 이후 얼마간 증가했지만, 아주 낮은 수준에 머물러 있다. 가장 큰 변화를 주는 두 개의 측정값—국내총생산과 기대수명—은 분석

---

37 Helliwell at al.(2016), 17쪽.

기간의 말미에서는 최고값에 이르렀지만, 주관적 웰빙은 그렇지 않았다.

2016년 『세계 행복 보고서』는 2006~2015년 동안 156개 나라들의 자료에 근거를 둔 시계열과 횡단면의 통합회귀방정식을 제시하는데, 이 방정식에서 여섯 개의 예측변수는 국가별 인생 사다리 평가(ladder-of life evaluations)가 0.74의 결정계수를 가진다.[38] 여기서 예측변수를 검토하는 다른 방식은, 이 방정식이 2006년에서 2015년까지 중국의 '실제' 인생 사다리 값을 얼마나 정확하게 예측하는가 하는 것이다. 그 대답은, 그다지 좋지 않다는 것이다. 만약 독립변수에 대한 중국의 값이 이 방정식에 들어간다면, 예측값은 한결같이 더 높아지며, 종종 매우 크게 오른 값이다(〈그림 3.8〉). 게다가, 만약 (여섯 개의 독립변수 가운데 세 개만 쓸 수 있는) 2006년을 제외시킨다면, 주관적 웰빙의 실제 추세는 상승하는 데도, 예측치는 그 추세가 거의 변하지 않는다.

2016년 『세계 행복 보고서』에서 지적했듯이, '예측변수들'의 선택은 한정될 수밖에 없다. 전 세계 많은 나라들을 비교할 수 있는 자료의 입수가능성이 제한적이기 때문이다. 그리고 실제로 선택된 변수들도 "다른 더 좋은 변수들에 빚을 지고 있을 가능성도 있다."[39] 이 보고서의 연구와 같은, 일국 연구의 이점은 비교가능한 국제자료가 필수적이지 않다는 점이다. 따라서 이러한 일국 연구는 광범위한 변수의 가능한 기능을 연구할 수 있고, 그 결과 작동하는 메커니즘에 대한 더 깊은 이해를 진작시킬 수 있다. 실제로, 2016년 보고서에서 선택된 나라들을 다룬 분석은 이 보고서의 연구와 같은 방향으로 움직인다. 예컨대, 대침체에 빠진 네 개의 유로존 나라들에서 삶에 대한 만족이 하락한 이유를 평가함에 있어 실업률이 분석에 추가되었는데, 이는 여섯 개 '예측변수' 모두가 결합한 것과 같은 설명 효과를 지닌 것으로 판명되었다. 이러한 결과는 우리가

---

38 같은 논문, 16쪽.
39 같은 논문, 19쪽.

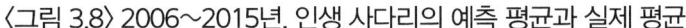

〈그림 3.8〉 2006~2015년, 인생 사다리의 예측 평균과 실제 평균

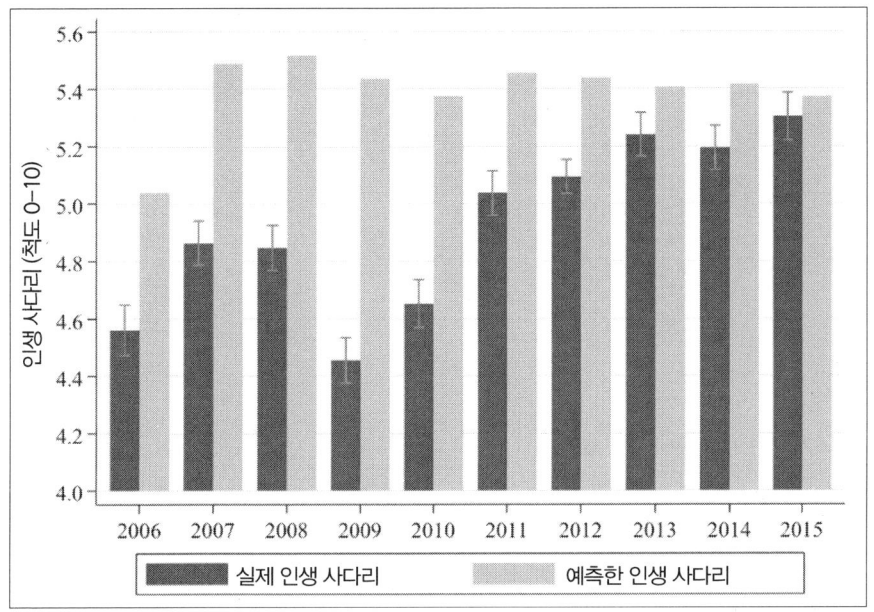

* 출처: 갤럽세계여론조사. [부록]의 〈표 A3.8〉을 보라.

지금 발견한 것과 더 흡사한 것이다.[40] 애석하게도, 비교할 수 있는 국제자료의 부족으로 모든 나라의 실업률을 통합회귀방정식에 예측변수로 넣는 것은 불가능한 일이다.

이 점에서 간략히 결과를 요약한 〈표 3.1〉에는 삶에 대한 만족과 각 변수 간의 이변수 상관관계 및 이에 상응하는 p-값이 제시되어 있다(주택가격 변수는 이 시계열이 단지 절반의 기간에 걸쳐 있기 때문에 포함시키지 않았다). 여기서는 겨우 다섯 개의 관측만이 양자 간의 상관관계 계산에 활용될 수 있었다. 물론 다변량 분석이 보다 완전한 그림을 보여주겠지만, 결과들의 이러한 패턴은 그 래프들에 기반한 관찰들과 일반적으로 일치하는 것이다. 실업률과 안전망 지표는 99퍼센트 신뢰수준에 아주 가깝다. 신뢰와 소득 불평등은 다음으로 가장 높은 상관관계를 가지지만, p-값은 0.30 이상이다. 나머지 변수는 p-값이 아주

---

40 Helliwell et al.(2013), 15쪽 이하, 〈표 2.2.〉.

⟨표 3.1⟩ 세계가치관조사 삶에 대한 만족의 지수로 표시한 변수와 시계열 상관관계

	상관계수	p-값
실업률	-0.76	0.13
연금 수혜	0.74	0.15
건강보험 수혜	0.89	0.11
신뢰	0.52	0.37
시민 협력	0.17	0.79
지니계수	-0.57	0.31
석탄 소비량	-0.21	0.73
로그 1인당 국내총생산	-0.46	0.44
기대수명	-0.50	0.40
선택의 자유	-0.27	0.67
뇌물의 용인	-0.10	0.87

개체=5, 건강보험 수혜는 개체=4.
* 주: 기본 자료는 [부록]의 ⟨표 A3.1⟩의 1열; ⟨표 A3.3⟩의 3열; ⟨표 A3.4⟩의 첫 줄과 여섯 번째 줄; ⟨표 A3.5⟩의 첫 줄과 둘째 줄; ⟨표 A3.6a⟩의 1~4열.

좋지 않으며, 몇몇 경우에는 상관계수의 부호가 예상했던 것과는 반대다. 전체적으로 상관관계는 실업률과 안전망이 중국의 삶에 대한 만족의 추이를 형성하는데 중요한 영향력을 가진다는 결론을 뒷받침한다.

실업률과 안전망이 아주 중요한 이유는 무엇인가? 이 두 요소는 무엇보다도 개인의 행복을 결정하는 최고 관심사들—소득보장, 가족생활, 자신과 가족의 건강—과 가장 직접적으로 관련이 있다. 이 관심사들이야말로 행복을 위해 중요한 것이 무엇인지를 묻는 자유해답식의 질문에 대해 사람들이 흔히 말하는 것이다.[41] 이와 달리, 불평등, 환경오염, 정치자유와 시민자유, 국제관계와 같은 광범위한 사회 문제들, 그리고 개인들이 거의 영향을 끼칠 수 없는 그러한 문제

---

41 Cantril(1965), 162쪽, ⟨표 VIII: 6⟩.

들은 드물게 말하는 편이다. 이러한 조건들의 갑작스러운 변화는 당연히 행복에 영향을 끼치겠지만, 대체로 이와 같은 조건들은 주어진 것으로 가정된다. 가장 중요한 문제들은 사람들의 일상에서 대두되는 것들이며, 그들이 생각하기에 그것에 어느 정도는 통제력을 행사할 수 있거나, 해야만 하는 것들이다.

5. 사회경제적 지위에 따른 차이들

비록 중국의 웰빙이 평균으로는 떨어졌고 뒤에 얼마간 회복했지만, 서로 다른 인구 집단 안에서는 상당한 차이가 있다. 아마도 가장 주목할 점은 구조조정이 낮은 사회경제적 지위에 있는 집단에 끼친 영향이다. 1990년 가장 낮은 소득을 가진 인구 1/3과 가장 높은 소득을 가진 인구 1/3 사이의 삶에 대한 만족의 차이는 아주 작았다(〈그림 3.9〉). 그 뒤 가장 낮은 소득을 가진 인구 1/3의 삶에 대한 만족은 눈에 띠게 떨어졌지만, 가장 높은 소득을 가진 인구 1/3의 삶에 대한 만족은 실제로 약간 나아졌다. 그 결과 사회경제의 지위에 따라 두드러진 차이가 나타났다. 1990년대 말로 가면서 가장 낮은 소득계층은 약간 회복되었다. 그리고 2012년 쯤, 비록 여전히 크지만, 삶에 대한 만족의 격차는 상당히 줄어들었다.[42] 삶의 만족의 표준편차는 사회경제적 지위 차이뿐 아니라 삶에 대한 만족 차이의 모든 요인들을 반영한 척도인데, 이것은 삶에 대한 만족의 불

---

42 이 그림과 이후 그림에서 세계가치관조사 자료에 근거를 둔 사회경제적 지위의 차이를 기술하면서, 2001년 세계가치관조사의 관측값은 2001년 조사에서 가장 높은 교육을 받은 집단과 가장 낮은 교육을 받은 집단이 들어 있지 않기 때문에 뺀다. 이 제외로, 2001년 사회경제적 지위의 차이는 1995년과 2007년의 두 차례 조사보다 훨씬 더 작다. 그렇지만, 2001년 주관적 웰빙의 평균값은 가장 높은 교육을 받은 집단과 가장 낮은 교육을 받은 집단의 생략으로 영향을 받지 않는 듯하다. 만약 가장 높은 교육을 받은 집단과 가장 낮은 교육을 받은 집단을 1995년과 2007년에도 뺀다면, 두 조사에서 전체 평균은 두 교육집단을 포함한 평균과 실제로 같다.

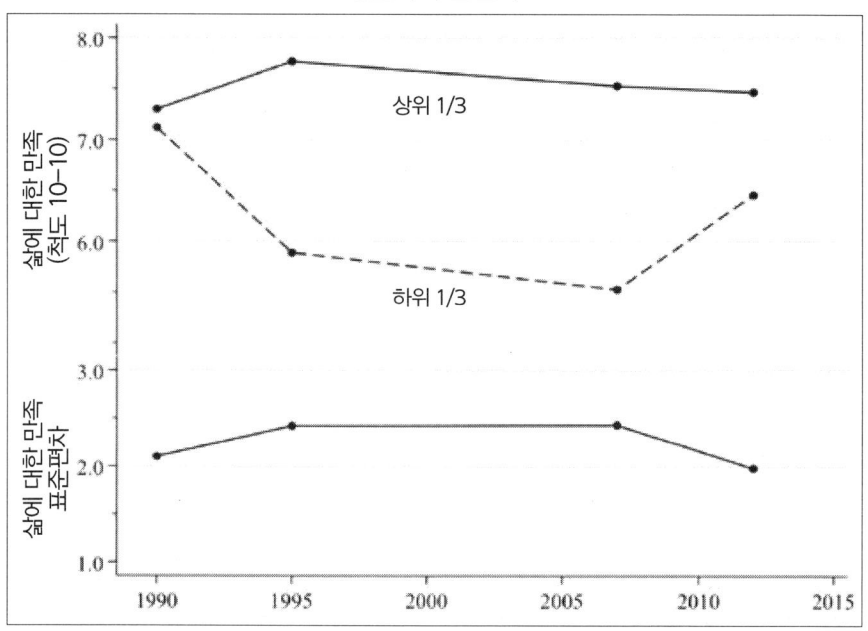

〈그림 3.9〉 1990~2012년, 상위와 하위의 소득 삼분위의 삶에 대한 만족의 평균과 표준편차

* 출처: 세계가치관조사. [부록]의 〈표 A3.9〉를 보라.

평등이 증가하고 하락하는 사회경제적 지위 패턴을 따른다(〈그림 3.9〉 하단).

사회경제적 지위에 따른 삶에 대한 만족 차이의 추이는 극빈층 인구 부분의 웰빙을 위한 완전고용과 안전망 정책이 아주 중요함을 보여준다. 1990년대 이 정책들이 폐지되면서, 가장 낮은 지위를 가진 사회경제 집단은 심각한 고통을 받았다. 교육 수준별 자료는 차별적인 고용과 안전망의 효과를 보여주는 지표다. 초등교육 이하를 받은 집단의 실업률은 2000~2005년 거의 20퍼센트에 이르렀지만, 대졸집단의 실업률은 5퍼센트 미만이었다(〈그림 3.10〉). 이와 비슷하게, 교육을 덜 받은 집단의 연금과 건강보험 수혜는 더 교육을 받은 집단보다 훨씬 더 떨어졌다(〈그림 3.11〉)). 이들 차이와 일치해서, 금융과 자가진단 건강에 대한 만족은 가장 높은 소득 집단에서 증가했고 가장 소득이 낮은 집단에

〈그림 3.10〉 1988~2013년, 교육 수준별 실업률[a] (노동력에서 차지하는 비중)

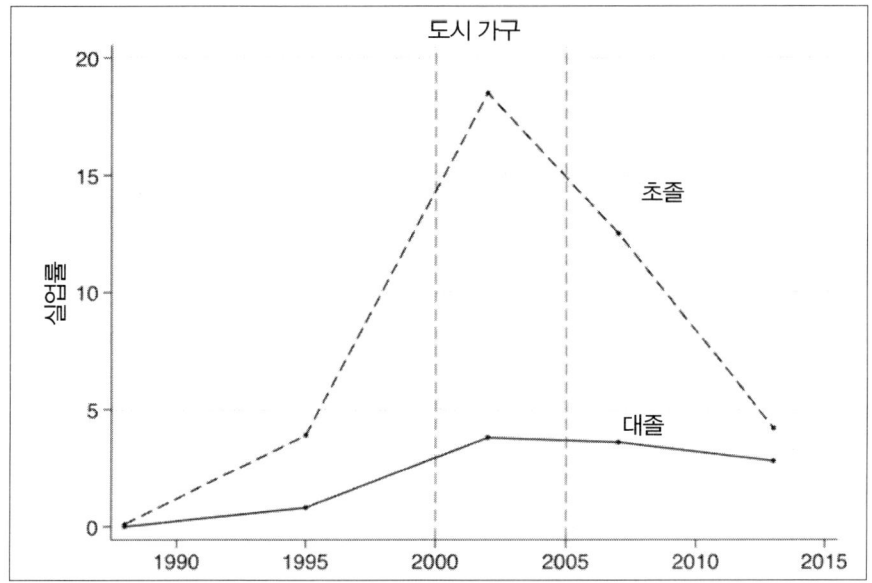

* 출처: 중국가구소득프로젝트. [부록]의 〈표 A3.10〉을 보라.
a. 대졸 이상이나 초졸 이하의 교육을 받은 개인들.

〈그림 3.11〉 1988~2013년, 교육 수준별 안전망 지표[a] (도시 가구)

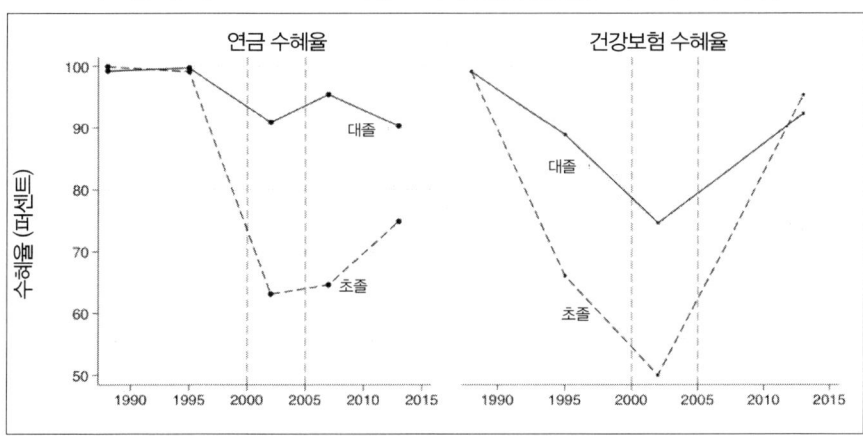

* 출처: 중국가구소득프로젝트. [부록]의 〈표 A3.4〉를 보라.
a. 대졸 이상이나 초졸 이하의 교육을 받은 개인들.

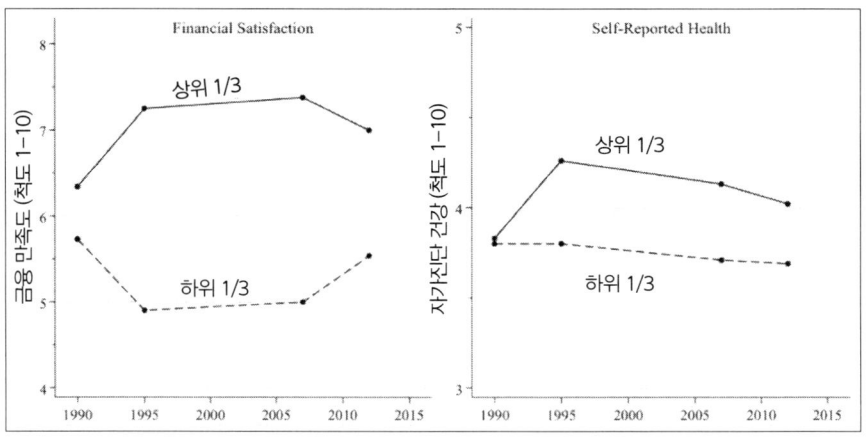

〈그림 3.12〉 1990~2012년, 상위와 하위의 소득 삼분위의 평균 금융만족과 평균 자가진단 건강

* 출처: 세계가치관조사. [부록]의 〈표 A3.11〉과 〈표 A3.12〉를 보라.

서 감소했다(〈그림 3.12〉).[43] 결국에는 경제정책이 전환되고 실업률이 감소하였다. 이어서 안전망을 보수하려는 실질적인 노력이 이루어지면서[44] 이러한 불균형은 줄어들었다. 그 결과 가장 낮은 소득을 가진 인구 1/3의 삶에 대한 만족은 고용과 안전망이 나아지면서 회복되었다. 다만, 2012년의 삶의 만족은 1990년보다 여전히 낮은 수준이다(〈그림 3.9〉).

6. 연령과 코호트에 따른 차이들

30세 이상의 나이를 가진 사람들은, 여기서 연구대상이 된 25년 동안, 삶에 대한 만족의 큰 하락을 겪었다. 남성과 여성 모두 거의 같은 영향을 받았다.

---

43 Graham et al.(2015)은 2002년에서 2012년까지 정신병의 증가를 알려준다.
44 중국의 사회보장체계를 다룬 폭넓은 개관은 Cai and Du(2015)을 보라. 또한 Fang(2014), Frazier(2014)와 Ravallion(2014)을 보라.

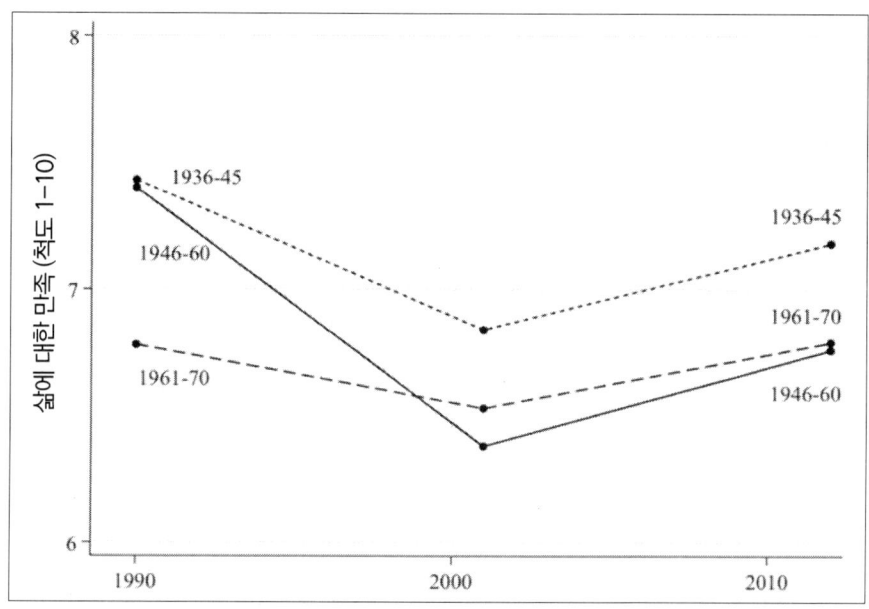

〈그림 3.13〉 1990~2012년 출생 코호트에 따른 평균 삶에 대한 만족

* 주: 1990년에는 1961~70년에 태어난 코호트가 20~29세였다; 1946~60년에 태어난 코호트는 30~44세였다; 1936~45년에 태어난 코호트는 45~54세였다.
** 출처: 세계가치관조사. [부록]의 〈표 A3.13〉을 보라.

1990년 30세 이상의 나이를 가진 사람들은 '철밥통'이라는 조건에서 정해진 삶의 과정에 이미 있었다. 전통 환경의 붕괴는 그들의 삶을 심각하게 무너뜨렸고, 그들의 웰빙 수준은 크게 떨어졌다. 경제구조조정이 유지되면서, 1990년에 30~44세의 나이에 있었던, 1946~60년에 태어난 코호트(cohort)는 삶에 대한 만족의 가장 큰 하락을 겪었다(〈그림 3.13〉). 사실상 모든 사람이 직업을 구해야 하는 최초의 상황인 2002년에, 고용률은 남성과 여성 모두 70퍼센트를 넘지 못했다. 이 코호트(연령집단)의 대부분이라 할 수 있는 21퍼센트가 조기 퇴직을 강요받았고, 7퍼센트는 아예 직업을 잃었다.[45]

다음으로 가장 늙은 1936~45년의 코호트도 삶에 대한 만족의 상당한 초기 하락을 겪었다. 그렇지만, 2012년쯤 이 코호트 대부분이 은퇴 연령(여성은 55

---

[45] 1998년과 2002년의 중국가구소득프로젝트(CHIP) 조사를 보라.

세, 남성은 60세)에 이르렀고, 비록 연금 수령액이 때때로 줄거나 늦게 지불되었지만, 연금 수령 자격을 얻으면서 전반적인 하락 추세가 다소 완화되었다.[46]

이와 달리, 1990년에 20세가 된 1961~70년의 코호트는 1990년에서 2002년까지 삶에 대한 만족의 완만한 하락만을 겪었고, 거의 처음과 같은 삶에 대한 만족을 이어나갔다. 이 코호트와 그 뒤의 코호트는 전통 방식의 결혼을 덜 하는 추세였으며, 무엇보다도 대학 졸업장을 따서 새로운 "자유 시장"(free market) 이라는 조건에 더 잘 적응할 수 있었다. 1961~70년 코호트의 35퍼센트는 30세 이전에 대학교육을 마쳤다. 1971~80년에 태어난 뒤 이은 코호트에서는 이 수치가 40퍼센트에 이르렀다. 그렇지만, 1960년대 이전에 태어난 코호트에서는, 대학 졸업자의 비중이 겨우 11에서 15퍼센트 정도였다.[47] 앞서 살펴보았듯이, 대학 교육을 받은 사람들을 포함한 가장 높은 사회경제적 지위를 가질 수 있었던 코호트는 경제구조조정이 삶에 대한 만족에 끼친 부정적 영향에서 크게 벗어났다. 분명 젊은이들은 수혜자에 속했다.

중국의 사례를 동유럽의 이행기 나라들과 비교하면 다시 흥미로울 것이다. 앞서 살펴보았듯이, 전체 인구의 삶에 대한 만족의 추이는 중국과 동유럽 나라들이 아주 비슷하다. 또한 이 비슷함은 두 지역 모두에서 나타난 삶에 대한 만족의 내부 격차에서도 마찬가지다. 중국과 동유럽 나라들 모두에서, 이행 초기의 사회경제 지위의 작은 차이는 이후 큰 격차로 바뀌었다.[48] 가장 낮은 사회경제 지위를 가진 집단은 삶에 대한 만족의 심각한 하락을 겪었지만, 상위의 지위에 있는 집단은 전형적으로 완만한 개선을 누렸다. 보통 30세 이하의 사람들은 그들보다 더 나이든 사람들보다 유복한 삶을 살 수 있었다.[49] 중국과 동유럽 나

---

[46] Giles, Park, and Cai(2006).
[47] 대학 교육을 마친 비중을 보여주는 코호트 자료는 1988년, 2002년과 2013년 중국가구소득프로젝트 조사에서 가져왔다.
[48] Easterlin(2012).
[49] Easterlin(2009).

라들 모두에서 새로운 환경에 대한 적응에는 대학 교육이 큰 도움을 주었다.[50]

7. 거주 지위에 따른 격차들

중국 도시지역의 행복(주관적 웰빙)은 평균적으로 농촌지역보다 더 높은데, 이는 개발도상국에서 나타나는 전형적인 패턴이다.[51] 중국에 대한 주요한 증거는 세 가지 출처에서 가져왔다—1995년 세계가치관조사, 2005년 이후 매년 이루어지는 중국사회총조사들, 그리고 2006년 이후 갤럽세계여론조사가 매년 실시하는 조사들(〈표 A3.14〉).[52] 1~10점 척도에서 5점이 나온 1995년 세계가치관조사에서 도시와 농촌의 삶에 대한 만족도의 차이는 2006~15년 갤럽세계여론조사가 조사한 값의 평균 차이와 거의 같았다. 2010년에 시작한 좀 더 광범위한 조사 자료도 입수할 수 있는데, 여기서 몇몇 조사는 주관적 웰빙이 농촌보다 도시가 높다는 점을 줄곧 보여준다. 그리고 소수의 조사이지만 도시와 농촌의 주관적 웰빙이 엇비슷하게 나오는 곳도 있기는 하다.[53]

---

50 중국의 인구변화는 주로 중국의 1990년 상황이 공공정책과 결혼, 이혼과 출산과 관련한 전통에 지배를 받기 때문에 유럽과 다소 다르다. Davis(2015)와 Attane & Gu(2014)를 보라.
51 Easterlin et al.(2011).
52 1995년 세계가치관조사가 조사한 평균 삶에 대한 만족의 수치는 이렇다. 장소 5,000명 미만, 6.52; 장소 5,000 이상, 7.00. 불행하게도 1995년은 광범위한 장소의 크기 자료를 구할 수 있는 단 하나의 세계가치관조사가 이루어졌다.
53 2002년 중국가구소득조사는 도시 행복(3.47)을 상당히 넘어서는 농촌 행복(1~5 수자에서 3.68)을 보인 다른 모든 조사와 차이가 난다. 2013년 중국가구소득조사와 달리, 2002년 조사는 주관적 웰빙을 다룬 특별한 기준을 포함하고 있었는데, 이는 응답자들에게 8개의 선택사항을 제시하고 그들이 스스로 비교한 행복에 대해 묻는 이전 질문을 포함한다(Knight and Gunatilaka 2017, 20쪽). 이 질문은 준거집단에 대한 귀중한 정보를 이끌어내지만, 아마도 사회비교에 대한 결론이 난 행복에 대한 질문에

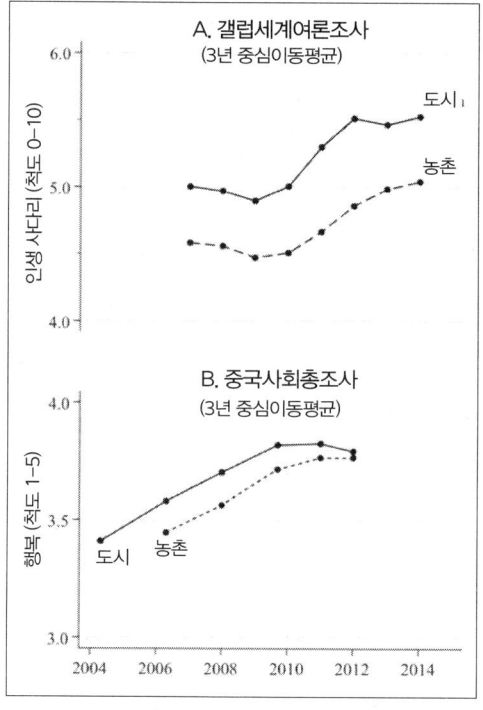

〈그림 3.14〉 2003~2015년, 도시와 농촌 거주자의 평균 삶에 대한 만족

* 출처: [부록]의 〈표 A3.14〉.

꽤 연속되는 자료를 구할 수 있게 된 2005년 이후, 농촌의 삶에 대한 만족은 대체로 그 추세가 도시와 엇비슷하게 나타난다. 두 개의 서로 다른 조사가 아주 일관된 그림을 보여준다(〈그림 3.14〉). 농촌의 삶에 대한 만족의 개선은 어느 정도는 농촌지역에서 사회 안전망을 강화하는 새로운 정책 때문에 일어난 듯하다. 또한, 산업화를 지원토록 하는 농업에 과해진 부담을 크게 덜어주는 정부정책의 변화도 있었다.[54] 비교가능한 자료가 부족하기 때문에 2005년 이전의

대해 응답을 유도하는 경향이 있다. 2012년 중국가구소득프로젝트의 도시 모듈이나 2013년 중국가구소득조사의 도시와 농촌의 모듈도 행복에 대해 질문하기에 앞서 이 준거집단의 질문을 가졌다. 2013년 중국가구소득프로젝트에서, 도시의 행복은 농촌의 행복에 비해 더 전형적인 결과인, 0.14포인트나 높았다.

54 Anderson(2014), 152~153쪽. 또한 Cai et al.(2008), 181쪽을 보라.

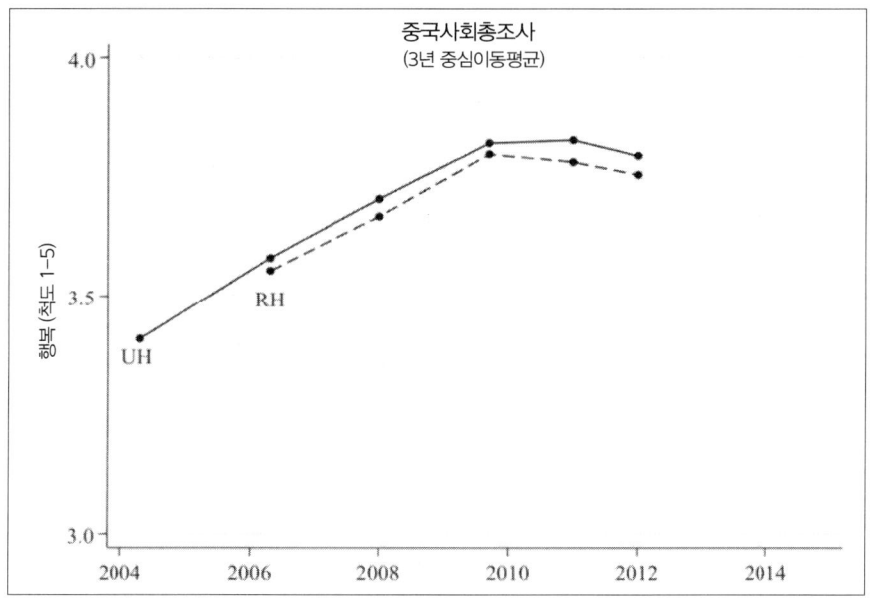

〈그림 3.15〉 2003~2013년, 도시지역에서 도시 호구 소지자와 농촌 호구 소지자의 평균 삶에 대한 만족

* 출처: [부록]의 〈표 A3.15〉.
** 기호에 대한 설명: UH = 도시지역의 도시 호구 소지자; RH = 도시지역의 농촌 호구 소지자.

추세를 일반화하기는 어렵다.

1990년대에는 정부의 이주 제한이 크게 완화하면서, 농촌지역에서 도시지역으로 많은 인구 이동이 시작되었다. 인구총조사 자료에 따르면, 1990년에서 2010년까지 도시 인구에서 농촌 호구(戶口)를 지닌 사람의 비율이 17퍼센트에서 36퍼센트로 증가했다.

도시에 있는 농촌 호구(호적) 소지자는 처음에는 2등 시민으로 여겨졌지만 점차 동화되었다.[55] 호적의 지위에 따라 도시 인구를 구분했던 2000년대 초반에 이루어진 몇몇 삶에 대한 만족 조사는 도시 호구 소지자가 농촌 출신 이주

---

55 Henderson(2014).

자보다 더 높은 주관적 웰빙을 가졌다는 점을 보여 준다.[56] 그때 이후 삶에 만족의 상승 추세는 두 집단에서 꽤 비슷했다(〈그림 3.15〉). 이 증거에 따르면 도시 호구 소지자와 농촌 호구 소지자 사이의 도시에서의 격차가 해소되고 있는지 아닌지 판단하기가 애매하다. 즉, 몇몇 조사에서는 이 격차가 지속되지만, 다른 조사들에서는 이 격차가 사라진다.[57] 하지만 농촌 이주자들과 농촌 지역에 남아 있는 사람들 사이의 비교는 덜 애매하다. 처음에는 이주 집단이 더 높았지만, 최근에는 별 차이가 없다.[58]

8. 요약과 함의

지난 25년 동안 중국은 엄청난 국내총생산 증가율을 보였으며, 이는 많은 분석가들에게 사회주의에서 자본주의로 성공적으로 이행한 특징으로 보였다. 그렇지만 만약 '일반인'(common man)의 복지가 성공의 기준으로 여겨진다면, 그 모습은 훨씬 덜 우호적으로 그려질 것이며, 동유럽 이행기 나라들의 모습에 더 가까운 것으로 그려질 것이다. 1990년에서 2000~2005년까지, 중국인의 평균적인 삶의 만족도는 떨어졌다. 그 이후 삶의 만족도는 상승하는 추세였다. 하지만, 현재의 상황이 25년 전보다 나아졌다고 보기 힘들다. 주관적 웰빙에 따른 세계의 나라들에서 차지하는 중국의 순위는, 비록 최근에는 나아졌지만, 1990년 이후 상당히 떨어진 것으로 나타난다. 국제적인 관점에서 행복과 국내총생산의 이변량 관계에 근거를 두고 예상하자면 중국인의 삶에 대한 만족도

---

56 CGSS(2003), CHIP(2002)과 Horizon(2003)을 보라.
57 차이의 지속을 보여주는 조사들은 CGSS(2010-2013), CFPS(2012), and CHIP(2013)가 있다; 차이를 보이지 않는 조사들에는 CFPS(2010, 2014)와 CHFS(2011)가 있다.
58 CGSS(2005~2013)과 CFPS(2010~2014)을 보라.

가 상당한 크기로 늘어나야 하지만 애석하게도 그러한 증거는 없다.

낮은 소득을 가진 인구와 나이든 집단은 대부분 고통을 받았고, 그들의 삶에 대한 만족도는 1990년보다 낮아졌다. 이와 달리, 상위 소득 집단과 젊은 인구 집단은 삶의 만족도에 있어 꽤나 안정적인 개선을 향유하고 있다. 1990년, 사회경제적 지위에 따라 불가피했던 약간의 만족도 차이는, 비록 2000~2005년에 저점에 이른 주관적 웰빙 이후 어느 정도 줄기는 했지만, 상당히 큰 차이로 바뀌고 말았다.

네 개의 조사에서 가져온 주관적 웰빙에 대한 증거는 세 개의 서로 다른 조직에서 독립적으로 이루어졌지만 상당히 일치하는 결과를 보여준다. 게다가 이러한 증거는 중국의 이행기 동안의 주관적 웰빙 추이가 동유럽 이행기 나라들의 주관적 웰빙의 추이와 유사성을 가진다는 점에서 그 적실성이 지지된다. 주관적 웰빙의 U자 형태는 동유럽과 중국 모두에서 공통으로 나타나는 이행 현상이다.

중국의 웰빙 추이를 이해하려면, 소수의 사회만이 그와 같은 짧은 기간에 이와 같은 격변을 겪어 왔다는 사실을 인식해야만 한다. 이자벨 아타네(Isabelle Attané)와 바오창 구(Baochang Gu)는 이 이행의 본질을 이렇게 간결하게 전한다.

개혁정책과 개방정책이 이루어지는 상황에서 집단구조의 해체는 … 이전 시기에 통용되었던 사회조직을 전복시켰으며, 경제 그 자체의 영향력을 훨씬 넘어서는 충격을 주었다. 이전에는, 개인이, 그의 노동 단위를 통해, 일상의 모든 면에서 국가에 의존했다. 모든 사람은 고용, 주택, 건강, 자녀교육에서 국가의 도움을 받았으며, 도시 거주자는 은퇴와 함께 사회보험을 누렸다. 점차 민간부문으로 이전되면서, 이러한 영역들은 이제 시장의 지배를 받게 되었다. 그 결과 이제 이러한 영역들의 접근은 덜 체계적일 수밖에 없으며, 따라서 그 접근이 보다 불평등해질 수

밖에 없게 되었다.[59]

여기서 제시된 삶의 만족에 관한 자료는 이러한 사회전환이 사람들의 삶에 끼친 전체 영향의 요약 지표를 제공해 준다. 주관적 웰빙이 아주 직접적으로 영향을 받았던 조건은 노동 조건과 사회 안전망이다. 간략하게 제시하자면, 변화의 동학은 다음과 같다. 경제구조조정이 이루어지던 이행기의 첫 시기에, 일자리와 안전망의 시혜는 가난한 인구의 구성원에게 눈에 띠게 줄어들었고, 그들의 웰빙은 아주 나빠졌으며, 게다가 나이가 들고 사회적 지위가 낮은 사람들은 더 심각하게 악화되었다. 이와 달리, 가장 높은 사회적 지위를 가진 사람들의 삶에 대한 만족도는 약간 개선되는 추세이지만, 대체로 더 많은 교육을 받고 새로운 경제 환경에 더 잘 경쟁할 수 있는 젊은이들의 삶에 대한 만족은 크게 달라지지 않았다. 사회경제적 지위에 따른 삶에 대한 만족의 차이는 처음에는 아주 적었지만, 크게 늘어났다. 실제로, 경제회복이 유지되면서, 일자리 시장은 나아졌다. 게다가, 경제 고통의 증상에 반응해서, 정부는 사회 안전망을 고치기 시작했다. 그 결과, 평균적인 삶의 만족도는 상승하고, 더 풍요한 사람들과 덜 풍요한 사람들 사이의 삶에 대한 만족도 차이는 다소 줄어들었다. 그렇지만, 가난한 사람들의 삶에 대한 만족도는 1990년 수준보다 더 낮은 형편이다.

이러한 해석을 뒷받침하는 증거는 세 가지다. 첫째는, 실업과 사회 안전망에 대한 양적인 시계열들이다. 이들 시계열은 사회경제적 지위의 평균 수준과 격차 양자 모두를 고려할 때 주관적 웰빙과 관련해서 예상하는 바대로 움직였다. 두 번째 증거는 질적인 것이다. 이는 중국 전문가들이 경제와 사회의 상태, 특히 일자리 시장과 사회보장의 상태를 서술한 것들이다. 이 질적 설명들은 양적 자료의 시계열 형태와 일치하며 그 이해에 도움을 준다. 세 번째는 같은 요인이 동유럽 이행기 나라들에서 삶에 대한 만족의 U자형의 추이를 설명한다는 사실

---
[59] Attane and Gu(2014), 3쪽.

이다.

주관적 웰빙의 패턴에 순응하는지 여부와 관련된 시계열적 분석을 하지는 못하지만, 국내총생산보다 더 그럴듯한 인과변수는 (사회자본의 대리변수 가운데 하나인) 시민협력, 소득 불평등, 환경오염, 주택가격, 기대수명, 자신의 삶을 통제하는 자유와 (뇌물 용인으로 지표화한) 부패다. 사회적 자본의 또 하나의 대리변수인 (다른 사람에 대한) 신뢰는 주관적 웰빙과 다소 비슷하게 움직이지만, 실업률과 사회 안전망과는 덜 비슷하게 움직이는 것으로 애매한 사례에 해당한다.『세계 행복 보고서』에서 주관적 웰빙의 차이에 대한 여섯 개의 예측변수는 중국의 주관적 웰빙의 시계열 변화를 설명하지 못한다.

주관적 웰빙을 설명하는 데 있어 고용과 안전망이 탁월한 역할을 한다는 것은, 이 조건들이 사람들 개인의 행복에 중심이 되는 관심사—일자리, 소득보장, 가족생활, 건강—를 직접 보여준다는 증거가 말해준다. 1990년대, 대량실업과 안전망 해체로 이들 관심사와 관련한 걱정이 늘었고 전체 삶에 대한 만족도는 크게 하락했다. 저점에 이른 2000~2005년 이후, 고용조건과 안전망은 나아졌고, 삶에 대한 만족은 1990년 수준으로 돌아가기는 했다. 그렇지만, 더 나아질 기회가 상당히 있다는 데 유념해야 한다. 따라서 고용기회와 안전망에 대한 정책을 개선해 가난한 인구집단의 웰빙을 증가하는데 관심을 갖는 게 무엇보다도 중요하다.

정책 결정자들은 웰빙을 재는 값으로서 행복(주관적 웰빙)으로 국내총생산을 대체하거나 보완하는 데 큰 관심을 보였다.[60] 두 측정값을 비교하는데 중국보다 더 좋은 실험 사례는 찾을 수 없을 것이다. 국내총생산을 지표로 하자면, 중국의 웰빙은 다섯 배 이상 늘어나야 한다. 하지만 주관적 웰빙에 근거를 두자면, 웰빙은 평균값에 있어 지난 25년 전의 수준에도 못 미치는 형편이다. 이 불일치한 결과는 두 측정값의 서로 다른 범위를 반영하기 때문이다. 국내총생산

---

60 OECD(2013)과 Layard and O'Donnell(2015)을 보라.

은 경제생활의 측면에 관련이 있으며, 오로지 재화와 서비스의 산출이라는 하나의 차원만을 다룬다. 이와 달리, 주관적 웰빙은 개인의 웰빙에 대한 폭넓은 측정값으로서, 경제와 비경제를 포괄하여 사람들의 웰빙에 우선적으로 영향을 미치는 관심사와 열망을 고려한다. 국내총생산으로는 중국에서 사람들의 삶에 영향을 끼치는 거대한 구조 변화를 파악할 수 없다. 이와 달리, 주관적 웰빙은 노동시장에 점차 의존하게 됨으로써 불가피하게 늘어나는 걱정거리들과 새로운 관심사들을 포착한다. 만약 정책 목표가 사람들의 웰빙을 개선하는 것이라면, 주관적 웰빙은, 중국의 경험이 잘 입증하듯이, 국내총생산보다 더 의미를 가진 측정값이다.[61]

---

61 주관적 웰빙에 대해 반대하는 사람들은 종종 국내총생산은 제한적이지 않지만, 주관적 웰빙을 재는 척도는 제한적이어서 문제가 있다고 주장하곤 한다. 이에 대응하는 논리는 다음과 같다. 첫째, 『세계 행복 보고서』의 시계열에서 나타나는 것과 같은 스스로 보고한 주관적 웰빙의 국제적 차이는 의미가 있다는 데 많은 합의가 있다. 북유럽 나라들은 늘 상한값 10점에서 8점에 가까운 값을 가지는 주관적 웰빙의 선두주자이다. 하지만 3점 미만에 머무르는 나라들도 있다. 이것은 전 세계 사람들의 행복을 개선할 많은 기회가 있다는 점을 시사하며, 심지어 북유럽 나라들의 경우에도 해당된다. 게다가, 만약 웰빙이 공공정책의 목표라면, 모든 사람이 '완전히 만족하는' 10점의 값에 이르는 것은 놀라운 정책 성공의 징표라 할 것이다. 이와 달리, 만약 국내총생산이 웰빙의 측정값이라면, 중국의 경험에서 보이듯이, 사람들의 삶이 실제로 행복한지를 거의 말해주지 못하는, 더 높은 성장률 이외에 아무런 명확한 성공의 특징도 없을 것이다.

참고문헌

Abbott, P., Claire, W., Lin, K., & Haerpfer, C.(2016). The quality of society and life satisfaction in China. *Social Indicators Research*, 127(2), 653-670쪽.

Akay, A., Bargain, O., & Zimmermann, K.(2012). Relative concerns of rural-to-urban migrants in China. *Journal of Economic Behavior & Organization*, 81, 421-441쪽.

Anderson, K.(2014). China's evolving trade composition. In S. Fan, Kanbur, R., Wei, S-J., and Zhang, X. [Eds.], *The Oxford Companion to the Economics of China*. Oxford, UK: Oxford University Press, 150-155쪽.

Arrow, K. J., & Dasgupta, P. S.(2009). Conspicuous consumption, inconspicuous leisure. *The Economic Journal*, 119(541), F500-F513쪽.

Attane, I. & Gu, B.(2014). Eds. *Analysing China's Population: Social Change in a New Demographic Era*. New York: Springer.

Bartolini, S., & Sarracino, F.(2015). The dark side of Chinese growth: Declining social capital and well-being in times of economic boom. *World Development*, 74, 333-351쪽.

Brandt, L., & Rawski, T. G.(Eds.)(2008). *China's great economic transformation*. New York: Cambridge University Press.

Cai, F., & Du, Y.(2015). The social protection system in ageing China. *Asian Economic Policy Review*, 10(2), 250-270쪽.

Cai, F., Park, A., & Zhao, Y.H.(2008). The Chinese labor market in the reform era. In L. Brandt & T. G. Rawki(Ed.), *China's Great Economic Transition*(167~214쪽). New York: Cambridge University Press.

Cai, H. B., Chen, Y. Y., & Zhou, L. A.(2010). Income and consumption inequality in urban China: 1992-2003. *Economic Development and Cultural Change*, 58(3), 385-413쪽.

Cantril, H.(1965). *The Pattern of Human Concerns*. New Brunswick, NJ: Rutgers University Press.

Carlsson, F., & Qin, P.(2010). It is better to be the head of a chicken than the tail of a phoenix: Concerns for the relative standing in rural China. *Journal of Socio-Economics*, 39(2), 180-186쪽.

Census of China 1990. 1% Random Sample, National Bureau of Statistics of China.

Census of China 2000. 0.1% Random Sample, National Bureau of Statistics of China.

Census of China 2000. Tabulation of the 2000 Population Census of the People's Republic of China, National Bureau of Statistics of China(2002), http://www.stats.gov.cn/tjsj/pcsj/rkpc/5rp/index.htm.

Census of China 2005. 20% Random sample of the 1% National Population Sample Survey, National Bureau of Statistics of China.

Census of China 2010. Tabulation of the 2010 Population Census of the People's Republic of China, National Bureau of Statistics of China(2012), http://www.stats.gov.cn/tjsj/pcsj/rkpc/6rp/indexch.htm.

CFPS(2010-). Institute of Social Science Survey at Peking University, China Family Panel Studies, http://www.isss.edu.cn/cfps.

CGSS(2003-). National Survey Research Center at Renmin University of China, Chinese General Social Survey, http://www.chinagss.org/index.php?r=index/index&hl=en.

Chen, X.(2014). Relative deprivation in China, In S. Fan, R. Kanbur, S. J. Wei, & X., Zhang(Eds.), *The Oxford Companion to The Economics of China*(406-410쪽). Oxford and New York: Oxford University Press.

Cheng, Z., Mishra, V., Nielsen, I., Smyth, R. & Wang, B. Z.(2016). Wellbeing in China. *Social Indicators Research*, 1-10쪽.

CHFS(2011-) Survey and Research Center for China Household Finance at Southwestern University of Finance and Economics, China Household Finance Survey, http://www.chfsdata.org/chfs.html.

CHIP(1988-) China Institute for Income Distribution, China Household Income Project, http://www.ciidbnu.org/chip/index.asp.

Davis, D. R.(2015). *Continuity and Change in Mainland China's Recent Marital History*. Ph. D. dissertation in sociology. University of California, Los Angeles.

Deaton, A.(2008). Income, health, and well-being around the World: Evidence from the Gallup World Poll. *Journal of Economic Perspectives*, 22(2), 53-72쪽.

Diener, E., Ng, W., Harter, J., & Arora, R.(2010). Wealth and happiness across the world: Material prosperity predicts life evaluation, whereas psychosocial prosperity predicts positive feeling. *Journal of Personality and Social Psychology*, 99(1), 52-61쪽.

Di Tella, R., MacCulloch, R. J., & Oswald, A. J.(2001). Preferences over inflation and unemployment: Evidence from surveys of happiness. *American Economic Review*, 91(1), 335-241쪽.

Di Tella, R., MacCulloch, R. J., & Oswald, A.J.,(2003). The macro-economics of happiness.

Review of Economics and Statistics, 85(4), 809-27쪽.

Easterlin, R. A.(2009). Lost in transition: Life satisfaction on the road to capitalism, *Journal of Economic Behavior and Organization*, 71(2), 130-145쪽.

Easterlin, R. A.(2012). Life satisfaction of rich and poor under socialism and capitalism. *International Journal of Happiness and Development*, 1(1), 112-126쪽.

Easterlin, R. A.(2013). Happiness, growth, and public policy. *Economic Inquiry*, 51(1), 1-15쪽.

Easterlin, R. A.(2014). Life satisfaction in the transition from socialism to capitalism: Europe and China. In A. Clark & C. Senik(Ed.), *Happiness and Economic Growth: Lessons from Developing Countries*(6-31쪽). Oxford: Oxford University Press.

Easterlin, R. A., Angelescu-McVey, L., & Zweig, J. S.(2011). The Impact of Modern Economic Growth on Urban-Rural Differences in Subjective Well-Being. *World Development*, 39(12), 2187-2198쪽.

Easterlin, R. A., Morgan, R., Switek, M., & Wang, F.(2012). China's life satisfaction, 1990–2010. *Proceedings of the National Academy of Sciences*, 109(25), 9775-9780.쪽

Fan, S., Kanbur, R., Wei, S.-J., & Zhang, X.(Ed.).(2014a). *The Oxford companion to the economics of China*. Oxford and New York: Oxford University Press.

Fan, S., Kanbur, R., Wei, S. J., & Zhang, X.(2014b). Overview: The economics of China: Success and challenges. In S. Fan, R. Kanbur, S.-J. Wei, & X. Zhang(Ed.), *The Oxford Companion to The Economics of China*(1-27쪽). Oxford and New York: Oxford University Press.

Fang, H.(2014). Insurance Markets in China. In S. Fan, R. Kanbur, S.-J. Wei, & X. Zhang(Ed.), *The Oxford Companion to The Economics of China*(279-284쪽). Oxford and New York: Oxford University Press.

Feng, S., Hu, Y., & Moffitt, R.(2015). *Long run trends in unemployment and labor force participation in China*. National Bureau of Economic Research Working Paper no. 21460.

Frazier, M. W.(2014). State Schemes or Safety Nets? China's Push for Universal Coverage. *Daedalus*, 143(2), 69-80쪽.

Frey, B. S., & Stutzer, A.(2002). *Happiness and Economics: How the economy and institutions affect well-being*. New Jersey: Princeton University Press.

Giles, J., Park, A., & Cai, F.(2006). How has economic restructuring affected China's urban workers?. *The China Quarterly*, 185, 61-95쪽.

Graham, C., Zhou, S., & Zhang J.,(2015). Happiness and health in China: The paradox of progress, Global Economy & Development Working Paper 89.

Guriev, S., & Zhuravskaya, E.(2009).(Un)happiness in transition. *Journal of Economic Perspectives*, 22(2), 143-168쪽.

Gustafsson, B., & Ding, S.(2011). Unemployment and the rising number of non-workers in urban China: Causes and distributional consequences. In S. Li, H. Sato, & T. Sicular(Ed.), *Rising Inequality in China: Challenge to a Harmonious Society*(289-331쪽). New York: Cambridge University Press.

Gustafsson, B. A., Li, S., & Sicular, T.(2008). *Inequality and public policy in China*. New York: Cambridge University Press.

Helliwell, J. F. & H. Huang(2014). New Measures on the Costs of unemployment: Evidence from the subjective well-being of 3.3 million Americans. *Economic Inquiry*, 52(4), 1485-1502쪽.

Helliwell, J. F., H. Huang, & S. Wang(2016). The Distribution of World Happiness. In J. f. Helliwell, R. Layard, and J. Sachs(eds.) *World Happiness Report 2016 Update*(Vol. 1), New York: Sustainable Development Solutions Network.

Helliwell, J. F., R. Layard, & J. Sachs(2012), eds. *World Happiness Report 2012*. New York: Sustainable Development Solutions Network.

_____.(2013), eds. *World Happiness Report 2013*. New York: Sustainable Development Solutions Network.

_____.(2016), eds. *World Happiness Report 2016*, Update(Vol. 1), New York: Sustainable Solutions Network.

Henderson, J. V.(2014). Urbanization in China. In S. Fan, R. Kanbur, S.-J. Wei, & X. Zhang(Ed.), *The Oxford Companion to the Economics of China*(225-229쪽). Oxford and New York: Oxford University Press.

Horizon Research Consultancy Group(1997-2015). www.agmr.com/members/horizon.html.

Huang, Y.(2008). *Capitalism with Chinese characteristics Entrepreneurship and the State*. New York: Cambridge University Press.

Huang, Y.(2014). Political economy of privatization in China. In S. Fan, R. Kanbur, S.-J. Wei, & X. Zhang(Ed.), *The Oxford Companion to The Economics of China*(291-295쪽). Oxford and New York: Oxford University Press.

Inglehart, R. F.(2002). Globalization and postmodern values, *The Washington Quarterly*, 23(1), 215-228쪽.

Inglehart, R., Basanez, M., & Moreno, A.(1998). *Human values and beliefs: A cross-cultural sourcebook*. Ann Arbor, MI: University of Michigan Press.

Knight, J., & Gunatilaka, R.(2011). Does economic growth raise happiness in China? *Oxford Development Studies*, 39(1), 1-24쪽.

_____.(2017). Is Happiness Infectious? *Scottish Journal of Political Economy*, 64(1), 1-24쪽.

Knight, J., & Song, L.(2000). *The rural-urban divide: Economic disparities and interactions in China*. New York: Oxford University Press.

Knight, J. & Song, L.(2005). *Towards a labour market in China*. New York: Oxford University Press.

Knight, J. & Xue, J. J.(2006). How high is urban unemployment in China?. *Journal of Chinese Economic and Business Studies*, 4, 91-107쪽.

Layard, R., Clark, A. & Senik, C.(2012). The Causes of Happiness and Misery. In J. Helliwell, R. Layard, & J. Sachs(eds.) *World Happiness Report*. New York: The Earth Institute, Columbia University.

Layard, R. & O'Donnell, G.(2015). How to make policy when happiness is the goal. In J. F. Helliwell, R. Layard, & J. Sachs(eds.), *World Happiness Report 2015*(76-87쪽). New York: UN Sustainable Development Solutions Nework.

National Bureau of Statistics of China.(2013). *China statistical yearbook 2013*. Beijing: China Statistics Press.

National Bureau of Statistics of China.(2016). Statistical communique of the People's Republic of China on the 2015 national economic and social development. http://www.stats.gov.cn/english/PressRelease/201602/t20160229_1324019.html, Released on February 29, 2016.

Naughton, B.(2007). *The Chinese Economy: Transitions and Growth*. Cambridge, MA: MIT Press.

Naughton, B.(2008). The demographic factor in China's transition. In L. Brandt & T. G. Rawki(Ed.), *China's Great Economic Transformation*(91-135쪽). New York: Cambridge University Press.

O'Connor, K. J.(2016). Happiness and Welfare State Policy around the World. Working Paper, University of Southern California Department of Economics.

OECD(2010). *Economic surveys: China*. Vol. 2010/6. Paris: OECD Publishing.

OECD(2013). *OECD guidelines for measuring subjective well-being*. Paris: OECD Publishing.

Pacek, A. & B. Radcliff(2008). Assessing the welfare state. *Perspectives on Politics*, 6(2), 267-277쪽.

Penn World Table 9.0,(2016). http://www.rug.nl/research/ggdc/data/pwt/pwt-9.0, Released on: June 9, 2016, DOI:10.15141/S5J01T.

Pew Research Center(2014). Spring 2014 Global Attitudes Survey. Accessed July 2016: http://www.pewglobal.org/2014/06/05/spring-2014-survey-data/.

Radcliff, B.(2013). *The political economy of human happiness: How voters' choices determine the quality of life*. Cambridge: Cambridge University Press.

Ravallion, M.(2014). An emerging new form of social protection in 21st Century China. In S. Fan., R. Kanbur, S.-J. Wei, & X. Zhang(Ed.), *The Oxford Companion to The Economics of China*(441-445쪽). Oxford and New York: Oxford University Press.

Steele, L. G., & Lynch, S. M.(2013). The pursuit of happiness in China: Individualism, collectivism, and subjective well-being during China's economic and social transformation. *Social Indicators Research*, (114)2, 441-451쪽.

Stevenson, B., & Wolfers, J.(2008). Economic growth and subjective well-being: Reassessing the Easterlin Paradox. *Brookings Papers on Economic Activity*, 39(1), 1-87쪽.

Stiglitz, J. E., Sen, A, & Fitoussi, J. P.(2008). Report of the Commission on the Measurement of Economic Performance and Social Progress. Available at www.stiglitz-sen-fitoussi.fr.

Veenhoven, R.(1991). Is happiness relative? *Social Indicators Research*, 24(1), 1-34쪽.

Wang, S. & W. Zhou(2016). Family Structure and Home Ownership: Evidence from China. Working Paper, Korean Development Institute.

World Bank.(2007). *China's modernizing labor market: Trends and emerging challenges*. Washington: World Bank.

Xie, Y., & Zhou, X.(2014). Income inequality in today's China. *Proceedings of the National Academy of Sciences*, 111(19), 6928-6933쪽.

Xu, C. G.(2011). The fundamental institutions of China's reforms and development. *Journal of Economic Literature*, 49(4), 1076-1151쪽.

Zhang, X., Zhang, X., & Chen, X.(2015). Happiness in the air. How does dirty sky affect subjective well-being? IZA Discussion Papers 9312.

[부록] : (EASTERLIN, WANG, & WANG, GROWTH AND HAPPINESS IN CHINA, 1990~2015)

〈표 A3.1〉 1990~2015년 중국, 총인구의 평균 주관적 웰빙의 다섯 가지 시계열[a]

	(1) WVS (1-10)	(2) Gallup1 (1-4)	(3) CGSS (1-5)	(4) CGSS (MA[b]) (1-5)	(5) Gallup2 (0-10)	(6) Gallup2 (MA[b]) (0-10)	(7) Horizon (Cities) (1-5)	(8) Horizon (MA[b]) (1-5)
1990	7.29							
1995	6.83							
1997		2.82					3.69[d]	
1998							3.48[d]	3.54
1999		2.78			4.7[c]		3.44[d]	3.40
2000							3.27	3.33
2001	6.53						3.28[d]	3.29
2002							3.33	3.29
2003							3.26	3.32
2004		2.67			4.5[c]		3.38	3.31
2005			3.41				3.28	3.39
2006		2.76	3.46	3.52	4.56		3.52	3.38
2007	6.76				4.86	4.76	3.35	3.46
2008			3.68	3.64	4.85	4.72	3.51	3.44
2009					4.45	4.65	3.47	3.46
2010			3.77	3.77	4.65	4.71	3.41	3.47
2011			3.86	3.80	5.04	4.93	3.53	3.50
2012	6.85		3.78	3.79	5.09	5.12	3.57	3.53
2013			3.72		5.24	5.18	3.49	3.52
2014					5.20	5.25	3.51	3.61
2015					5.30			

* 출처: WVS(World Values Survey: www.worldvaluessurvey.org); Gallup1 and Gallup2:(www.gallup.com); Horizon Research Consultancy Group, '도시'에 대한 시계열"(www.agmr.com/members/horizon.html).
a. 특정질문과 응답 선택사항은 [기술상자 1]을 보라. 각 조사에서 척도는 괄호에 있다.
b. 3년 중심이동평균.
c. 1~10 척도.
d. 1~4 척도. 5, 4, 2, 1로 표시해 측정한 평균값.

〈표 A3.2〉 1988~2015년, 1인당 국내총생산과 가계소비의 물가수준

	(1)	(2)	(3)	(4)	(5)	(6)
	1인당 실질국내총생산 (2011년 미국 달러)			물가 수준 (미국 2005년=100)		
		증가율(%)			증가율(%)	
연도		연간	MA[c]		연간	MA[c]
1988	2408			13.3		
1989	2361	-1.94		15.6	17.45	
1990	2386	1.08	1.37	12.8	-18.05	-1.28
1991	2505	4.98	4.43	12.4	-3.24	-5.00
1992	2687	7.24	6.66	13.2	6.29	3.40
1993	2896	7.78	7.31	14.1	7.16	1.19
1994	3095	6.90	8.59	12.7	-9.87	6.74
1995	3439	11.09	6.82	15.6	22.95	10.32
1996	3523	2.45	6.52	18.4	17.89	15.86
1997	3735	6.00	2.56	19.7	6.74	11.63
1998	3706	-0.76	3.50	21.7	10.27	6.29
1999	3901	5.26	3.35	22.1	1.86	6.27
2000	4118	5.56	5.90	23.5	6.67	3.92
2001	4401	6.87	7.66	24.3	3.23	2.67
2002	4866	10.56	8.39	23.8	-1.90	1.87
2003	5243	7.75	9.62	24.9	4.27	2.60
2004	5796	10.56	9.58	26.2	5.41	5.51
2005	6400	10.43	10.77	28.0	6.84	5.93
2006	7126	11.33	10.68	29.6	5.54	9.47
2007	7858	10.29	7.95	34.3	16.02	15.66
2008	8034	2.23	6.97	43.0	25.43	14.54
2009	8709	8.41	6.41	44.0	2.18	12.15
2010	9456	8.58	8.30	47.8	8.85	7.68
2011	10205	7.92	7.92	53.6	12.02	9.22
2012	10945	7.25	7.27	57.2	6.81	8.35
2013	11673	6.66	6.92	60.8	6.22	5.49
2014	12473	6.85	6.63	62.9	3.45	4.23
2015	13271[a]	6.40		64.8[b]	3.03	

* 출처: 1988~2014년 1인당 실질국내총생산(Penn World Table 9.0, http://www.rug.nl/research/ggdc/data/pwt/), 2015년 1인당 실질국내총생산(NBS of China, http://www.stats.gov.cn/), 1988~2014년 물가 수준(Penn World Table 9.0, http://www.rug.nl/research/ggdc/data/pwt/), 2015년 물가 수준(NBS of China, http://www.stats.gov.cn/).

a. 중국통계청 시계열은 2915년의 성장률이 두 시계열에서(6.4)로 같다고 가정해 기존 자료에서 추정했다.
b. 중국통계청의 시계열은 중국통계청의 소비자물가지수(1978=100)와 2015년 펜세계도표(PWT)의 물가수준의 비율이 2011년 이후 비율이 하락하는 추세에 있는 9.5라고 가정해 기존 자료에서 추정했다.
c. 3년 중심이동평균.

⟨표 A3.3⟩ 1988~2015년, 도시 실업률, 4개 시계열(노동력에서 차지하는 비중)

	(1) NBER	(2) GWP	(3) NBER (MA[a])	(4) GWP (MA[a])	(5) CHIP	(6) Census
1988	3.5				0.4	
1989	3.0		3.5			
1990	3.9		3.6			4.3
1991	3.8		3.8			
1992	3.7		3.7			
1993	3.5		3.8			
1994	4.1		3.9			
1995	4.0		4.1		3.4	
1996	4.1		4.3			
1997	4.9		4.6			
1998	4.9		5.1			
1999	5.6		6.1			
2000	7.8		7.2			11.3/8.3[b]
2001	8.2		8.8			
2002	10.4		9.7		11.6	
2003	10.4		10.2			
2004	9.9		10.1			
2005	10.0		9.8			9.6/6.9[b]
2006	9.4		9.2			
2007	8.1		8.9		7.9	
2008	9.1		8.7			
2009	8.9	8.2				
2010		8.7		7.3		4.8[b]
2011		4.9		6.3		
2012		5.3		5.0		
2013		4.7		4.1	4.2	
2014		2.3		4.2		
2015		5.5				

* 출처: NBER(도시의 호구 인구): Feng, Hu, and Moffitt 2015; GWP(www.gallup.com); CHIP(도시 가구, http://www.ciidbnu.org/chip/index.asp); Census(중국국가통계에서 가져온 조사 자료의 무작위표본, 통계는 http://www.stats.gov.cn/).
a. 3년 중심이동평균.
b. 도시(시와 읍) 인구; 다른 인구총조사 값은 도시 호구 인구다.

⟨표 A 3-4⟩ 1988~2013년, 교육 수준별 사회 안전망 수준(도시 가구)

	A. 연금 수혜율(남성 60세 이상, 여성 55세 이상에서 차지하는 비중)				
		1988년	1995년	2002년	2007년	2013년
1	전체	99.5	99.5	79.8	84.6	83.1
2	대졸 이상	99.2	99.7	90.9	95.4	90.3
3	중졸과 고졸	99.8	99.7	88.7	90.6	86.8
4	초등학교 졸업 미만	99.9	99.1	63.1	64.6	74.9
5	2행 - 4행	-0.7	0.6	27.8	30.8	15.4
	B. 건강보험 수혜율(15세 이상 인구에서 차지하는 비중)				
		1988년	1995년	2002년	2007년	2013년
6	전체	(99)a	75.4	56.4		92.1
7	대졸 이상	(99)	87.4	71.2		91.3
8	중졸과 고졸	(99)	74.6	52.8		91.9
9	초등학교 졸업 미만	(99)	61.5	43.3		94.7
10	7행 - 9행	(0)	25.9	27.9		-3.4

* 출처: 중국가구소득프로젝트(도시 가구, http://www.ciidbnu.org/chip/index.asp). 건강보험은 1988년과 2007년에 묻지 않았다.

a. 수혜를 가정한 1988년의 값은 거의 포괄적인데, 이는 아주 밀접한 관련이 있는 1990년 세계가치관조사의 소득과 교육에 따른 자가진단 건강에 대한 응답에 근거를 두었다. Inglehart et al. 1998, V83을 참조하라.

⟨표 A 3-5⟩ 1990~2012년, 사회적 자본의 측정값

	1990년	1995년	2001년	2007년	2012년
사람 대부분이 믿을 수 있다 (동의하는 비중)	0.4	52.3	54.4	52.8	63.2
시민협력(10=늘; 1=전혀)					
잘못된 청구권은 잘못이다	9.30	8.63	8.86	7.48	7.33
무임승차는 잘못이다	9.42	9.39	9.66	8.96	8.38
세금을 속이는 일은 잘못이다	9.46	9.47	9.42	9.00	8.79
뇌물을 받지 않는다	9.66	9.79	9.65	9.28	9.03
평균	9.46	9.34	9.41	8.67	8.36

* 출처: 세계가치관조사(WVS). 특정 질문과 응답 선택사항은 [기술상자 2]에 있다.

〈표 A 3-6〉 1990~2014년 환경오염과 주택가격의 동향 지표

연도	석탄 소비량 (백만 톤)	주택가격 인민화/평방미터	주택가격 (MA[a]) 인민화/평방미터
1990	1055		
1991			
1992			
1993			
1994			
1995	1377		
1996			
1997			
1998			
1999			
2000	1357	1948	
2001		2017	2019
2002		2092	2102
2003		2197	2299
2004		2608	2581
2005	2434	2937	2888
2006		3119	3234
2007		3645	3447
2008		3576	3893
2009		4459	4253
2010	3490	4725	4726
2011		4993	5049
2012		5430	5424
2013	4244	5850	5738
2014		5933	

* 출처: 석탄 소비량, 에너지 통계국, 『중국통계』(2015). 『2014년 중국에너지통계연감』. 중국통계출판부; 주택가격, 중국통계청.
a. 3년 중심이동평균.

〈표 A 3-7〉 1990~2012년, 『세계 행복 보고서』의 주관적 웰빙 예측값

	(1) 국내총생산 (현재가격) 미국 달러 2011년	(2) 예상수명 (년)	(3) 선택의 자유 $(1\sim10)^a$	(4) 뇌물을 받을 수 있다 $(1\sim10)^b$
1990	2386	69.0	7.04	1.34
1991	3439	69.9	6.80	1.21
1992	4401	72.2	7.15	1.35
1993	7858	74.3	7.29	1.72
1994	10945	75.4	7.14	1.97

a. 1 = 없음; 10 = 상당히 큼.
b. 1 = 없음; 10 = 늘.
* 출처:(1)열은 〈표 A2〉의 1열.(2)열은 세계은행, 『세계발전지표』,(3)열과 (4)열은 세계가치관조사.

〈표 A 3-8〉 2006~2015년, 실제와 예측한 평균 인생사다리

	(1) 실제 사다리	(2) 예측한 사다리	(3) 1.96 표준오차
2006	4.56	5.04	0.09
2007	4.86	5.49	0.08
2008	4.85	5.52	0.08
2009	4.45	5.44	0.08
2010	4.65	5.38	0.08
2011	5.04	5.46	0.08
2012	5.09	5.44	0.06
2013	5.24	5.41	0.08
2014	5.20	5.42	0.08
2015	5.30	5.37	0.08

* 출처: 2열과 4열은 갤럽세계여론조사. 3열은 Helliwell et al(2016), 16쪽에 있는 〈표 2.1〉의 1열에 있는 방정식에 근거를 두었다.

〈표 A 3-9〉 1990~2012년, 최상위와 최하위 소득 3분위, 삶에 대한 만족의 평균과 표준편차(숫자 1~10)

	(1) 1990년	(2) 1995년	(3) 2007년	(4) 2012년
전체	7.29	6.83	6.77	6.86
상위 3분위	7.30	7.77	7.53	7.47
하위 3분위	7.12	5.89	5.53	6.46
상위 - 하위	0.18	1.88	2.00	1.01
삶에 대한 만족의 표준편차	2.10	2.42	2.43	1.98

* 출처: 세계가치관조사.

〈표 A 3-10〉 1988~2013년, 교육 수준별 실업률(노동력에 대한 비중)

	1988년	1995년	2002년	2007년	2013년
전체	0.4	3.4	11.6	7.9	4.0
대졸 이상	0.0	0.8	3.8	3.6	2.8
중졸과 고졸	0.5	3.7	13.8	8.8	5.2
초졸 미만	0.1	3.9	18.5	12.5	4.2
초졸 - 대졸	0.1	3.1	14.7	8.9	1.5

* 출처: 세계가치관조사.

〈표 A 3-11〉 1990~2012년, 최상위와 최하위 소득분위의 평균 금융만족도 (숫자 1~10)

	(1) 1990년	(2) 1995년	(3) 2007년	(4) 2012년
전체	6.10	6.11	6.06	6.18
상위 3분위	6.34	7.25	7.38	7.00
하위 3분위	.73	4.90	5.00	5.54
상위 - 하위	0.61	2.35	2.38	1.46

* 출처: 세계가치관조사.

⟨표 A 3-12⟩ 1990~2012년, 최상위와 최하위 소득분위의 평균 자가진단 건강

	(1) 1990년	(2) 1995년	(3) 2007년	(4) 2012년
전체	3.82	4.01	3.93	3.86
상위 3분위	3.83	4.26	4.13	4.02
하위 3분위	3.80	3.80	3.71	3.69
상위 - 하위	0.03	0.46	0.42	0.33

* 출처: 세계가치관조사.

⟨표 A 3-13⟩ 1990~2012년, 생년 코호트에 따른 평균 삶에 대한 만족

코호트	(1) 1990년	(2) 2001년	(3) 2012년
1936~45년	7.43	6.84	7.18
1946~60년	7.40	6.38	6.76
1961~65년	6.78	6.53	6.79

* 출처: 세계가치관조사.

⟨표 A. 3.14⟩ 2003~2015년 도시-농촌 거주자, 주관적 웰빙의 평균[a]

	(1) 갤럽(0~10)		(2)		(3) CGSS(1~5)		(4)	
	도시		농촌		도시		농촌	
년도	년	MA	년	MA	년	MA	년	MA
2003					3.28			
2004								
2005					3.45	3.41	3.36	
2006	4.80		4.41		3.50	3.58	3.40	3.45
2007	5.12	5.00	4.70	4.58				
2008	5.09	4.97	4.64	4.56	3.79	3.70	3.58	3.56
2009	4.70	4.90	4.34	4.47				
2010	4.90	5.01	4.44	4.51	3.82	3.82	3.71	3.72
2011	5.42	5.30	4.75	4.67	3.85	3.83	3.86	3.77
2012	5.58	5.51	4.81	4.86	3.81	3.79	3.73	3.77
2013	5.54	5.47	5.02	4.99	3.72		3.71	
2014	5.28	5.53	5.13	5.04				
2015	5.76		4.98					

* 기호의 표시: Y= 연, MA = 3년 중심이동평균.
** 출처: 갤럽, ⟨표 A1⟩을 보라. 중국사회총조사(http://www.chinagss.org/index.php?r=index/index&hl=en).
a. 특정 질문과 응답 선택사항은 [기술상자 1]을 보라.

⟨표 A. 3-15⟩ 2003~2013년 도시지역에서 도시-농촌 호구 소지자, 평균 주관적 웰빙[a]

년도	(1) CGSS(1~5) UH		(2) RH	
	년	MA	년	MA
2003	3.28		3.19	
2004				
2005	3.45	3.41	3.44	
2006	3.50	3.58	3.43	3.55
2007				
2008	.79	3.70	3.79	3.67
2009				
2010	3.82	3.82	3.78	3.80
2011	3.85	3.83	3.82	3.78
2012	3.81	3.79	3.74	3.75
2013	3.72		3.70	

* 기호의 표시: UH = 도시지역의 도시 호구 소지자, RH = 도시지역의 농촌 호구 소지자. Y= 년, MA = 3년 중심이동평균.
** 출처: 중국사회총조사(http://www.chinagss.org/index.php?r=index/index-&hl=en).
a. 특정 질문과 응답 선택사항은 [기술상자 1]을 보라.

제4장

세계 경제 불평등 현황: 《세계 불평등 보고서 2018》 요약문*

파쿤도 알바레도(Facundo Alvaredo)·뤼카 샹셀(Lucas Chancel)·토마 피케티(Thomas Piketty)·이매뉴얼 사에즈(Emmanuel Saez)·게이브리얼 주크먼(Gabriel Zucman)

1. 2018년 『세계 불평등 보고서』의 목적은 무엇인가?

> 2018년 『세계 불평등 보고서』는 체계를 갖추고 명쾌한 방식으로 소득과 부의 불평등을 측정하는 최신 기법에 기댄다. 이 보고서를 만들면서, 세계 불평등 연구소(World Inequality Lab)는 민주주의의 차이를 메우고 여러 사회 행위자에게 비공식으로 이루어지는 불평등을 둘러싼 대중 논쟁에 참여하는 데 필요한 사실들을 제공하려 한다.

---

* 이 장은 《세계 불평등 보고서 2018》(The World Inequality Report 2018)의 요약문을 장시복 교수(목포대 경제학과)가 번역한 것이다. 《세계 불평등 보고서 2018》 전문의 번역문은 Facundo Alvared 외/장경덕 역, 『세계 불평등 보고서 2018』(서울: 글항아리, 2018) 참조.

▶ 2018년 『세계 불평등 보고서』는 대중 토론에 필요한 가장 최신의 완벽한 자료를 제공함으로써 정보에 근거를 둔 경제 불평등을 둘러싸고 전 세계에서 이루어지는 더 많은 민주적 논쟁에 이바지하는 데 목적을 둔다.

▶ 경제 불평등은 널리 퍼져 있고 어느 정도는 피할 수 없다. 그렇지만, 만약 불평등의 확대가 적절하게 감시되고 다루어지지 못한다면, 여러 가지 정치, 경제, 사회의 재앙을 일으킬 수 있다고 우리는 생각한다.

▶ 우리의 목표는 모든 사람이 불평등을 둘러싸고 합의를 해야 한다는데 있지 않다. 왜냐하면, 사회에서 가장 바람직한 정책 조합들과 더할 나이 없는 불평등 수준을 이루는 제도들은 물론이고, 이 불평등 수준에 대한 과학에 근거를 둔 단 하나의 진실이 없다는 단순한 이유로 이 합의가 이루어질 수 없기 때문이다. 결국, 이 합의는 대중이 벌이는 토의, 정치 제도들과 그 제도들이 이들 어려운 결정을 하는 과정으로 이루어진다. 그렇지만 이러한 토론 과정에는 더 엄밀하고 명쾌한 소득과 부에 대한 정보가 필요하다.

▶ 시민들이 이와 같은 결정을 할 수 있게, 우리는 또한 거시경제 현상—국유화와 사유화의 정책, 자본축적, 그리고 공공부채의 변화—과 개인의 소득과 정부이전지출, 개인의 자산과 부채에 중점을 둔 미시경제의 불평등의 추세를 관련지으려 했다.

▶ 거시경제와 미시경제의 불평등 자료를 조화시키는 일은 간단하지 않으며, 많은 나라는 상세하고 일관된 소득과 부의 불평등 통계를 대중에게 공개하지고 않고, 심지어는 만들지도 않는다. 불평등을 재는 표준 측정은 가구조사에 종종 기대는데, 이 조사는 늘 사회 위계의 상층에 속하는 개인의 소득과 부를

지나치게 낮게 평가한다.

▶ 지금의 한계를 넘어서려, 우리는 체계를 갖추고 명쾌한 방식으로 우리가 이용할 수 있는 모든 자료의 출처를 연결한 획기적인 기법에 근거를 두었는데, 이 자료의 출처는 이렇다. 곧 (할 수만 있다면, 해외 부까지를 추정한) 국민소득과 부의 계정, 가계 소득과 자산 조사, 소득세에 근거를 둔 재정 자료, (있다면) 상속 자료와 자산 자료, 그리고 자산 등급.

> 이 보고서에서 제시한 시계열 자료는, 세계 부와 소득 데이터베이스(WID. world database)에 이바지하는 전 세계 백 명이 넘는 연구자들의 집단 노력에 밑바탕을 두고 있다. 모든 자료는 wir2018.wid.world에서 얻을 수 있으며, 누구나 자신이 분석을 해보고 불평등에 대한 자신의 생각을 구성할 수 있도록, 완전하게 재현할 수 있다.

2. 전 세계 불평등을 다루며 우리가 새롭게 발견한 내용은 무엇인가?

> 우리는 최근 수십 년 동안 세계의 거의 모든 지역에서, 속도는 다르지만, 불평등이 늘었음을 보여준다. 심지어 나라들이 비슷한 발전수준을 가지고 있을 때에도, 불평등 수준이 나라들마다 아주 다르다는 사실은 국가 정책들과 제도들이 불평등을 만들어내는데 중요한 구실을 한다는 것을 잘 보여준다.

소득 불평등은 전 세계에서 아주 다르다. 가장 소득 불평등이 낮은 곳은 유럽이고 가장 높은 곳은 중동이다.

▶ 전 세계 지역에서 불평등은 아주 다르다. 2016년, 총국민소득에서 상위 10퍼센트의 소득자(상위 10퍼센트의 몫)가 차지하는 몫은 유럽에서는 37퍼센트, 중국에서는 4퍼센트, 러시아에서는 46퍼센트, 미국-캐나다에서는 47퍼센트, 그리고 사하라 사막 이남 아프리카에서는 약 55퍼센트였다. 우리의 추정에 따르면 세계에서 가장 불평등이 높은 지역인 중동은 상위 10퍼센트가 국민소득의 61퍼센트를 점유하고 있다(〈그림 4.1〉 참조).

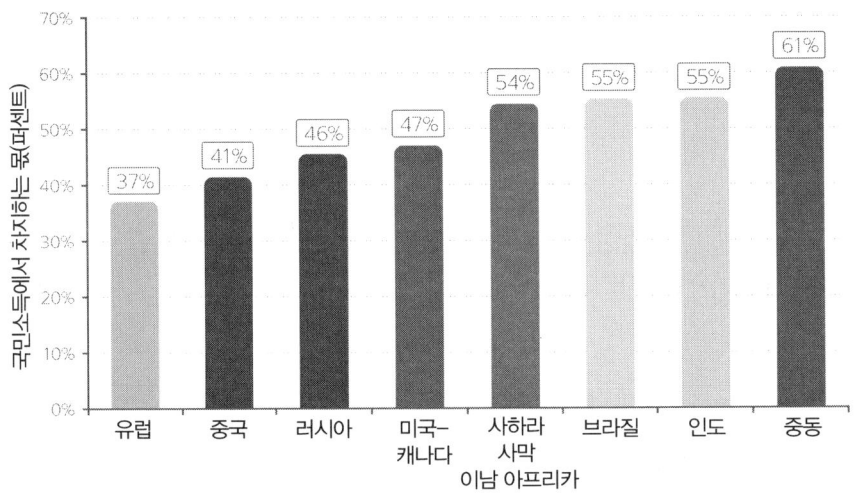

〈그림 4.1〉 2016년 전 세계 나라들에서 국민소득에서 상위 10퍼센트가 차지하는 몫

* 출처: WID.world(2017). 자료와 주석은 wir2018.wid.world을 보라.
2016년 유럽에서는 상위 10퍼센트가 국민소득의 37퍼센트를 차지했지만, 중동에서는 그 몫이 61퍼센트였다.

최근 수십 년 동안, 소득 불평등은 거의 모든 나라에서 늘었지만, 그 속도는 달랐는데, 이는 제도들과 정책들이 불평등을 만드는 데 중요하다는 점을 시사한다.

▶ 1980년대 이후, 소득 불평등은 북미, 중국, 인도와 러시아에서 빠르게 늘었다. 유럽에서는 불평등이 완만하게 늘었다(〈그림 4.2〉 책 앞부분 컬러화보 참조). 폭넓은 역사적 전망에서, 불평등의 이러한 확대는 지역마다 서로 다른 형태를 띠었던 전후 평등주의 레짐의 종말을 나타낸다.

▶ 일반 양상에도 예외는 있다. 중동, 사하라 사막 이남의 아프리카, 브라질에서는, 소득 불평등이 아주 높은 수준이지만, 다른 지역에 견주어 안정되어 있다(〈그림 4.3〉 책 앞부분 컬러화보 참조). 전후 평등주의 레짐이 사라지지 않았다면, 이 지역들은 세계의 '불평등 프론티어'를 설정해 준다.

▶ 1980년 이후 나라마다 추세가 다르게 관찰되는데, 이는 소득 불평등의 동학이 다양한 국가, 제도와 정치의 맥락에 따라 형성된다는 것을 보여준다.

▶ 이것은, 중국, 인도와 러시아와 같은, 이전 공산주의 나라들이나 높은 규제가 있었던 나라들이 뒤따른 서로 다른 궤적을 설명해 준다(〈그림 4.2〉와 〈그림 4.3〉). 불평등의 확대는 러시아에서 특히 엄청 높았고, 중국은 완만했으며, 인도에서는 두 나라에 견주어 덜했는데, 이는 이들 나라에서 지난 수십 년 동안 추구했던 서로 다른 규제완화와 개방정책의 형태를 반영한다.

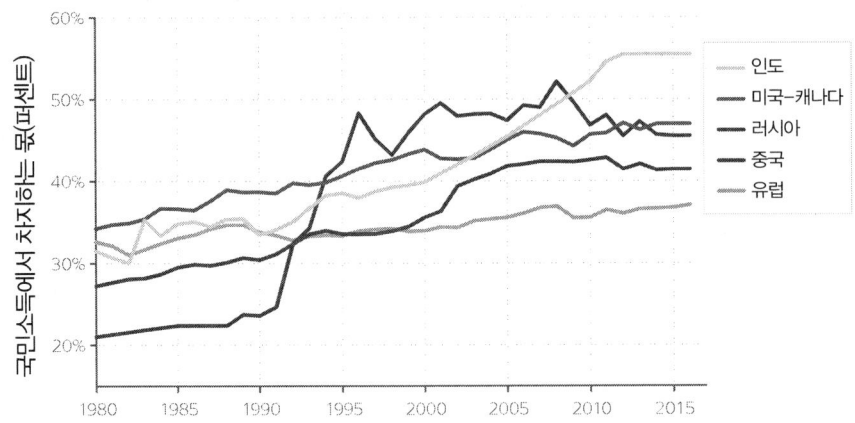

〈그림 4.2〉 1980~2016년, 상위 10퍼센트가 차지하는 소득 몫:
모든 곳에서 불평등은 커졌지만, 속도는 달랐다

* 출처: WID.world(2017). 자료와 주석은 wir2018.wid.world을 보라.
1980년, 미국과 캐나다에서는 상위 10퍼센트가 국민소득의 34퍼센트를 차지했지만, 2016년, 이 몫은 7퍼센트였다.

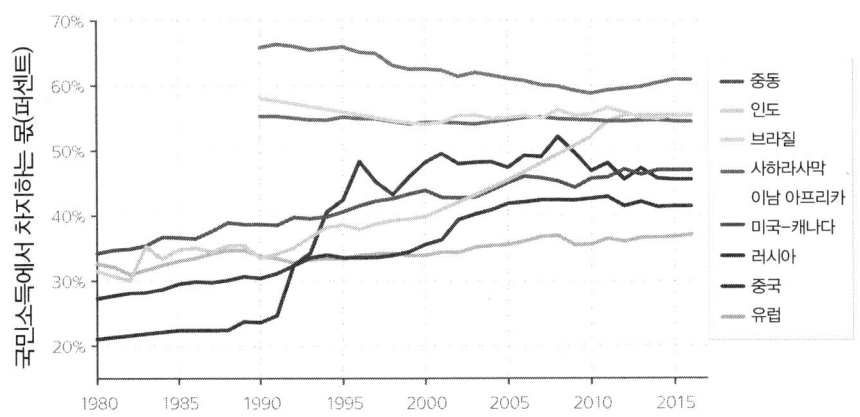

〈그림 4.3〉 1980~2016년, 상위 10퍼센트가 차지하는 소득 몫:
세계 불평등은 높은 수준의 불평등 영역으로 이동했는가?

* 출처: WID.world(2017). 자료와 주석은 wir2018.wid.world을 보라.
1980년, 인도의 상위 10퍼센트 소득자는 국민소득의 31퍼센트를 차지했지만, 2016년 이 몫은 55퍼센트였다.

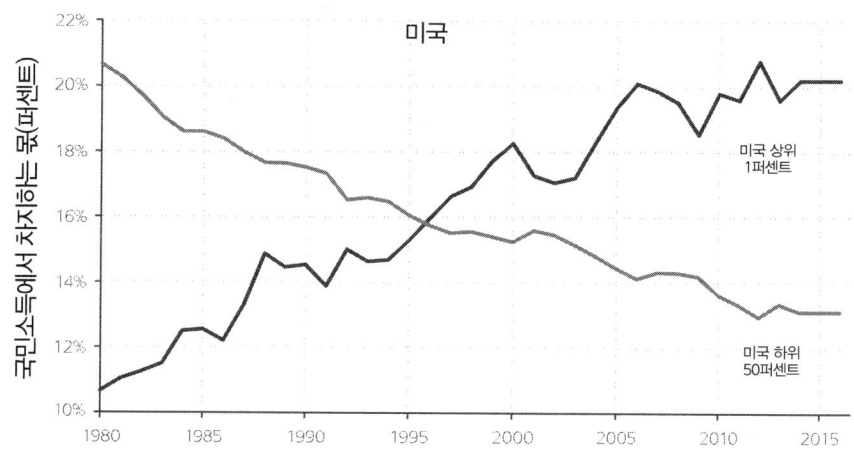

〈그림 4.4〉 1980~2016년, 미국의 국민소득에서 상위 10퍼센트와 하위 50퍼센트가 차지하는 몫: 다양한 소득 불평등 궤적

* 출처: WID.world(2017). 자료와 주석은 wir2018.wid.world을 보라.
2016년, 미국에서는 상위 1퍼센트가 국민소득의 20퍼센트를 차지했고, 서유럽에서는 이 몫이 12퍼센트였다. 1980년, 이 몫은 미국에서 11퍼센트, 서유럽에서 10퍼센트였다.

▶ 불평등 수준의 차이는 서유럽과 미국에서 특히 심각했는데, 이 두 지역에서는 1980년 비슷한 불평등 수준이었지만 지금에는 아주 다른 상황에 놓여 있다. 1980년 상위 1퍼센트가 차지하는 소득 몫은 두 지역에서 10퍼센트에 근접했지만, 2016년 이 몫은 유럽에서는 12퍼센트로 약간 늘었고, 미국에서는 20퍼센트로 급등했다. 반면에 미국에서, 하위 50퍼센트가 차지하는 소득 몫은 1980년 20퍼센트 이상에서 2016년 13퍼센트로 줄었다(〈그림 4.4〉, 〈그림 4.5〉).

▶ 미국에서 관찰되는 소득 불평등 궤적은, 1980년대 이후 상층의 임금이 늘었고, 2000년대에는 상층 자본소득이 늘었는데도, 덜 누진적이 된 조세체계와 결합한, 대중의 교육 불평등 때문이다. 반면 유럽 대륙은 누진조세는 덜 떨어졌고 임금 불평등도 중간소득과 저소득의 계층에게 더 유리했던 교육정책과 임금결정 정책으로 완화되었다. 두 지역에서, 남성과 여성의 소득 불평등은 줄었

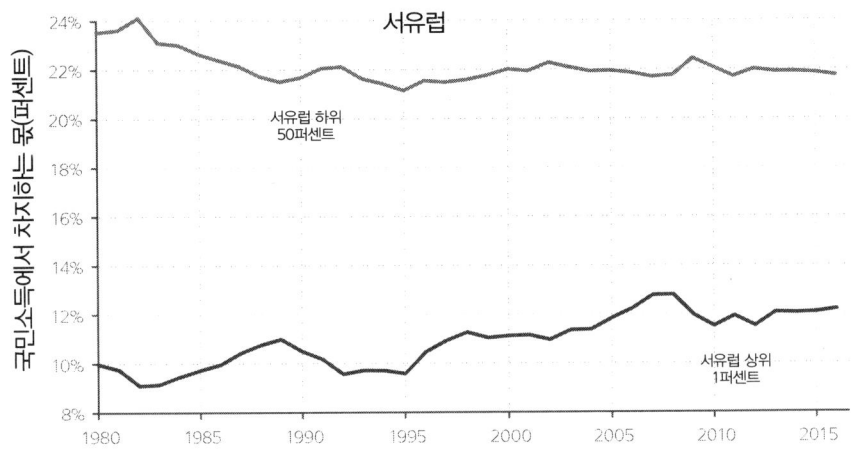

〈그림 4.5〉 1980~2016년, 서유럽의 국민소득에서 상위 10퍼센트와 하위 50퍼센트가 차지하는 몫: 다양한 소득 불평등 궤적

* 출처: WID.world(2017). 자료와 주석은 wir2018.wid.world을 보라.
2016년 서유럽에서는 하위 50퍼센트가 국민소득의 22퍼센트를 차지했다.

지만, 상층의 분배에서는 특히 강하게 남아 있었다.

> 최근 전 세계 시민 사이에서 불평등이 어떻게 바뀌었나? 우리는 1980년대 이후 세계 소득의 증가가 전체 세계 인구에 어떻게 분배되었는지를 다룬 첫 추정치를 내놓는다. 전 세계 상위 1퍼센트 소득자들은 가장 가난한 50퍼센트의 사람들보다 두 배 만큼 더 많은 소득을 얻었다. 그런데도, 하위 50퍼센트는 눈에 띠는 증가율을 누렸다.(유럽연합과 미국에서 가장 가난한 90퍼센트 소득 집단을 포함하는) 세계 중간계층은 짓눌렸다.

전 세계의 수준에서, 불평등은, 중국의 빠른 성장에도, 1980년대 이후 급속히 늘었다.

▶ 전 세계 인구의 가장 가난한 사람의 절반은 아시아(특히 중국과 인도)에서 빠른 성장 덕택에 소득이 눈에 띨 정도로 늘었다. 그렇지만, 나라 안에서 높고

도 늘어나는 불평등 때문에, 세계에서 상위 1퍼센트 부자들은 1980년대 이후 하위 50퍼센트보다 두 배만큼 더 많은 소득을 얻었다(〈그림 4.6〉). 전 세계 하위 50퍼센트 집단과 상위 1퍼센트 집단 사이에 소득을 가진 사람들에게는 소득 증가는 완만하거나 전혀 늘어나지 않았다. 여기에는 북미와 유럽의 저소득과 중간소득의 집단이 포함된다.

▶ 전 세계 불평등은 꾸준히 늘어나지 않았다. 전 세계 1퍼센트가 차지하는 소득 몫은 1980년 16퍼센트에서 2000년 22퍼센트로 늘었지만, 이 몫은 그

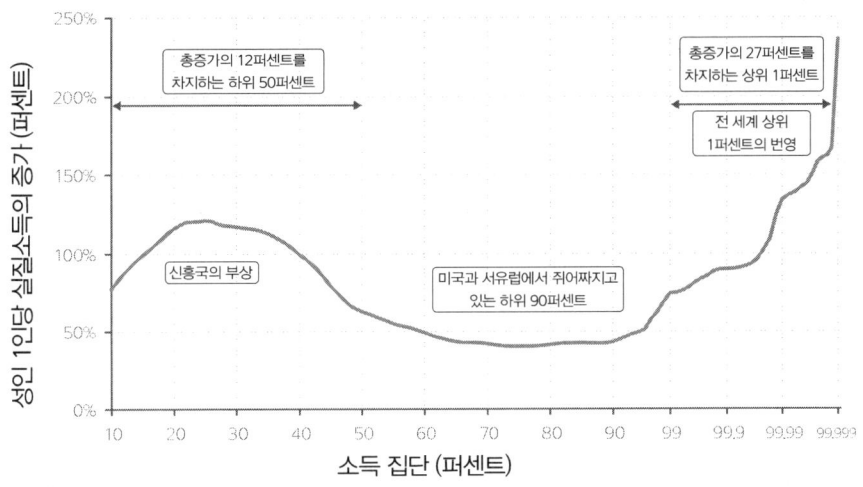

〈그림 4.6〉 1980~2016년, 전 세계 소득과 소득의 증가를 보여주는 코끼리 모양 곡선

* 출처: WID.world(2017). 자료와 주석은 wir2018.wid.world을 보라.
수평축에는, 세계 인구가 같은 인구 크기의 수백 개 집단으로 나뉘었고, 각 집단의 소득 수준에 따라, 왼쪽에서 오른쪽으로 상승하는 서열로 분류되었다. 상위 1퍼센트 집단은 10개 집단으로 나누고, 이 집단들 가운데 가장 부유한 집단도 10개 집단으로 구분하고, 최상위 집단은 다시 같은 인구 크기로 10개 집단으로 구분한다. 수직축은 1980년에서 2016년까지 각 집단에서 평균 개입의 총소득 증가를 보여준다.(전 세계에서 가장 부자인 1퍼센트 안에서 가장 가난한 10퍼센트인) 99퍼센트와 99.1퍼센트의 백분위 집단에서는 이 증가가 같은 기간 동안 74퍼센트였다. 상위 1퍼센트는 이 기간 동안 27퍼센트를 차지했다. 소득 추정치는 나라들 사이에 생계비의 차이를 설명해 준다. 값은 인플레이션을 제거한 것이다.

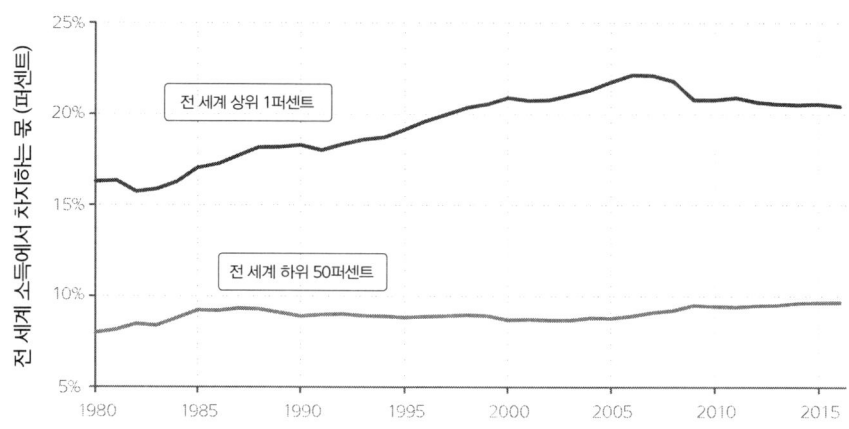

〈그림 4.7〉 1980~2016년, 전 세계 상위 1퍼센트의 소득 몫 증가와
전 세계 하위 50퍼센트의 정체

* 출처: WID.world(2017). 자료와 주석은 wir2018.wid.world을 보라.
2016년, 상위 1퍼센트는 전 세계 소득의 22퍼센트를 가졌지만, 하위 50퍼센트는 10퍼센트만 차지했다. 1980년, 상위 1퍼센트는 전 세계 소득의 16퍼센트, 하위 50퍼센트는 8퍼센트를 차지했다.

뒤 20퍼센트로 약간 떨어졌다. 전 세계 하위 50퍼센트가 차지하는 소득 몫은 1980년대 이후 약 9퍼센트 위아래로 움직였다(〈그림 4.7〉). 2000년 이후 사라진 추세는 나라 안에서 불평등은 꾸준히 늘었지만, 나라 사이에 평균 소득 불평등이 감소했기 때문이다.

3. 왜 민간자본과 공공자본의 소유권의 변화가 불평등에 중요한가?

> 경제 불평등은, 민간이나 공공이 소유할 수 있는, 불균등한 자본 소유로 크게 일어난다. 우리는 1980년 이후, 부유한 나라든 신흥국이든, 거의 모든 나라에서 공공자산이 민간자산으로 대규모로 이전되었음을 보여준다. 국부는

> 크게 늘어났지만, 지금은 부유한 나라들에서 공공자산이 마이너스이거나 영
> 에 가깝다. 논란의 여지가 있지만 이것은 불평등을 저지하는 정부의 능력을
> 제한한다. 틀림없이, 이것은 개인들 사이의 부의 불평등에 중요한 뜻을 지닌
> 다.

지난 수십 년 동안, 나라들은 더 부유해졌지만 정부는 가난해졌다.

▶ 순민간자산이 순국민소득에서 차지하는 비율은, 정부가 가진 공공자산과 견주어 봄으로써, 한 나라의 개인이 소유하는 총자산가치에 통찰을 준다. 민간자산과 공공자산의 합은 국부와 같다. 민간자산과 공공자산 사이의 균형은 불평등 수준을 결정하는 중요한 요인이다.

▶ 최근 수십 년 동안 순민간자산은 대체로 늘어서, 1970년 가장 부유한 나라들에서, 국민소득의 200~300퍼센트에서 지금은 400~700퍼센트였다. 이것은 2008년 금융위기나 일본과 스페인과 같은 몇몇 나라에서 일어났던 자산가격 거품에 아무런 영향을 받지 않았다(〈그림 4.8〉 책 앞부분 컬러화보 참조). 중국과 러시아에서는 대체로 민간자산이 크게 늘었다. 곧 두 나라가 공산주의 경제에서 자본주의 경제로 이행함에 따라, 이 나라들은 민간자산이 각각 네 배와 세 배 늘었다. 이 두 나라에서 민간자산-소득 비율은 프랑스, 영국과 미국에서 볼 수 있는 수준에 이르고 있다.

▶ 이와 달리, 순공공자산(곧, 공공자산-공공부채)는 1980년대 이후 거의 모든 나라에서 줄었다. 중국과 러시아에서, 공공자산은 국부의 60~70퍼센트에서 20~30퍼센트로 떨어졌다. 순공공자산은 최근 미국과 영국에서 마이너스였으며, 일본, 독일과 프랑스에서 약간의 플러스였다(〈그림 4.9〉 책 앞부분 컬러화보 참조). 논란의 여지가 있지만 이것은 경제를 규제하고, 소득을 재분배하며,

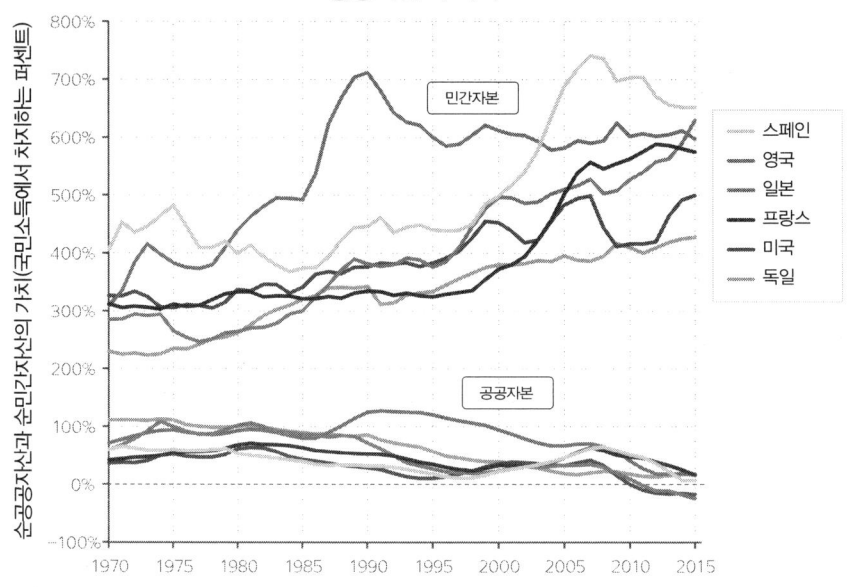

〈그림 4.8〉 1970~2016년, 부유한 나라들에서 민간자본의 증가와 공공자본의 하락

* 출처: WID.world(2017). 자료와 주석은 wir2018.wid.world을 보라.

2015년, 미국에서 순공공자산(이나 순공공자본)은 마이너스였지만(순국민소득의 -17퍼센트) 순민간자산(이나 순민간자본)은 국민소득의 500퍼센트였다. 1970년, 순공공자산은 국민소득의 36퍼센트를 차지했지만 이 수치는 순민간자산에서는 326퍼센트였다. 순민간자산은 새로운 민간자산에서 순민간부채를 뺀 값과 같다. 순공공자산은 공공자산에서 공공부채를 뺀 값과 같다.

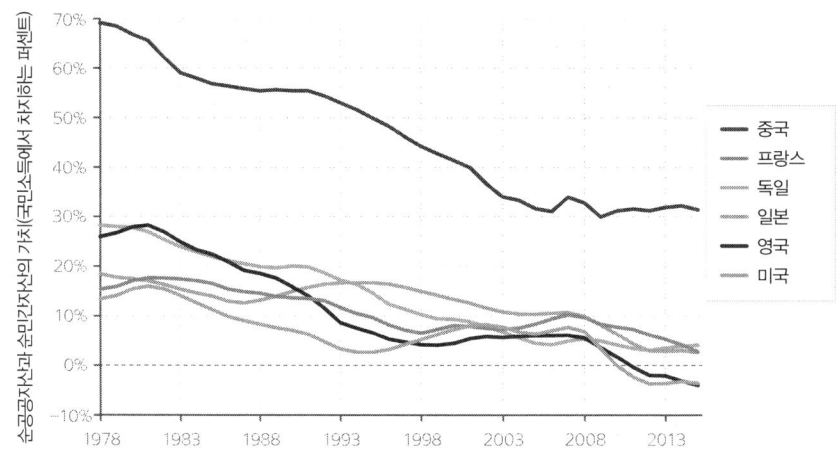

〈그림 4.9〉 1970~2016년 공공자본의 하락

* 출처: WID.world(2017). 자료와 주석은 wir2018.wid.world을 보라.

1980년 프랑스에서는 국부에서 공공자산이 차지하는 몫이 17퍼센트였지만, 2015년 이 몫은 3퍼센트였다.

불평등의 증가를 누그러뜨리는 정부의 능력을 제한한다. 공공자산의 일반적인 하락의 유일한 예외는 노르웨이와 같은 거대한 국부펀드를 가진 석유생산국이다.

4. 전 세계 부의 불평등에서 우리가 새롭게 발견한 내용은 무엇인가?

> 대규모 사유화와 나라 안에서 증가하는 소득 불평등의 증가가 결합하면서, 이는 개인들 사이에 부의 불평등 증가에 기름을 부었다. 미국과 러시아에서, 부의 불평등 증가는 심각했지만, 유럽에서는 이것이 더 완화되었다. 부의 불평등은 아직 부유한 나라들에서 20세기 초의 극단적인 수준에 이르지는 않았다.

개인 사이의 부의 불평등은 1980년대 이후 나라마다 다른 속도로 늘어났다.

▶ 지난 40년 동안 일어났던 소득 불평등의 증가와 공공자산이 민간자산으로 대규모 이전하면서 개인들 사이의 부의 불평등이 늘어났다. 그렇지만, 부의 불평등은 유럽이나 미국에서 20세기 초의 수준에는 이르지 못했다.

▶ 그런데도, 부의 불평등은 미국에서 매우 크게 늘어서, 상위 1퍼센트가 차지하는 부의 몫이 1980년 22퍼센트에서 2014년 39퍼센트로 늘었다. 불평등의 이런 증가 대부분은 상위 0.1퍼센트 자산 소유자의 증가 때문이었다. 프랑스와 영국에서는 상위 자산 몫의 증대가 지난 40년 동안 더 완화되었는데, 이는 어

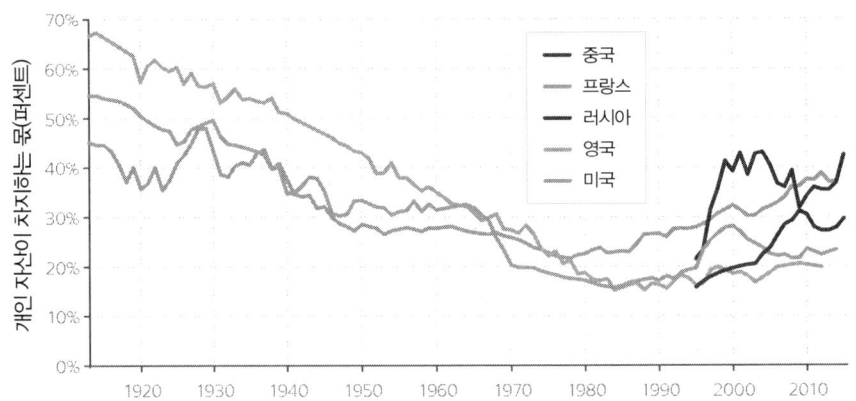

〈그림 4.10〉 1913~2015년, 전 세계 상위 1퍼센트가 차지하는 자산 몫: 개인의 자산 불평등의 하락과 증가

* 출처: WID.world(2017). 자료와 주석은 wir2018.wid.world을 보라.
1995년 러시아에서는 상위 1퍼센트가 차지하는 자산의 몫이 22퍼센트였지만, 이 몫은 2015년 43퍼센트였다.

느 정도는 중간층의 주택자산의 증가를 억제한 효과와 미국보다 낮은 수준의 소득 불평등 때문이었다(〈그림 4.10〉).

▶ 상층 자산 몫의 큰 증대는 공산주의 경제에서 자본주의 경제로 이행이 뒤따랐던 중국과 러시아가 겪었다. 상위 1퍼센트의 자산 몫은 중국과 러시아 모두에서 두 배 증가해서 1995년에서 2015년까지 각각 15퍼센트에서 30퍼센트, 22퍼센트에서 43퍼센트로 늘었다.

5. 전 세계 불평등은 미래에 어떻게 될 것이며 어떻게 대처해야만 하는가?

우리는 서로 다른 경로를 짜서 2050년까지 소득과 부의 불평등을 예측한다. '아무런 조치도 하지 않는 상황(business as usual)'이 지속되는 미래에는,

> 전 세계 불평등이 더 늘어날 것이다. 대안으로, 만약 다가올 몇 십 년 동안 모든 나라들이 지난날의 유럽의 완화된 궤적을 따른다면, 전 세계 불평등은 줄어들 수 있다—또한 이것은 전 세계 빈곤을 제거하는 큰 진전을 이룰 수 있다.

중산층의 전 세계 부는 '아무런 조치도 하지 않는 상황'에서 쥐어짜질 것이다.

▶ 나라 안에서 부의 불평등 증가는 전 세계 부의 불평등 증가에 자극을 주었다. 만약 우리가 세계의 추세를 중국, 유럽과 미국이 겪은 경험을 결합해 포착한다고 가정한다면, 1980년에서 2016년까지 세계 상위 1퍼센트의 가장 부유한 사람의 자산 몫은 28퍼센트에서 33퍼센트로 늘어났지만, 하위 75퍼센트들은 약 10퍼센트에서 위아래로 움직였다.

▶ 지난날의 부의 불평등 추세가 지속된다면(중국, 유럽연합과 미국으로 나타낸 세계에서) 상층 0.1퍼센트의 전 세계 자산 소유자가 차지하는 부의 몫은 2050년 중산층의 전 세계 자산 몫을 따라잡을 것이다(〈그림 4.11〉).

전 세계 소득 불평등은, 설령 신흥국에서 낙관적인 성장을 가정하더라도, '아무런 조치도 하지 않는 상황'에서 진행되는 경로에서는 늘어날 것이다. 그렇지만, 이 증대는 피할 수 있다.

▶ 만약 나라들이—심지어 다가올 삼십년 동안 아프리카, 남미와 아시아의 더 높은 소득 증가를 예측하더라도—1980년대 이후 걸어온 소득 불평등 경로를 지속한다면, 전 세계 소득 불평등도 늘어날 것이다. 만약 모든 나라들이 1980년에서 2016년까지 미국이 따른 높은 불평등 궤적을 따른다면, 전 세계

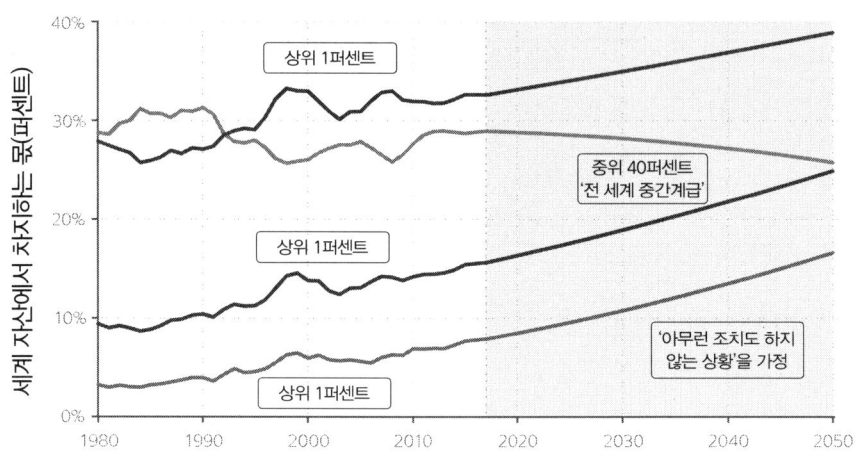

〈그림 4.11〉 1980~2050년, 줄어든 중산층의 전 세계 부

* 출처: WID.world(2017). 자료와 주석은 wir2018.wid.world을 보라.
2016년, 중국, 유럽과 미국으로 나타낸 세계에서, 상위 1퍼센트가 전 세계 부에서 차지하는 몫은 33퍼센트였다. '아무런 조치도 하지 않는 상황'에서, 상위 1퍼센트가 전 세계의 부에서 차지하는 몫은 2050년 39퍼센트에 이르지만, 상위 0.1퍼센트의 자산소유자들은 중산층(27퍼센트)이 차지하는 몫과 거의 같은 부(26퍼센트)를 소유할 것이다. 1987년에서 2017년까지 전 세계 부의 집단의 변화는 중국, 유럽과 미국으로 나타낸다. 값은 인플레이션을 제거한 값이다.

소득 불평등은 훨씬 더 늘어날 것이다. 그렇지만, 만약 모든 나라들이 1980년에서 지금까지 유럽 연합이 따른 불평등 궤적을 따른다면, 전 세계 불평등은 완만하게 줄어들 것이다(〈그림 4.12〉).

▶ 나라 안에 불평등 동학은 전 세계 빈곤의 제거에 커다란 영향을 끼친다. 나라들이 따르는 궤적에 기댄다면, 세계 인구의 하위 50퍼센트의 소득은 2050년까지 두 가지 요인에 따라(〈그림 4.13〉), 매년 성인 각각이 4,500유로에서 9,100유로의 범위에서 달라질지도 모른다.

전 세계 소득과 부의 불평등을 억제하려면, 국가와 전 세계의 조세정책의 중대한 변동이 필요하다. 교육정책, 기업 지배구조와 임금결정 정책은 많은

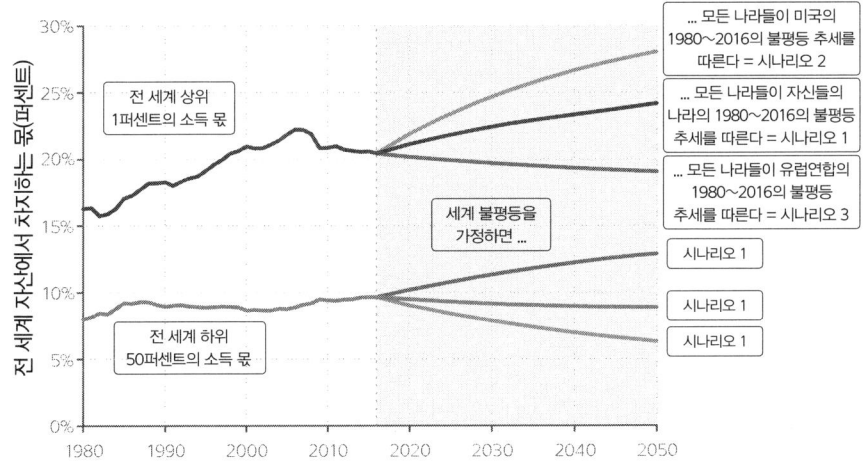

〈그림 4.12〉 전 세계 소득 불평등의 증가는 앞으로도 피할 수 없다

* 출처: WID.world(2017). 자료와 주석은 wir2018.wid.world을 보라.
만약 모든 나라들이 198~2016년 미국의 불평등 궤적을 2017년에서 2050년까지 따른다면, 전 세계 상위 1퍼센트가 소득에서 차지하는 몫은 2050년까지 28퍼센트에 이를 것이다. 소득 몫 추정치는 유로 구매력평가를 써서 계산했다. 구매력평가는 나라마다 서로 다른 생활비의 차지를 설명해 준다. 값은 인플레이션을 제거한 값이다.

나라에서 다시 평가할 필요가 있다. 자료의 투명함도 핵심이다.

누진조세는 상위계층의 소득과 부의 불평등 증가와 싸우는데 입증된 수단이다.

▶ 연구는 누진조세가 불평등과 싸우는데 효과가 있는 수단임을 보여주었다. 누진조세율은 세후 불평등만을 줄일 뿐 아니라, 상위 소득자들에게 봉급을 늘리고 부를 축적하는 공격적인 협상을 통해 더 높은 증가 몫을 차지하려는 유인을 떨어뜨려 세전 불평등도 줄인다. 누진 조세는 1970년대에서 2000년대 중반까지 부유한 나라들과 몇몇 신흥국에서 크게 줄어들었다. 2008년 전 세계 금융위기가 일어난 뒤, 하향 추세는 몇몇 나라에서 그대로이거나 심지어 뒤바꿨

제4장 세계 경제 불평등 현황: 《세계 불평등 보고서 2018》 요약문

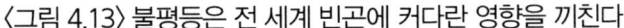

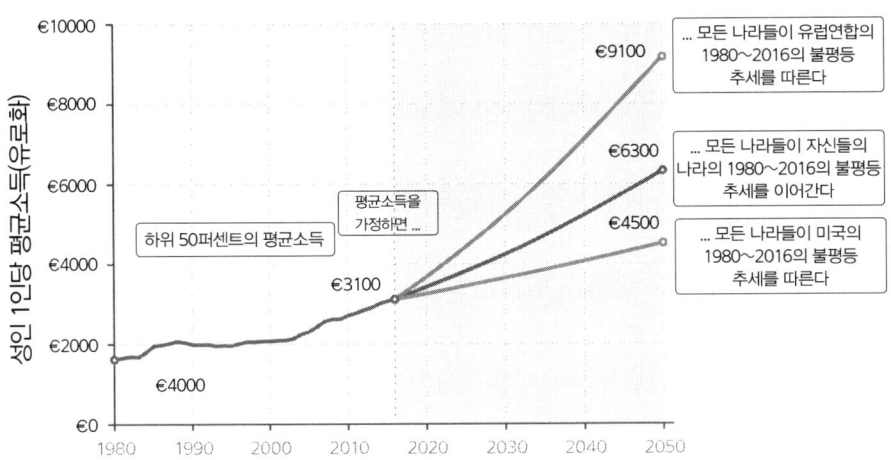

* 출처: WID.world(2017). 자료와 주석은 wir2018.wid.world을 보라.
만약 모든 나라들이 1980년에서 2016년까지 유럽이 다른 불평등 궤적을 따른다면, 세계인구의 하위 50퍼센트의 평균소득은 2050년쯤 9,100유로가 될 것이다. 소득 추정치는 유로 구매력평가를 써서 계산했다. 구매력평가는 나라마다 서로 다른 생활비의 차지를 설명해 준다. 값은 인플레이션을 제거한 값이다.

지만, 앞으로의 변화는 불확실하고 민주적 토론에 기댈 것이다. 또한 높은 불평등을 가진 신흥국에서 상속세가 없거나 거의 없는 나라들에서는 조세개혁을 할 중요한 공간이 남아 있다는 점을 지적하는 일은 가치가 있다.

금융자산 소유를 기록하는 전 세계 금융 등재부는 조세회피, 자금세탁과 불평등 증가에 철퇴를 가할 것이다.

▶ 비록 조세체계가 불평등을 막는 중요한 수단이기는 하지만, 이것은 잠재적인 장애물에 직면해 있기도 하다. 최근 파라다이스 페이퍼스Paradise Papers의 폭로에서 드러났듯이, 조세 회피는 이 장애물 가운데 높은 자리에 있다. 조세천국이 가진 부는 1970년대 이후 크게 늘었고 지금은 전 세계 국내총생산의 10퍼센트 이상을 차지한다. 조세천국의 증가는 세계화한 세계에서 부와 자본

소득에 적절한 조치를 취하고 세금을 매기는 데 어려움을 준다. 투지와 부동산 등재부는 수 십 세기 동안 있었지만, 부가 금융증권의 형태를 점차 띠면서, 지금에는 가계가 가진 부의 큰 부분을 빠뜨리고 있다. 전 세계 금융 등재부를 만드는 데는 몇몇 기술 옵션이 있는데, 이는 사기를 효과 있기 없애는데 국민국가 조세 당국이 쓸 수 있었다.

교육과 좋은 임금을 받는 일자리에 더 평등한 접근이 세계인구의 가장 가난한 50퍼센트의 정체되거나 낮아진 소득 증가율을 다루는데 핵심이다.

▶ 최근 연구는 균등 기회를 다루는 대중 논의와 교육에 접근하는데 불공정한 현실이 큰 차이를 낼 수 있음을 보여준다. 예를 들어, 미국에서, 하위 10퍼센트의 소득자를 부모로 가진 백 명의 아이들 가운데, 20에서 30명만이 대학에 들어간다. 그렇지만, 아이들의 부모가 상위 10퍼센트 소득자일 때, 입학 수는 90명에 이른다. 긍정적인 면에서, 연구에서는 가난한 학생들에게 문호를 더 개방한 엘리트 대학에서는 이런 결과가 나오지 않았다. 부유한 나라와 신흥국 모두에서,—재정체계와 입학체계를 바꾸면서—투명하고 입증할 수 있는 평등하게 교육에 접근할 목표를 정할 필요가 있다.

▶ 민주적인 교육에는 훨씬 접근하기 쉽지만, 분배의 하위에 있는 사람이 좋은 임금을 받는 일자리에 접근하는 것을 보장하는 메커니즘이 없다면, 이 접근만으로는 불평등을 충분히 막을 수 없을 것이다. 기업 지배구조 위원회에서 노동자의 더 많은 대표성, 건전한 최저임금률은 이를 이루는 중요한 수단이다.

정부는 앞으로 지금의 소득과 부의 불평등 수준을 대비하고 앞으로의 증가를 막는 데 투자할 필요가 있다.

▶ 공공투자는 존재하는 불평등과 싸우고 앞으로의 증가를 막는데 교육, 건강, 환경보호에 필요하다. 그렇지만, 부유한 나라 정부가 더 가난해지고 더 많은 부채를 떠안는다면, 이것은 아주 어렵다. 공공부채의 감소는 결코 쉬운 일이 아니지만,―자산세, 채무구제와 인플레이션을 포함하는―이를 이루는 몇몇 선택권이 있고 많은 역사를 통해 정부들이 높은 부채를 가졌을 때 젊은 세대에게 권한을 주는 것을 사용했다.

제5장

행복과 불행의 주요 결정요인*

앤드류 클락(Andrew E. Clark)** · 사라 플레쉬(Sarah Flèche)*** · 리처드 레이어드(Richard Layard)**** · 나타부드 파우드타비(Nattavudh Powdthavee)***** · 조지 워드(George Ward)******

이 장은 행복과 불행(양자는 '삶의 만족'으로 측정)에서 개인들 사이에 나타나는 커다란 변량을 설명하는 요인을 밝히기 위해 미국, 호주, 영국, 그리고 인도네시아의 설문조사를 활용한다. 핵심 요인은 경제적 변수(소득과 고용 등), 사회적 요인(교육과 가정생활 등), 그리고 건강(정신적 그리고 육체적)을 포함한다. 세 서구 사회 모두에서 진단된 정신적 질환은 소득, 고용 혹은 육체적 질환보다

---

* 이 장은 UN《세계 행복 보고서 2017》의 제5장(Chapter 5. The Key Determinants of Happiness and Misery)을 김영태 교수(목포대 정치언론홍보학과. young@mokpo.ac.kr)가 번역한 것이다.
** 프랑스 국립과학연구센터 연구교수, 프랑스 파리경제학교, 연구 펠로우 교수, 영국 런던정치경제대학(LSE) 경제성과연구소(CEP) 행복프로그램 연구펠로우교수
*** 경제학자, 영국 런던정치경제대학(LSE) 경제성과연구소(CEP) 행복프로그램 연구원
**** 영국 런던정치경제대학(LSE) 경제성과연구소(CEP) 행복프로그램 연구원
***** 영국 워릭경영대학원 행태학 교수, 영국 런던정치경제대학(LSE) 경제성과연구소(CEP) 행복프로그램 공동연구원
****** 매사추세츠공과대학 박사과정, 영국 런던정치경제대학(LSE) 경제성과연구소(CEP) 행복프로그램 공동연구원

중요한 것으로 나타났다. 모든 나라에서 육체적 건강 역시 중요했으나, 어떤 나라에서도 그것이 정신적 건강보다 중요하지는 않았다.

이 장은 불행을 삶의 만족에 있어 절단 값 아래에 있는 것으로 규정하고, 만약 빈곤, 낮은 교육, 실업, 홀로 살기, 정신적 질환과 육체적 질환을 제거하는 것이 가능하다면 불행에 처해있는 인구 부분이 어느 정도 감소하는지 보여준다. 모든 나라에서 가장 강력한 효과는 정신적 질환의 주된 형태인 우울증과 불안장애로부터 나온다.

이 장은 다음으로 아동 발달의 어떤 요인으로 성인이 만족스러운 삶을 누리는 결과를 가질지를 가장 잘 예측할 수 있는지 알아보기 위해 영국 세대조사 자료를 활용한다. 그리고 학업수준은 정서적 건강과 아동의 행태보다 나쁜 예측 변수이다. 결국, 아동의 정서적 건강과 행태의 가장 좋은 예측변수는 자녀 어머니의 정신적 건강이다. 학교 역시 아동의 웰빙에 아주 중요한 결정요인이다.

종합적으로, 정신적 건강이 소득보다 서구 국가의 행복 격차를 더 설명한다. 정신적 질환은 인도네시아에서도 역시 중요하지만, 소득보다는 덜 중요하다. 어디에서도 육체적 질환이 정신적 질환보다 불행의 더 큰 원천은 아니다. 마찬가지로, 아동시절로 돌아가자면, 미래 성인에 대한 핵심 요인은 어머니의 정신적 건강과 초등학교와 중등학교의 사회적 분위기이다.

1. 서론

이 장은 모든 유형의—정부와 비정부기구 양자에 속한—정책입안자들을 겨냥하고 있다. 우리는 토마스 제퍼슨(Thomas Jefferson)처럼 "인간의 생명과 행복을 돌보는 것은 … 좋은 정부의 유일하게 정당한 목적이다"[1]라고 가정한다.

---

1   Jefferson(1809).

또한 우리는 비정부기구가 유사한 목적을 가지고 있을 것이라고 가정한다. 달리 말하자면 모든 정책입안자들은 사람들의 가능한 최대한의 행복, 그리고 특히 가능한 최소한의 불행을 위한 조건들을 만들어내고자 한다.

이러한 목적을 위해 그들은 행복과 불행의 원인을 알 필요가 있다. 행복은 소득, 직업, 건강, 가정생활과 같은 여러 가지 요인에 의해 영향을 받는다. 그리고 우리는 이들 요인 각각의 차이가 개인의 행복을 얼마나 변화시키는지 물어볼 필요가 있다.

또한 어떤 국가 내에서 나타나는 행복 수준의 커다란 변량을 설명하기 위해 제기되는 이보다 앞서면서 이와 관련된 질문도 있다. 이 질문은 개별 요인의 변량(예를 들면 소득의 불평등)이 행복의 전체적 변량을 어느 정도까지 설명하는가? 이다.

이 장에서 우리는 주로 후자의 질문에 집중한다.[2] 우리는 현재 상황의 역할을 살펴보는 것으로 시작한다. 그리고 이어서(이 장의 두 번째 부분에서) 아동기의 경험이 미치는 영향을 검토한다.

정책입안자들에게 유용하기 위해 행복과 불행의 원인에 대한 분석은 최소한 세 가지 기준을 충족시켜야 하는데, 일반적으로 이러한 기준을 충족시키는 문헌은 거의 없다.

1. 일관된 행복 척도를 전체적으로 사용해야 한다.
2. 행복에 영향을 주는 모든 요인들의 영향을, 하나씩이 아니라, 동시에 살펴보아야 한다.
3. 요인들이 행복에 대해서처럼 불행에도 동일한 영향을 주는지 확인해야 한다. 많은 사람들이 생각하는 것처럼 척도의 동일한 양으로 행복을 증대하

---

[2] 전자의 질문에 대한 답을 계산할 수 있는 데이터를 제공한 부록 A에서 이 두 가지 질문 사이의 관계를 살펴볼 수 있다.

는 것보다 불행을 감소하는 것이 더욱 중요하다면 이것은 중요한 일이 분명하다.

우리는 이러한 분석이 가능한 5개의 주요한 성인 설문조사를 확인했으며, 또한 정신적 건강에 대한 의미 있는 측정도 포함시켰다. 이들은 미국, 호주, 영국(2개 설문), 그리고 인도네시아를 포함한다. 보다 많은 나라를 포함하면 좋겠지만, 애석하게도 아직까지는 자료가 없다.

2. 삶의 만족(Life Satisfaction)

우리가 사용하는 행복 측정의 지표는 '삶의 만족'이다. 전형적인 설문은 "당신은 요즘 당신의 삶에 대해 전체적으로 얼마나 만족하십니까?"이며, 0에서 10('완전히 불만족스럽다'에서 '완전히 만족스럽다')의 척도로 측정된다.

이것은 민주적인 기준이다.—우리는 즐거움, 의미, 불안, 우울증, 그리고 이와 유사한 것에 그들 고유의 가중치를 부여하는 연구자나 정책입안자에 의존하지 않는다. 대신에 우리는 그것을 그들 자신의 웰빙을 스스로 평가하는 개인 각자에게 맡겨둔다.

게다가 정책입안자들은 컨셉(concept)을 좋아한다.—그리고 그들은 그래야 한다. 우리의 연구는 1970년 이후 유럽 선거에서 사람들의 삶의 만족도가—경제성장, 실업 혹은 인플레이션보다 더욱 더 중요하게—정부가 재집권할 수 있는지를 가장 잘 예측할 수 있는 예측변수라는 것을 보여준다(〈표 5.1〉 참고).

따라서 동일 회귀식에 모든 요인들을 동시에 넣었을 때 모든 서로 다른 요인들이 우리의 삶의 만족에 얼마나 영향을 주는지 설명하는 것이 과제이다.

⟨표 5.1⟩ 기존 정부의 득표율을 설명하는 요인들(부분상관계수)[3]

삶의 만족	0.64
경제성장	0.36
실업	-0.06
인플레이션	0.15

출처: Ward(2015).
주: 1970년대 이후 대부분의 유럽국가의 삶의 만족에 대한 유로바로미터(Eurobarometer) 자료와 표준적인 선거 자료. 독립변수는 이전 선거의 정부 득표율을 포함한다. 삶의 만족은 선거 전의 가장 최근 설문조사에서 나온 것이다. 다른 변수는 선거 당해 연도 자료이다.

3. 생애 경로(The Life-Course)

우리의 현재 삶의 만족도를 설명하는데 있어 즉각적인 영향요인(우리의 현재 상황)은 물론, 우리의 아동기, 학교교육, 그리고 가족 배경으로 거슬러 올라가는 더 멀리 떨어져 있는 것도 있다. ⟨그림 5.1⟩은 성인으로서 우리의 삶의 만족이 어떻게 결정되는지를 양식화된 형태로 보여준다.

우리가 성인이 되었을 때, 우리의 행복은 우리의 성인 상황에—우리의 경제적 상황(우리의 소득, 교육, 그리고 직업), 우리의 사회적 상황(동반자가 있는지, 범죄에 연루되었는지), 우리의 개인 건강(육체적, 정신적)—크게 의존한다. 그리고 이것들은 부분적으로 아동으로서 우리의 발달(지적, 행태적, 그리고 정서적)에 의존하며, 이것은 또 다시 가족과 학교교육에 의존한다. 우리의 분석결과가 보여주는 것처럼, 각 연령기마다 그들의 발달에 영향을 주는 정책 범주가 있다.

---

[3] 부분상관계수는 때론 표준화된 회귀계수로도 불린다. 표준편차로 나눈 모든 변수의 회귀의 β이다. 회귀식의 전체적인 설명력은 다음과 같다.
$R^2 = \sum_i \beta_i^2 + \sum_i \sum_j \beta_i \beta_j \gamma_{ij} (i \neq j)$

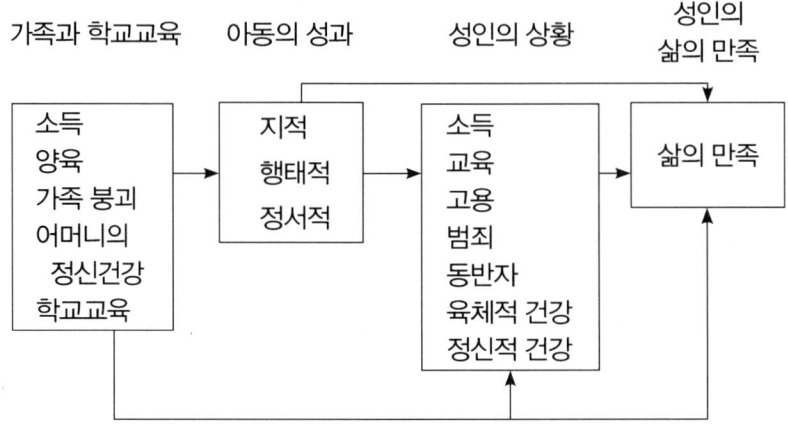

〈그림 5.1〉 성인의 삶의 만족의 결정 요인

4. 현재 상황의 영향

다음 자료를 이용하여,[4] 우리는 사람의 현재 상황이 성인의 행복에 미치는 영향부터 살펴볼 것이다:

미국: 행동 위험 요인 감시 시스템(Behavioral Risk Factor Surveillance System, BRFSS)(25세 이상 표본)

호주: 호주 가구, 소득, 그리고 노동력 동향(Household, Income and Labour Dynamics in Australia, HILDA) 조사(25세 이상 표본)

영국: 영국 세대 조사(British Cohort Study, BCS)(34세와 42세 조사)

영국: 영국 가구 패널 조사(British Household Panel Survey, BHPS)(25세 이상 표본)

인도네시아: 인도네시아 가정 생활 조사(Indonesian Family Life Survey, IFLS)

---

4 상세한 것은 부록 B와 온라인 부록 https://tinyurl.com/WHR2017Ch5Annex을 참고하라.

(25세 이상 표본)

우리가 검토하는 요인은 다음과 같다.
- 소득: 성인당 균등화된 가구소득의 로그(log)
- 교육: 연도, 인도네시아 제외(높은 교육 대 나머지)
- 실업: '비실업'으로 측정
- 동반자: 결혼하거나 혹은 결혼한 생활
- 육체적 건강: 미국, 영국, 인도네시아: 질환의 수; 호주: SF36, 1년 시차(lagged)
- 정신적 건강: 미국과 호주: 우울증이나 불안장애를 진단받은 적이 있다; 영국(BCS): 지난 해 정서적인 문제로 의사를 만났다; 영국(BHPS): GHQ-12, 1년 시차; 인도네시아: 8번 질문 응답.

삶의 만족에 대한 대부분의 선행 분석은 삶의 만족을 설명하는 요인으로 정신적 건강을 포함하고 있지 않다. 그 이유는 삶의 만족과 정신적 건강 모두 주관적 상태이며, 따라서 두 개념이 최소한 부분적으로나마 동일한 것을 측정할 위험이 있다는 것이다. 그러나 회귀식의 요인에서 정신적인 건강을 제외하는 것은 빈곤, 실업, 그리고 육체적 질환과 같은 표준적인 외적 원인과 함께 불행의 가장 잠재력 있는 근원 하나를 배제하는 것이다. 가능하다면, 해결책은 오직 진단이나 처방을 받았던 정신적 질환만을 기록하는 것이다. 이것이 우리의 접근이며, 이것은 빈곤, 실업 혹은 나쁜 건강으로 인하지 않은 정신적 질환이 삶의 만족에 잠재적 영향요인이라는 것을 분명하게 보여준다.

각 요인이 인구의 삶의 만족의 변량을 얼마나 설명하는가? 〈표 5.2〉는 삶의 만족을 모든 요인으로 동시에 회귀분석한 결과를 보여준다. 주어진 상관계수는

〈표 5.2〉 성인의 삶의 만족은 성인의 성과에 의해 얼마나 예측되는가?
(부분상관계수)

	미국	호주	영국 BCS	영국 BHPS	인도네시아
소득(log)	0.16(.00)	0.09(.01)	0.08(.01)	0.09(.01)	0.18(.03)
교육햇수	0.05(.01)	-0.03(.01)	0.03(.01)	0.02(.00)	0.05(.01)
비실업	0.05(.00)	0.04(.01)	0.03(.01)	0.06(.00)	0.02(.01)
동반자	0.34(.01)	0.14(.01)	0.21(.01)	0.11(.00)	0.04(.01)
육체적 질환	-0.05(.00)	-0.17(.01)*	-0.06(.01)	-0.11(.00)	-0.07(.01)
정신적 질환	-0.21(.00)	-0.18(.01)	-0.11(.01)	-0.32(.00)*	-0.07(.01)
여성	0.08(.00)	0.08(.01)	0.11(.02)	0.05(.00)	0.07(.01)
N	268,300	16,001	17,812	139,507	31,437

자료: 미국(BRFSS); 호주(HILDA); 영국(BCS); 영국(BHPS); 인도네시아(IFLS).
주: 〈부록 C〉 참고. * 1년 시차.

각 요인의 독립적인 변량이 전체 변량을 얼마나 설명하는지를 보여주는 부분상관계수이다.[5]

서구 3개국 모두에서, 진단된 정신적인 건강이 소득, 고용 혹은 육체적 건강보다 더욱 중요한 것으로 나타난다. 인도네시아에서도 마찬가지로 정신적 건강이 중요하지만, 소득보다는 덜 중요하다. 모든 나라에서 육체적 건강 역시 중요하지만, 어떤 나라에서도 정신적인 건강보다 더 중요하지는 않다.

동반자를 갖는 것 또한 서구 국가에서는 중요한 요인인 반면, 인도네시아에서는 그렇지 않는데, 아마도 대가족이 한층 더 중요하다는 것이 반영된 듯하다. 교육은 모든 국가에서 긍정적 효과를 갖지만(호주 제외), 어디에서도 그 자체로 가장 강력한 설명 요인은 아니다.[6] 모든 국가에서 소득이 교육 그 자체보다 중

---

5 주 3)을 보라.
6 물론 교육의 전체 효과는 소득과 다른 경로 등을 통한 효과를 포함한다. 회귀에서 소득이 제외되면 교육의 계수는 미국 0.08, 호주 0.03, 영국 BHPS 0.06, 그리고 인도네시아 0.06이 된다.

⟨표 5.3⟩ 성인들의 삶의 만족과 불행의 변량 설명(부분상관계수)

	미국		호주		영국 BCS		영국 BHPS		인도네시아	
	삶만족	불행	삶만족	불행	삶만족	불행	삶만족	불행	삶만족	불행
소득(log)	0.16	-0.12	0.09	-0.09	0.08	-0.05	0.09	-0.07	0.18	-0.17
교육햇수	0.05	-0.04	-0.03	-0.00	0.03	-0.02	0.02	-0.01	0.05	-0.06
비실업	0.05	-0.06	0.04	-0.06	0.03	-0.03	0.06	-0.07	0.02	-0.03
동반자	0.34	-0.19	0.14	-0.10	0.21	-0.11	0.11	-0.08	0.04	-0.04
육체적 질환	-0.05	0.05	-0.17*	0.16*	-0.06	0.05	-0.11	0.09	-0.07	0.07
정신적 질환	-0.21	0.19	-0.18	0.14	-0.11	0.09	-0.32*	0.26*	-0.07	0.08
여성	0.08	-0.06	0.08	-0.06	0.11	-0.06	0.05	-0.04	0.07	-0.06

자료: 미국(BRFSS); 호주(HILDA); 영국(BCS); 영국(BHPS); 인도네시아(IFLS).
주: ⟨부록 C⟩ 참고. * 1년 시차.

요하다.

여기에서 자연스러운 질문은 "다른 변수들이 척도 상 다른 지점에 있는 삶의 만족에 다르게 영향을 줄까?"이다. 예컨대 ⟨표 5.2⟩는 한 사람이 실제로 불행한 지의 여부를 얼마나 잘 설명할 수 있을까? 이에 답하기 위해 우리는 각 국가에서 가장 낮은 수준의 행복에 있는 사람들을 식별하고, 이들을 "불행한 사람"이라 칭했다. 여기서 행복은 불연속 단위로 측정되었기 때문에 "불행한 사람"으로 식별된 비율은 미국의 5.6%에서 인도네시아의 13.9%까지로 변한다.

그리고 우리는 "불행한 사람"이라는 가변수를 이전과 동일한 설명변수를 가지고 표준화된 선형회귀분석을 실행했다.[7] 결과는 ⟨표 5.3⟩에서 살펴볼 수 있으며, ⟨표 5.2⟩에 있는 전체 범위의 삶의 만족에 대한 이전 분석결과와 비교가 되어있다. 양 회계계수는 놀랍도록 유사하다. 따라서 소득, 정신적 건강, 혹은 다른 어떤 변수가 웰빙 척도가 높았을 때보다 낮을 때 더욱 중요하다는 증거는

---

7 그래서 우리는 선형확률모델을 측정했다. 로짓분석에서도 거의 동일한 결과를 얻었다.

없다.

여러 측면에서 불행을 분석하는 보다 생생한 방법은, 빈곤/비빈곤 혹은 질환/비질환 등과 같이, 모든 우측 변수들을 불연속변수로 만드는 것이다. 이것은 "만약 개별 문제를 제거한다면 우리는 얼마나 불행을 감소시킬 수 있는가?"라는 질문에 대한 정확한 답을 우리에게 제공해줄 수 있다.

서로 다른 위험 요인들은 이제 다음과 같다:

빈곤: 중위 가구소득의 60% 아래

무교육: 미국과 인도네시아: 고등교육 미이수; 호주와 영국(BHPS): 교육햇수 10년 미만; 영국(BCS): 무자격

실업

동반자 없음

육체적 질환: 육체적 건강의 현재 20번째 백분위 아래

우울증/불안장애: 진단 혹은 처방 받음, 영국(BHPS)와 인도네시아 제외(20번째 백분위 아래).

그리고 우리는 다음 회귀식을 측정했다:

불행한가(1, 0) = a_1 가난한가(1, 0) + a_2 무교육인가(1, 0) + ⋯ (I)

결과는 〈표 5.4〉의 첫 번째 열(I)에 주어져 있다. 이것은 예컨대 미국에서 빈곤한 사람은 그렇지 않은 경우에 비해 5.5%p 더 불행할 가능성이 있다는 것을 보여준다. 이와 대조적으로 우울증이나 불안장애가 있는 사람은 10.7%p 더 불행할 가능성이 있다.

그렇다면 우리는 미국에서 만약 다른 어떤 것들도 변화하지 않는 가운데 우울증과 불안장애를 기적적으로 완전히 제거한다면 불행의 만연을 얼마나 감소

<표 5.4> 만약 개별 문제 자체를 제거한다면 불행의 비율은 어떻게 되는가?

	α-계수	×	분포 (%)	=	α×분포	불행 전체 (%p)
미국						
빈곤(소득 중앙값 60% 아래)	0.055	×	31	=	1.71	
미교육(고등교육 받지 않음)	0.012	×	11	=	0.13	
실업	0.079	×	4.0	=	0.32	5.6
동반자 없음	0.034	×	43	=	1.46	
육체적 질환(하위 20%)	0.027	×	20	=	0.54	
우울증 혹은 불안, 진단	0.107	×	22	=	2.35	
호주						
빈곤(소득 중앙값 60% 아래)	0.044	×	30	=	1.32	
미교육(교육 10년 아래)	0.017	×	13	=	0.22	
실업	0.096	×	3.0	=	0.29	7.0
동반자 없음	0.047	×	37	=	1.74	
육체적 질환(하위 20%)	0.097	×	20	=	1.94	
우울증 혹은 불안, 진단	0.098	×	21	=	2.06	
영국(BCS)						
빈곤(소득 중앙값 60% 아래)	0.025	×	30	=	0.75	
미교육(무자격)	0.009	×	19	=	0.17	
실업	0.059	×	2.2	=	0.13	8.0
동반자 없음	0.049	×	47	=	2.30	
육체적 질환(하위 20%)	0.017	×	20	=	0.34	
지난해 정서적 건강문제로 의사를 만났다	0.155	×	14	=	2.17	
영국(BHPS)						
빈곤(소득 중앙값 60% 아래)	0.028	×	29	=	0.81	
미교육(교육 10년 아래)	0.026	×	10	=	0.26	
실업	0.152	×	3.8	=	0.41	9.9
동반자 없음	0.053	×	36	=	1.90	
육체적 질환(하위 20%)	0.057	×	20	=	1.14	
정서적 건강 증상 시차(하위 20%)	0.205	×	20	=	4.10	
인도네시아						
빈곤(하위 20%)	0.063	×	20	=	1.26	
미교육(무자격)	0.055	×	27	=	1.48	
실업	0.152	×	01	=	0.15	13.9
동반자 없음	0.044	×	30	=	1.32	
육체적 질환(하위 10%)	0.071	×	10	=	0.71	
정서적 건강 증상(하위 20%)	0.078	×	20	=	1.56	

자료: 미국(BRFSS); 호주(HILDA); 영국(BCS); 영국(BHPS); 인도네시아(IFLS).

주: 34세와 42세인 영국(BCS)을 제외하고 25세 이상. 첫 번째 열은 회귀식(I)의 회귀계수로 구성되어 있다. 인도네시아의 경우 육체적 질환의 하위 5분위는 이 장에서 인도네시아에 사용된 구성변수보다 설명력이 훨씬 더 작았다―온라인 부록을 보라. 또한 부록 C를 보라.

시킬 수 있을까? 대략 인구 가운데 22%가 이 진단을 받았다. 만약 그들이 완전히 낫는다면 불행에 있는 인구를 22%의 0.107배 감소시킬 수 있다. 이것은 전체 인구의 2.35%이다(3번째 열 참고). 이것은 불행에 있는 전체 5.6% 가운데 커다란 부분이다.

이와 대조적으로 미국에서 빈곤을 제거한다면 불행에 있는 전체 5.6% 가운데 1.7%p 불행이 감소하며, 실업은 0.3%, 그리고 육체적 질환은 0.5% 감소한다. 종합하면 이들 3개 변수는 정신적 질환의 독자적 차이와 거의 유사한 차이를 만든다.

호주의 패턴도 매우 유사하지만, 육체적 질환으로부터 생기는 더 많은 문제가 있다. 영국은 빈곤의 역할이 미국보다 더 적지만, 정신적 건강의 역할은 많거나 혹은 더 많다.

마지막으로 인도네시아에서는 다시 정신적 질환을 제거하는 것이 빈곤보다 더 불행을 감소시킨다. 또한 교육 수준을 높이는 것 역시 커다란 도움이 될 수 있다. 모든 국가에서 더 적은 사람들이 홀로 살지 않는다면 훨씬 덜 불행해질 수 있다.

이러한 결과들은 효과적으로 〈그림 5.3〉에 다시 제시되어 있다.

〈그림 5.3〉에서 우리는 만약 우리가 각 위험 요인을 제거한다면 얼마나 불행을 감소시킬 수 있는지 한 번에 살펴볼 수 있다. 그러나 분명히 이것들 가운데 어느 것도 완전히 제거를 할 수는 없다. 게다가 그것들을 감소시키는 비용도 중요하다. 따라서 각국에서 묻는 자연스러운 질문은 "만약 우리가 서로 다른 수단으로 불행에 있는 한 사람을 줄이려면 이를 달성하는데 드는 각 수단의 비용은 얼마인가?"이다. 우리는 〈표 5.5〉에서 영국을 대상으로 이에 대한 아주 거친 계산을 시도했다. 〈표 5.5〉가 보여주는 것처럼 불행을 감소시키는데 비용이 들지만, 가장 비용이 적게 들어가는 정책은 우울증과 불안장애를 치료하는 것이다.

<그림 5.3> 만약 개별 문제 자체를 제거한다면 불행의 비율은 어떻게 되는가?

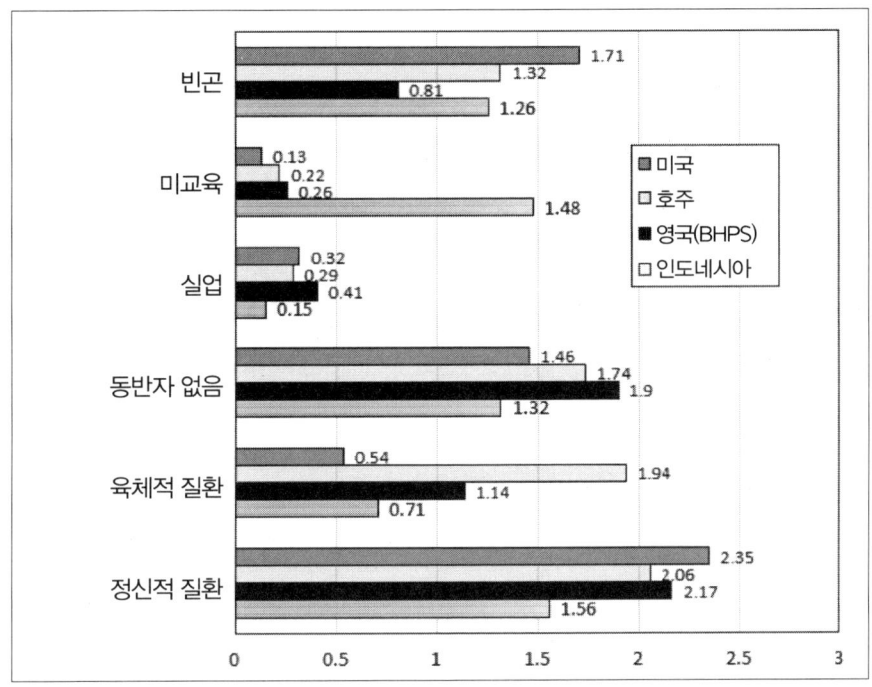

자료: 미국(BRFSS); 호주(HILDA); 영국(BCS); 영국(BHPS); 인도네시아(IFLS).

<표 5.5> 불행에 있는 사람을 줄이는 평균 비용, 1인당. 영국

	년당 £
빈곤. 빈곤선 위로 더 많은 사람을 올리는 것	180
실업. 적극적 노동 시장 정책으로 실업을 감소하는 것	30
육체적 건강. 현재의 질환 가운데 최악의 20%로부터 더 많은 사람을 일으켜 세우는 것	100
정신적 건강. 우울증과 불안장애를 위한 더 많은 사람 치료	10

5. 아동기의 효과들

중요하게, 성인기의 많은 문제들은 물론 아동기와 청소년기까지 거슬러 올라갈 수 있다. "그렇다면 아동 발달의 어떤 측면이 성인이 자신의 삶에 만족할지 여부를 가장 잘 예측할 수 있을까?" 이 질문에 답하는 것은 매우 소수의 국가에서만 이용할 수 있는 세대 자료를 필요로 한다. 영국은 그와 같은 자료가 풍부하기 때문에, 우리는 지금부터 오로지 영국에 대한 자료를 이용해야만 한다. 우리는 먼저 1970년에서 현재까지 태어난 아동들을 추적한 영국 세대 조사(British Cohort Study) 자료를 이용한다.

아동 발달의 세 가지 핵심적 차원들이 분석된다. 하나는 지적인 발달로, 우리는 이를 개인이 성취한 최고의 학업수준으로 측정한다. 이것은 최고 학업수준을 임금으로 회귀분석해 도출한 가중값을 이용한 단일변수로 변환되었다. 두 번째 차원은 행태적이며, 루터 행태 설문(Rutter behavior questionnaire)의 17개 질문에 대한 어머니의 응답으로 측정된다. 세 번째 차원은 불안 목록(아동이 답한 22개 질문과 어머니가 답한 8개 질문)에 기초한 정서적 건강이다.

우리는 이제 성인의 삶의 만족을 이 세 가지 변수와 가족적 배경으로 회귀분석한다. 〈그림 5.4〉가 보여주는 것처럼 만족스러운 성인의 삶에 대한 가장 강력한 예측변수는 학업수준이 아니라, 아동의 건강과 행태의 조합이다.[8] 이러한 발견은 정책에 직접적 중요성을 갖는다.

그러나, 결국 아동발달을 결정하는 것은 무엇인가? 이것을 탐구하기 위해 우리는 영국 에이번 카운티에서 1991/92년에 태어나 현재까지 집중적으로 추적해 온 모든 아동에 대한 매우 상세한 질문을 이용한다. 우리의 목표는 아동발

---

[8] 아동의 정서적 건강과 행동을 조합한 변수의 계수는 0.101(s.e=0.009)로 자질의 계수 0.068과 비교할 때 유의미한 차이(p=0.010)가 있다.

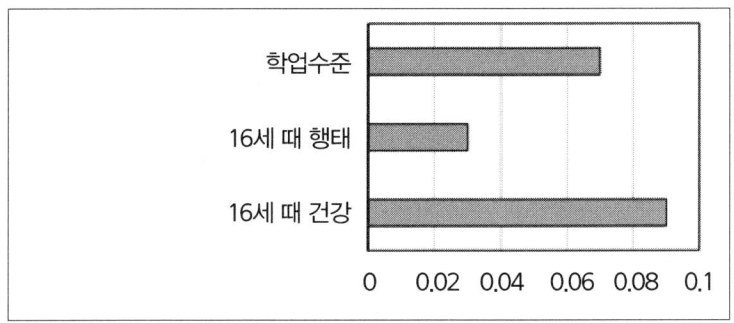

〈그림 5.4〉 성인의 삶의 만족은 아동으로서 그들의 발달의 서로 다른 측면들에 얼마나 영향을 받는가?(부분상관계수)

자료: 영국(BCS)
주: 학업수준은 한 사람이 성취한 가장 높은 학업수준이다. 16세 때 행태는 어머니의 응답이며, 16세 때 정서적 건강은 어머니와 아동이 응답한 것이다.

달의 세 가지 측정치를 설명하는 것이다. 지적인 발달은 이제 GCSE 점수로 측정된다. 아동의 정서적 건강은 특별한 중요성을 갖는데, 이는 이것이 아동 고유의 삶의 질 가운데 우리가 가진 최상의 측정값이기 때문이다―이것은 최종적 산물일 뿐만 아니라 결과적 성인으로의 투입이다.

분명히 부모와 학교는 아동발달에 영향을 준다. 첫 번째로, 부모는 그들의 자녀 발달에 얼마나 영향을 줄까? 우리는 부모에 관한 많은 정보를 가지고 있으며, 우리는 〈표 5.6〉에서 주요한 효과를 갖는 가족변수를 살펴볼 수 있다. 잘 알려진 것처럼 부모의 소득은 아동의 학업적 성취에 중요한 영향을 주지만, 아동의 정서적 건강과 행태에는 매우 작은 영향을 준다. 아버지의 실업은 반대의 효과가 있지만, 그렇게 일반적이지 않다. 어머니가 일하러 나간다면 효과는 어떨까? 이러한 일이 첫 번째 해에 일어난다면 평균적으로 대단히 작은 부정적 영향이 있다. 그러나 어머니가 그 후 계속해서 수년 동안 일을 한다면, 그것은 학업적 성취에는 긍정적으로 유익하지만, 아동의 정서적 건강에는 상당한 피해를 주게 된다.

'양육태도'에 대해 보자면, 자신의 아동에 대한 부모의 돌봄과 관여(예컨대 책

〈표 5.6〉 16세 때 아동의 성과는 서로 다른 요인에 얼마나 영향을 받았는가: 영국.(부분상관계수)

	정서적	행태적	지적
가구소득	0.07(.02)	0.08(.02)	0.14(.01)
아버지의 실업	-0.04(.03)	-0.00(.02)	-0.03(.01)
첫해 어머니가 일함	-0.02(.02)	-0.01(.02)	-0.02(.01)
이후 어머니가 일함	-0.01(.02)	-0.05(.02)	0.04(.01)
부모의 관여	0.04(.02)	0.05(.02)	0.02(.01)
공격적인 양육	-0.03(.02)	-0.12(.02)	-0.01(.01)
가족 갈등	-0.04(.02)	-0.14(.02)	-0.01(.01)
아버지의 정신적 건강	0.04(.02)	-0.00(.02)	-0.00(.01)
어머니의 정신적 건강	0.16(.02)	0.17(.02)	0.03(.01)

자료: 영국(ALSPAC)
주: 부록 C를 보라.

읽기나 놀이)는 엄청나게 가치가 있는 반면, 공격적인 양육(손찌검 혹은 고함)은 나쁜 행태를 오로지 악화시키기만 한다. 부모 사이의 갈등은 아동의 행태에 특히 이롭지 않다. 아동의 정서적 건강과 행태 모두에 가장 나쁜 것은 정신적으로 질환이 있는 어머니이다. 확실히, 설문조사는 아버지보다 어머니의 정신적 건강이 더 중요하다는 것을 강력하게 시사한다.[9]

분명하게, 가족이 중요하다. 학교의 효과는 어떤가? 1960년대에는 미국의 콜

---

9   아마도 어머니가 더 함께하기 때문이다. 그러나 어머니의 정신적 건강은 아동이 2살이 될 때까지 8번 측정된 반면, 아버지의 정신적 건강은 단지 3번 측정되었다. 이것이 문제인지 살펴보기 위해 양 부모의 정신적 건강에 대한 세 관찰자료를 이용하여 5세 때 아동의 정서적 건강을 설명하는데 초점을 맞추었다. 어머니와 아버지의 효과 사이의 차이는 표 5.6에 있는 것과 동일하게 유지되었다. 양 부모의 정신적 건강에 대한 단지 첫 번째 세 관찰자료를 이용하여 16세 때 아동의 정서적 건강을 설명하는데 초점을 맞추어도 동일한 결과가 나타났다. 어머니의 정신적 건강은 에딘버그 산후 우울증 척도(Edinburgh Post Natal Depression Scale: EDPS)를, 그리고 아버지의 정신적 건강은 크라운-크리스프 경험 지표(Crown-Crisp Experiential Index)를 이용하여 검토하였다.

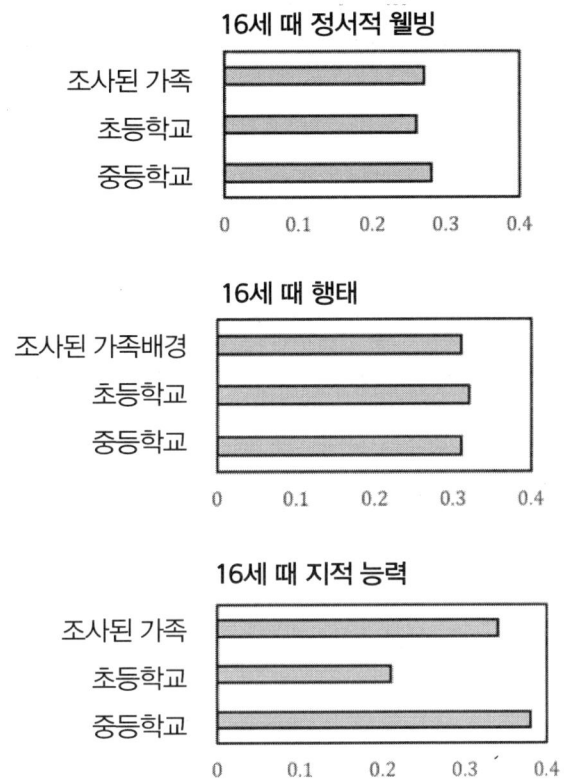

〈그림 5.5〉 16세 때 아동의 성과는 가족과 학교교육에 얼마나 영향을 받았는가: 영국.(부분상관계수)

자료: Fleche(2016), ALSPAC data.
주: 부록 C를 보라.

맨 보고서(Coleman Report)는 학교보다 부모가 더 중요하다는 것을 우리에게 이야기해 주었다.[10] 그 이후 여론의 흐름은 변화했다. 우리 자료는 개별적인 학교와 개별적인 선생이 중요하다는 것을 강하게 확인해 준다. 이것은 학생의 학업적 성취와 그들의 행복에 똑같이 적용된다.

〈그림 5.5〉에서 우리는 16세 때 아동의 성과를 살펴볼 수 있으며, 그리고 그것이 어떻게 설명되는지 볼 수 있다. 가장 위의 막대는 모든 조사된 가족 요인

---

10 Coleman et al.(1966).

(가중치가 적용된 단일변수로 처리)의 통합적 영향을 보여준다. 그 다음 막대는 아동이 다녔던 초등학교의 지속적인 효과(다시 가변수를 누적한 단일변수)를 보여준다. 그리고 마지막 막대는 중등학교의 효과이다.[11] 이는 커다란 효과이다.

6. 행태와 범죄

우리는 지금까지 배타적으로 개별적인 사람의 행복에 대해서만 분석했다. 그러나 우리들 각각은 또한 다른 사람의 행복에도 뚜렷한 영향을 준다. 이러한 사회적 영향은 행복에 관한 많은 문헌에서 불충분하게 고려되었지만, 그럼에도 다른 사람의 행동이 얼마나 우리 자신의 행복에 중요한 영향을 주는지 잘 알려져 있다.

따라서 우리는 이를 고려하기 위해 〈그림 5.1〉을 수정해야만 한다(〈그림 5.6〉을 보라). 그러나 불행하게도 인간 웰빙의 이러한 중요한 결정요인을 연구하기 위해 우리는 단지 제한된 능력만 있다. 그 하나는 이 보고서의 2장에서 발전시킨 국가 간 유형 비교이다. 또 다른 하나는 개별적 행복에 미치는 범죄의 영향을 연구하고, 이어서 범죄성의 결정요인을 조사하는 것이다.

경찰기록의 지역 범죄 비율 자료를 영국 가구 패널 조사(British Household Panel Survey)에 상응하는 지역 행복 자료와 함께 이용하면, 각 범죄는 평균적으로 지역 인구의 누적적인 삶의 만족을 년 1점 정도 낮추는 것으로 우리는 추론할 수 있다.

이어서 아동 발달이 범죄에 얼마나 영향을 주는지 살펴보면, 〈표 5.7〉에서 살

---

11 종속변수를 초등교육 가변수 두 가지와 중등교육 가변수 두 가지로 회귀분석하였다. 그리고 초등교육 가변수 두 가지는 각 가변수의 회귀계수를 사용하여 하나의 종합변수로 바꾸었다. 중등교육도 동일하다.

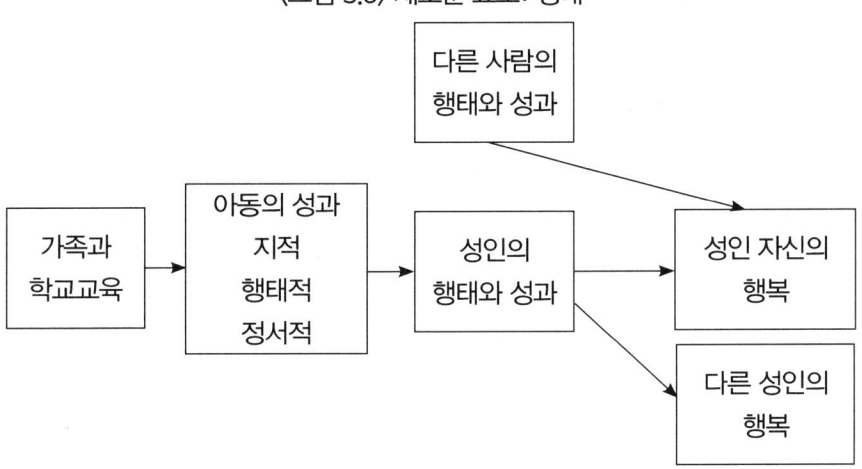

〈그림 5.6〉 새로운 요소: 행태

〈표 5.7〉 34세 때까지 개인이 저지른 범죄횟수는
아동 발달에 얼마나 영향을 받았는가: 영국

교육 수준(1 표준편차 증가)	-0.87
행태(1 표준편차 증가)	-0.25
정서적 건강(1 표준편차 증가)	-0.04

펴볼 수 있는 것처럼, 한 개인이 저지른 범죄 건수가 아동 발달에 의해 영향을 받는다는 것을 우리는 발견했다. 따라서 더 많은 교육은 범죄의 결과적 감소라는 중요한 이익이 있다. 학업수준의 1 표준편차로부터 나머지 사람들에게는 삶의 만족의 년 1점 조금 못 미치는(1*0.87) 일회성 이득이 나온다. 이것은, 이전에 논의한, 교육받은 개인이 그의 삶에서 매년 년 0.10점씩 얻는 이득과 비교할 수 있다. 따라서 교육의 범죄-감소 효과는 교육에 대한 전체적인 사회적 결과에 비례적으로 거의 추가되지 않는다.

7. 사회적 비교

방에 여전히 코끼리가 남아있다—사회적 비교. 사람들은 소득과 교육 수준이 그렇게 증가했고, 소득과 교육 수준이 개인의 보다 더 많은 행복과 관련되어 있음에도 미국이나 많은 다른 나라들에서 총 행복이 증가하지 않았다는 것에 끊임없이 놀랐다. 이것이 바로 이스털린의 역설(Easterlin paradox)이다.

그러나 이것은 진짜 수수께끼가 아니다.[12] 사람들이 다른 사람들과 그들의 소득을 비교하고, 만약 다른 사람이 더 부유해진다면, 어떤 주어진 소득 수준에서 그들은 보다 덜 행복하게 느낀다는 증거는 많다.[13] 이것은 본 연구에서도 확인된다. 〈표 5.8〉은 지역, 연령집단, 성별에 있어 한 개인 그 자신의 행복에 대한 로그 소득의 평균의 효과를 보여준다. 세 국가 모두에서 다른 사람의 소득의 부정적 효과가 크고, 전체 소득의 어떠한 증가도 전체적인 삶의 만족에 영향이 적다. 교육도 마찬가지라는 것이 사실이다.

〈표 5.8〉 삶의 만족(0-10)은 자신의 소득, 비교 소득, 자신의 교육햇수, 비교 교육 햇수에 얼마나 영향을 받는가?(부분상관계수)

	영국(BHPS)	독일	호주
자신의 소득(log)	0.16(.01)	0.26(.01)	0.16(.01)
비교 소득	-0.15(.07)	-0.34(.05)	-0.13(.06)
교육햇수	0.03(.00)	0.05(.00)	-0.01(.00)
비교 교육햇수	-0.09(.02)	-0.05(.01)	-0.03(.01)

주: 괄호는 로버스트(robust) 표준오차. 통제변수는 자영업, 시간제 고용, 비고용, 노동력 아님, 동거인 있음, 별거, 미망인, 부모, 육체적 건강, 정서적 건강, 여성, 연령, 연령-제곱근, 비교 비고용, 비교 동반자, 년도와 지역 가변수.

---

[12] 이스털린 역설에 대한 이전 논의는 WHR 2012, 3장을 보라.
[13] Clak et al.(2008); Layard et al.(2010).

8. 결론

정책입안자들은 행복과 불행의 원인을 알 필요가 있다. 이러한 것들 가운데 몇몇은 사회에 있는 모두에 영향을 주는 요인들인 반면(2장을 보라), 다른 중요한 요인들은 개인들마다 다르다. 후자를 위해 정책입안자들은 어떤 요인이 행복과 불행—양자 모두 '삶의 만족'이라는 용어로 측정된—에 있는 개인 간의 커다란 변량을 설명하는지 알 필요가 있다.

핵심 요인은 경제적 요인(소득과 고용과 같은), 사회적 요인(교육과 가족생활과 같은), 그리고 건강(정신적이고 육체적인)을 포함한다. 우리는 이러한 다양한 요인의 상대적 중요성을 밝히기 위해 미국, 호주, 영국, 그리고 인도네시아의 설문자료를 이용했다.

세 서구 사회 모두에서 진단된 정신적인 질환이 소득이나 고용 혹은 육체적 질환보다 더 중요한 것으로 나타난다. 마찬가지로 인도네시아도 소득보다는 덜하지만, 정신적 건강이 중요하다. 모든 나라에서 육체적 건강 역시 물론 중요하다. 그러나 어떤 나라에서도 그것이 정신적인 건강보다 중요하지는 않다.

동반자를 갖는 것 역시 서구 국가에서는 중요한 요인이다. 그 반면 인도네시아에서는 그렇지 않은데, 이는 아마도 대 가족의 더 큰 중요성을 반영한 것일 것이다. 교육은 모든 나라에서(오스트레일리아를 제외하고) 긍정적 효과를 갖지만, 어느 곳에서도 그 자체로 가장 설명력이 있는 요인은 아니다. 모든 나라에서 소득은 교육 그 자체보다 더 중요하다.

그렇지만 1인당 가구소득은 어느 나라에서나 행복의 변량을 2% 아래로 설명한다. 더욱이 주로 상대적 소득이 중요하며, 그래서 나라가 부유해지는 것으로 많은 사람들이 그들의 평균적 행복의 어떠한 증가도 경험하지 못한다. 유사한 문제는 교육과도 관련된다.—사람들은 주로 다른 사람의 교육과 비교하여 그들의 교육에 신경 쓴다.

불행의 원인은 무엇인가? 전체적인 범위에 걸쳐 삶의 만족에 영향을 주는 동일한 요인들이 불행에 영향을 주는가? 답은 "그렇다"이며, 요인들은 삶의 만족을 설명하는 것과 동일한 순위로 불행을 설명한다. 〈표 5.4〉에서 우리는 빈곤이나 낮은 교육, 실업, 홀로 살기, 육체적 질환, 혹은 정신적 질환을 제거하여 얼마나 불행을 기본적으로 제거할 수 있는지 설명하는 새로운 분할을 보여주었다. 모든 나라에서 가장 강력한 효과는 정신적 질환의 주요 형태인 우울증과 불안장애를 제거하는 것에서 나온다. 이것은 또한 가장 적은 비용으로 불행을 감소시키는 방법이다(〈표 5.5〉).

성인 중심의 정책을 통해 인간의 삶을 증진시키기 위한 많은 것을 할 수 있지만, 아동에 초점을 맞추는 것을 통해 이와 동일하거나 혹은 보다 더 많은 것을 할 수 있다. 우리는 영국 세대 자료를 이용하여 이 문제를 검토해보았다. 아동 발달의 어떤 요인이 결과적 성인이 만족하는 삶을 가질지 가장 잘 예측하는가? 물었다. 학업 자격 취득은 아동의 정서적 건강과 행태보다 더 나쁜 예측변수였다.

그렇다면 아동의 정서적 건강과 행태는 무엇에 영향을 받는가? 부모의 소득은 아동의 학업 자격의 좋은 예측변수였지만(알려진 것처럼), 아동의 정서적 건강과 행태보다 상당히 약한 예측변수이다. 이들 가운데 가장 좋은 예측변수는 아동 어머니의 정신적 건강이다.

학교도 또한 매우 중요하다. 주목할 만한 것은, 우리가 측정할 수 있는 아버지와 어머니의 모든 특징만큼 아동이 어떤 학교에(초등과 중등 양자 모두) 다녔는지가 아동의 발달을 예측한다. 이것이 아동의 정서적 건강, 그들의 행태, 그리고 그들의 학업적 성취를 결정짓는 것이 무엇인지에 대한 진실이다.

결론적으로, 국가 내적으로, 서구 유럽 국가에서는 정신적인 건강이 소득보다 행복의 변량을 더 많이 설명한다. 인도네시아에서 역시 정신적 질환이 중요하지만, 소득보다는 덜하다. 어떤 곳에서도 육체적 질환이 정신적 질환보다 불행의 더 큰 원천은 아니다. 마찬가지로, 우리가 아동기로 거슬러 올라가면, 미래의 성인을 위한 핵심 요인은 어머니의 정신적 건강과 초등학교와 중등학교의 사회적 분위기이다. 정책을 위한 함의가 중요하다.

참고문헌

Clark, A. E., Fleche, S., Layard, R., Powdthavee, N., & Ward, G.(forthcoming). *The Origins of Happiness: The Science of Wellbeing over the Life Course*: Princeton University Press.

Clark, A. E., Frijters, P., & Shields, M.(2008). Relative Income, Happiness and Utility: An Explanation for the Easterlin Paradox and Other Puzzles. *Journal of Economic Literature*, 46(1), 95-144.

Coleman, J. S., Campbell, E. Q., Hobson, C. J., McPartland, J., Mood, A. M., Weinfeld, F. D., & York, R. L.(1966). *Equality of Educational Opportunity*. Washington, D.C.: Office of Education, U. S. Department of Health, Education, and Welfare.

Fleche, S.(2016). Teacher Quality, Test Scores and Non-Cognitive Skills: Evidence from Primary School Teachers in the UK. CEP mimeo.

Jefferson, T.(1809). Letter to the Maryland Republicans: in *The Writings of Thomas Jefferson*(1903-1904) Memorial Edition(Lipscomb and Bergh, editors) 20 Vols., Washington, D.C: ME 16:359.

Layard, R., Clark, A. E., Cornaglia, F., Powdthavee, N., & Vernoit, J.(2014). What Predicts a Successful Life? A Life-Course Model of Wellbeing. *Economic Journal*, 124(580), F720-F738.

Layard, R., Mayraz, G., & Nickell, S. J.(2010). Does relative income matter? Are the critics right? In E. Diener, J. F. Helliwell & D. Kahneman(Eds.), *International Differences in Well-Being*(pp. 139-165). New York: Oxford University Press.

Ward, G.(2015). Is Happiness a Predictor of Election Results? LSE Centre for Economic Performance.

부록 A: 요인의 절대적 영향 계산

이 장에 제시된 식은 $\frac{LS}{\sigma_{LS}} = \sum \beta_i \frac{\chi_i}{\sigma_i}$ 형식이며, 여기에서 σ는 변수의 표준편차를 측정한 것이다. 비용-효과 분석을 위해 정책-입안자는 $LS = \sum a_i \chi_i$ 식의 계수 a_i가 필요하다.

따라서 $a_i = \beta_i \frac{\sigma_{LS}}{\sigma_i}$

본문의 표는 β를 보여준다. 다음 표는 σ와 평균을 보여준다.

표 5.2, 5.3, 그리고 5.8을 위한 표준편차

	미국	호주	영국 BCS	영국 BHPS	인도네시아
삶의 만족	0.62	1.49	1.90	2.36	0.80
불행	0.22	0.26	0.27	0.35	0.35
소득(log)	1.11	0.88	0.74	1.22	7.86
교육	0.20	2.58	1.57	2.51	0.43
비실업	0.50	0.21	0.14	0.21	0.08
동반자	1.06	0.48	0.50	0.48	0.35
육체적 질환	0.42	4.95	1.32	1.10	0.83
정신적 질환	0.50	2.59	0.18	5.54	4.97
여성		0.50	0.50	0.50	0.50
비교 소득		0.40		1.07	
비교 교육		1.17		0.97	

표 5.2, 5.3, 그리고 5.8을 위한 평균

	미국	호주	영국 BCS	영국 BHPS	인도네시아
삶의 만족	3.40	7.90	7.39	6.97	3.32
불행	0.06	0.07	0.08	0.10	0.14
소득(log)	9.99	7.51	9.55	6.42	15.75
교육	4.78	12.08	3.37	12.35	0.26
비실업	0.96	0.67	0.97	0.96	0.99
동반자	0.57	0.63	0.53	0.64	0.70
육체적 질환	1.38	22.68	2.01	0.73	0.48
정신적 질환	0.22	0.21	0.14	23.11	18.83
여성	0.50	0.53	0.52	0.55	0.51
비교 소득		7.64		6.22	
비교 교육		12.07		12.19	

부록 B: 이용된 설문

https://tinyurl.com/WHR2017Ch5Annex

미국 (BRFSS)	행태적 위험 요인 감시 체계(Behavioral Risk Factor Surveillance System, BRFSS) 2005년 이후 삶-만족 질문을 포함한 횡단적 조사. 2006, 2008, 2010, 2013 조사에서 응답자들에게 우울증과 불안장애를 진단 받은 적이 있는지 질문했다. 표본크기: 270,000
호주	호주 가구, 소득, 그리고 노동력 동향(Household, Income and Labour Dynamics in Australia, HILDA) 조사 2001년 시작된 가구에 기초한 패널조사. 패널 구성원을 계속해서 추적했고, 매년 조사했다. 전체적으로 삶의 만족이 측정되었다. 2007, 2009, 2013 조사에서 응답자들에게 우울증과 불안장애를 진단 받은 적이 있는지 질문했다. 표본 크기: 16,000
영국	영국 세대 조사(British Cohort Study, BCS) 영국 세대 조사는 1970년에 시작되었다. 아동들은 추적되었으며, 5, 10, 16, 26, 30, 34, 38, 그리고 42세 때 조사했다. 삶의 만족에 대한 질문은 26세 이후 조사에 포함되어 있다. 34세와 42세에 응답자들에게 육체적 건강 문제가 있는지 질문했다. 표본 크기: 18,000
영국	영국 가구 패널 조사(British Household Panel Survey, BHPS) 1991년 시작된 가구에 기초한 패널조사. 패널 구성원을 계속해서 추적했고, 매년 조사했다. 삶의 만족에 대한 질문은 1996년 조사부터 포함되었다. 표본 크기: 140,000
영국	에이번 부모와 아동의 종단 조사(Avon Longitudinal Study of Parents and Children, ALSPAC) 이 조사는 영국 세대 조사와 유사한 인구조사. 1991년 4월에서 1992년 12월 사이가 출산예정일인 영국 에이번에 거주하는 14,000명 이상을 모집했다. 아동들은 그 이후 거의 매해 추적되었다. 이 조사는 가족 환경, 학교 환경에 대한 다양한 측정뿐만 아니라 시간에 따른 아동의 웰빙과 기술의 발달에 대한 지표를 담고 있다. 표본 크기: 8,000
인도네시아 (IFLS)	인도네시아 가정 생활 조사(Indonesian Family Life Survey, IFLS) 인도네시아 종단조사. 2014년 5차 조사(IFLS-5)는 삶의 만족, 정서적 건강, 그리고 의사가 진단한 건강 상태의 수에 대한 질문이 포함되어 있다. 표본 크기: 32,000

부록 C: 표와 그림에 대한 각주

표 2: 삶의 만족은 성인의 성과에 의해 얼마나 예측되는가

괄호는 로버스트(robust) 표준오차. 연령, 연령-제곱근, 지역과 연도 가변수 통제. 또한 호주와 영국(BHPS) 비교 소득, 교육, 실업, 그리고 동거 포함. 영국(BCS) 역시 비범죄, 16세 때 아동 성과, 가족 배경 포함. 34세와 42세 때 BCS 응답자 정보 이용 횡단적 회귀분석. BHPS, HILDA, IFLS, 그리고 BRFSS 응답자는 25세 이상.

표 3: 성인들의 삶의 만족과 불행의 변량 설명

연령, 연령-제곱근, 지역과 연도 가변수 통제. 또한 호주와 영국(BHPS) 비교 소득, 교육, 실업, 그리고 동거 포함. 영국(BCS) 역시 비범죄, 16세 때 아동 성과, 가족 배경 포함. 34세와 42세 때 BCS 응답자 정보 이용 횡단적 회귀분석. BHPS, HILDA, IFLS, 그리고 BRFSS 응답자는 25세 이상. 불행에 포함된 사람들은 미국 1-2(1-4점 척도), 호주 0-5(0-10점 척도), 영국(BCS) 0-4(0-10점), 영국(BHPS) 1-3(1-7점 척도), 인도네시아 1-2(1-5점 척도)이다.

표 6: 16세 아동의 성과는 서로 다른 요인에 얼마나 영향을 받았는가: 영국.

괄호는 로버스트(robust) 표준오차. 부모의 분리, 부모의 교육, 출생 시 어머니 연령, 출생 시 부모의 결혼 상태, 여성 아동, 인종, 첫 번째 아이, 형제자매 수, 저체중 출산, 미숙아, 그리고 초등과 중등교육 고정 효과(fixed effects).

그림 5: 16세 아동의 성과는 가족과 학교교육에 얼마나 영향을 받았는가: 영국.

가족 소득, 첫 번째 해에 어머니가 일한 시간의 비율, 이후 어머니가 일한 시간의 비율, 아버지의 실업, 어머니의 정신적 건강, 아버지의 정신적 건강, 관여, 공격, 가족 갈등, 부모의 분리, 부모의 교육, 출생 시 어머니 연령, 출생 시 부모의 결혼 상태를 포함한 가족 배경. 여성 아동, 인종, 첫 번째 아이, 형제자매 수, 저체중 출산, 미숙아 통제.

제6장

일과 행복*

안-엠마누엘 드 너버(Jan-Emmauel De Neve)** · 조지 워드(George Ward)***

이 장에서는 노동과 일자리가 사람들을 행복하게 만드는 데 어떤 역할을 하는지 고찰하고, 주관적인 웰빙 척도와 고용의 지위·일자리 유형·일터의 특성들과의 연관을 연구한다.

일자리 보유가 상당히 중요하다는 점은 우리의 분석 전반에 걸쳐 분명하게 드러나며 이는 세계 어느 지역에서도 유효하다. 세계 인구 전체로 보면, 일자리를 가진 사람들이 그렇지 못한 이들에 비해 자신의 삶의 질을 훨씬 긍정적으로 평가한다. 행복을 위한 고용의 중요성은 곧 실업이 초래할 위험을 드러낸다. 이처럼 이 장에서 우리는 실업의 동학을 더 깊게 파고들어 개인의 행복이 시간이 흐르더라도 좀처럼 실업에 적응하지 못하며 과거의 실업 기간이 재고용 이후에도 지속적인 영향을 줄 수 있음을 보인다. 또한 데이터 분석 결과에 따르면 실업이 늘어나면 심지어 고용된 이들까지 포함하여 모든 이들이 부정적인 영향을

---

* 이 장은 UN《세계 행복 보고서 2017》의 제6장(Chapter 6. Happiness at Work)을 정상준 교수(목포대 경제학과. jeongsj@mokpo.ac.kr)가 번역한 것이다.
** 옥스퍼드대 사이드 경영대학
*** MIT 대, 노동과 고용 연구소 & LSE 경제성과센터
- 우리는 John Helliwell, Richard Layard, Andrew Clark, Valerie Møller and Shun Wang의 유용한 논평과 소중한 제언들에 감사드리며, 세계사회조사 데이터를 제공해준 갤럽에도 감사드린다. De Neve는 갤럽의 연구자문위원으로도 일하고 있다.

받는다. 이 같은 결과는 개인 수준뿐만 아니라 거시경제 수준에서도 확인되는데, 전 세계적으로 일국의 실업률이 해당 나라의 행복과 부정적인 상관관계를 보여주는 것이다.

우리는 또한 행복과 일자리의 유형의 관계를 고찰하여 육체노동이 더 낮은 수준의 행복감과 체계적으로 연관되어 있음을 주장한다. 이러한 결과는 건설·광업·제조업·운송·농림어업 등 모든 노동집약적인 산업에 공히 해당된다.

마지막으로 이 장에서 우리는 일자리의 질에 주목하면서 특정한 일자리의 특징들이 행복과 어떤 관련을 맺는지를 연구한다. 그 결과 보수가 좋은 일자리에 종사하는 이들이 더 행복하고 자신의 삶과 일자리에 만족하리라는 예상과 달리, 더 큰 행복감과 강하게 연관되어 있는 것은 일자리의 숱한 다른 측면들, 바로 일과 삶의 균형, 자율성, 다양성, 직업 안정성, 사회적 자본, 산업안전 등이다.

1. 들어가며

행복이란 사람들이 자신이 겪은 삶을 전반적으로 어떻게 평가하는가로 정의되는 것이 전형적이다.[1] 대부분의 사람들이 일을 하며 삶의 상당 부분을 보내기에, 개인과 공동체에 행복을 만들어내는 데 일자리와 일터가 전 세계에서 어떻게 기여하는지를 제대로 이해하는 것이 매우 중요하다.

이 장에서 우리는 노동과 고용이 사람들의 행복을 만들어내는 역할에 초점을 맞추고, 고용의 지위와 일자리의 유형 그리고 일터의 특성이 어떻게 '주관적 웰빙'(행복)의 척도와 관련되는지를 분석하려 한다. 하지만 서론에서 미리 밝히건대, 행복과 고용은 양방향으로 영향을 주는 복잡하고 다이내믹한 상호작용 관계이다. 최근 연구에 따르면, 노동과 고용은 행복을 추동할 뿐만 아니라 행

---

[1] OECD Guidelines on Measuring Subjective Wellbeing(2013).

복 자체가 노동시장의 성과, 생산성, 그리고 심지어 기업의 성과도 만들어내는 것이다.[2]

일자리가 있다는 점이 행복에 얼마나 중요한지는 우리의 분석 전체에 걸쳐 분명하며, 세계 모든 지역에서 유효한 명제이다. 세계 인구 전체를 고려할 때, 고용된 이들은 실업자들에 비해 자신의 삶을 훨씬 긍정적으로 평가한다. 일자리를 갖고 있음의 의미는 그에 따른 보수의 의미를 훨씬 뛰어넘어 사회적 지위, 타인과의 관계, 일상 생활, 삶의 목적 등 행복에 큰 영향을 주는 비금전적인 측면들까지 포함한다.

고용이 주관적 웰빙에 갖는 중요성은 곧 실업과 결부된 비참함과 불행을 주목케 한다. 이 장에서 우리는 실업 문제를 파고들어 기존 연구들을 기반으로, 사람들이 시간이 지나면 실업에 적응하는 것도 아니며 실업이 심지어 재고용된 이후 '상흔'(scarring) 효과를 가질 수 있음도 실증적으로 보이고자 한다.

데이터에 따르면 고실업은 확산 효과를 가져, 고용된 이들을 비롯한 모든 이들에게 부정적인 영향을 미친다. 이런 결과는 개인 수준에서 확인될 뿐만 아니라 거시경제적 수준에서도 도출된다. 세계 전역에 걸쳐 국가별 실업 수준이 국가의 평균 행복도와 음의 상관관계를 보여주는 것이다.

우리는 또한 행복과 일자리 유형들 간의 관련성도 검토한다. 일자리 유형과 관련하여 우리가 발견한 중요한 사실이 있다. 즉, 전 세계의 데이터에서 블루컬러와 화이트컬러 일자리들의 행복과의 관련에 중요한 차이가 나타난다는 점이다. 포괄범위가 큰 이 두 일자리 유형 사이에 충분히 많이 존재할 변수들을 통제하고 분석하더라도, 블루컬러 노동은 더 낮은 행복과 체계적으로 관련되어 있음을 보이고자 한다. 그리고 이는 건설, 광업, 제조업, 운송, 농림어업 등 모든 노동집약적인 산업에서 공히 해당된다.

위 문제에 아울러 우리는 특정한 일터의 특징들에 초점을 맞추어 이러한 특

---

2   De Neve and Oswald(2012), Oswald, Proto, and Sgroi(2015), Edmans(2011).

징들이 노동자의 행복과 어떻게 관련되는지를 중심으로 일자리의 질도 연구하였다. 능히 예상할 수 있듯이 보수가 좋은 일자리에 종사하는 이들이 보다 행복하고 자신의 삶과 일자리에 더 만족하였지만, 일자리의 수많은 여타 양상들 또한 행복의 다양한 척도들과 관련되어 있음이 발견되었다. 특히 '일과 삶의 균형'(work-life balance)은 행복을 낳는 중요한 변수이다. 우리는 일자리의 다양성과 새로운 것을 학습할 필요, 그리고 또한 노동자가 향유하는 개인으로서의 자율성 등도 추가로 고려하였다. 아울러 일자리의 안정성과(동료 노동자로부터 받는 도움으로 측정된) 사회적 자본 또한 행복과 양의 상관관계를 가지며, 그 반면에 건강과 안전에 위험을 수반하는 일자리는 대체로 낮은 수준의 주관적 웰빙과 관련된다는 것도 확인했다.

이 장에서 사용된 데이터는 주로 갤럽세계조사(Gallup World Poll)에서 얻었는데, 이 조사는 150개 이상의 나라와 98%의 세계 인구를 포괄한다. 각 나라별 표본에 해당하는 이들의 응답이 이루어진 시기는 대부분 2006년부터로, 이 조사들 덕에 우리는 고용 지위 및 일자리 유형의 척도들이 응답자의 웰빙과 어떻게 관련되는지 연구할 수 있었다. 우리는 갤럽세계조사에 유럽사회조사(European Social Survey) 결과를 보완하여 특정한 일터의 특징들과 행복의 관계를 연구하였고, 또한 독일사회경제패널조사(German Socio-Economic Panel) 결과를 이용하여 시간에 따른 실업과 행복 간의 동학을 제시코자 하였다.

편의상 우리는 행복과 주관적 웰빙이라는 두 용어를 교대해가며 사용할 것이다. 그러나 주관적 웰빙을 구성하는 여러 요소들 간에는 중요한 차이들이 있고, 이는 이들 요소들이 고용의 특징들과 맺는 관련성에도 마찬가지이다. 우리는 그런 차이점들을 여러 척도들을 체계적으로 사용하여 포착하고자 한다.("캔트릴Cantril 사다리"[3]를 이용한) 삶에 대한 평가, 응답자가 겪은 웰빙에 대한 긍정

---

3   삶의 만족도를 측정하는 캔트릴 사다리 항목의 질문은 다음과 같다. "맨 아래 0점에서 맨 위가 10점인 사다리가 있다고 가정해 보자. 사다리 맨 위는 당신에게 가능한 최

적 정서[4]와 부정적 정서[5], 일자리 만족도[6]와 노동자의 귀속감 같은 보다 특정 영역의 항목 등이 그것이다.[7] 이들 다양한 주관적 웰빙 척도들은 서로 강하게 상관되어 있지만, 그럼에도 이들이 일과 고용의 양상들에 관련된 내용에는 중요한 차이들이 있다. 예를 들면 자영업은 대부분의 선진국에서 삶의 높은 만족도와 관련되는 것으로 나오지만, 동시에 스트레스와 우환 같은 부정적인 정서경험의 높은 수치와도 관련된 것이다.

이 장의 결론에서는 주요 결과들을 강조하면서 연구자 및 정책담당자들이 고려할 가능한 많은 조치들을 제안하고자 한다. 행복에 대한 고용의 중요성을 감안하면, 실업의 파괴적인 영향으로부터 사람들을 보호함은 물론 고용을 촉진하는 것에 보다 큰 방점이 놓여야 한다. 아울러, 양질의 일자리를 늘리는 정책은 예컨대 사람들의 웰빙을 유도하는 노동조건을 갖춘 고용주들에게 인센티

고의 삶이고 맨 아래는 당신에게 가능한 최악의 삶이다. 지금 현재 당신은 이 사다리의 몇 번째 칸에 올라서 있다고 보는가?"

[4] 긍정적 정서 측정치는 설문조사 전날 응답자가 겪은 긍정적 웰빙 경험을 다음 5가지 질문을 이용해 지수화한 것이다.(i) 어제 편안하게 쉬었습니까?(ii) 어제 하루 내내 존중받는 느낌이었습니까?(iii) 어제 가볍게 혹은 크게 웃었습니까?(iv) 어제 특별히 재미있는 걸 배우거나 한 적이 있습니까?(v) 특정한 기분, 이를테면 즐거운 감정을 어제 하루 중 상당 시간 동안 느꼈습니까?

[5] 부정적 정서의 측정치는 설문조사 전날 응답자가 겪은 부정적 웰빙 경험을 다음 5가지 질문을 이용해 지수화한 것이다.(i) 특정한 기분, 이를테면 물리적인 고통을 어제 하루 중 상당 시간 동안 느꼈습니까?(ii) 걱정이나 우려를 어제 하루 중 상당 시간 동안 느꼈습니까?(iii) 슬픔을 어제 하루 중 상당 시간 동안 느꼈습니까?(iv) 스트레스를 어제 하루 중 상당 시간 동안 느꼈습니까?(v) 분노를 어제 하루 중 상당 시간 동안 느꼈습니까?

[6] 설문지의 해당 질문은 응답자가 자신의 일자리에 "만족함" 혹은 "만족하지 않음" 중 하나를 고르게 되어 있다.

[7] 설문지의 해당 질문은 응답자가 자신의 일자리에 얼마나 귀속감을 느끼는지 "적극적으로 귀속감을 느낀다", "귀속감을 느끼지 않는다", "적극적으로 탈귀속감을 느낀다"의 세 답변 중 하나를 고르게 되어 있다.

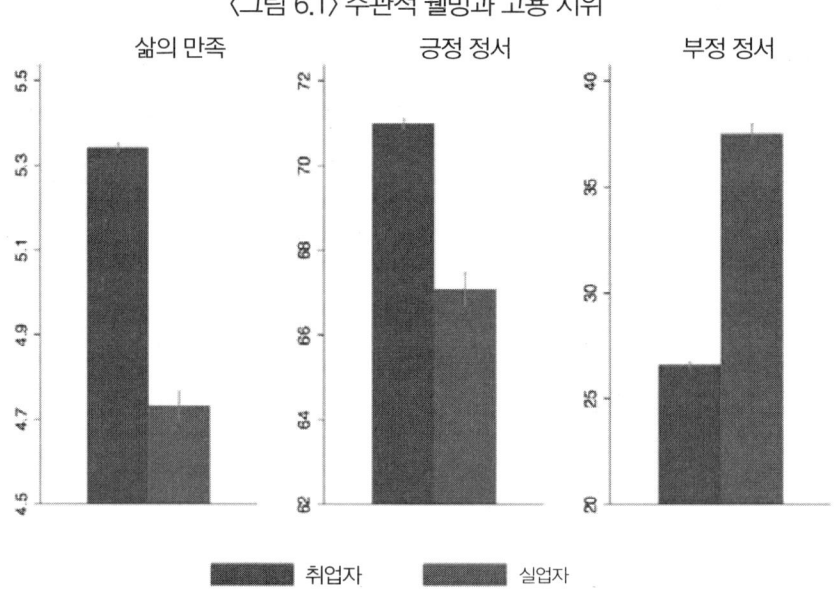

〈그림 6.1〉 주관적 웰빙과 고용 지위

출처: 갤럽세계조사. 캔트릴 사다리는 0-10의 척도이며, 긍정적/부정적 경험 지수는 0-100의 값을 갖는다. 2014-16년 고용 지위에 따른 주관적 웰빙의 평균치의 95% 신뢰구간을 막대그래프로 표현함.

브를 주어 촉진할 수 있다. 이 장에서 보고하는 결과들은 그런 정책들을 지구적인 맥락에서 고려할 경험적 증거가 될 것이다.

2. 고용 지위와 주관적 웰빙

〈그림 6.1〉은 전 세계 응답자들이 각자의 웰빙이 고용 여부에 따라 어떻게 다른지 직접 답변한 결과를 보여주고 있다. 막대그래프는 현재(풀타임이든 파트타임이든 상관없이 고용되어 있거나 자영업을 하는 경우를 포함하여) 고용된 이들 및 실업 상태의 개인들의 노동연령별[8] 주관적 웰빙 수준을 나타낸다. 모든 사

---

[8] 이 장 전체에서 우리의 분석은 노동인구의 연령을 21세에서 60세까지로 한정한다.

례에 우리는 전 세계 또는 각 지역의 평균치를 제시하였는데 이는 나라별 인구로 가중평균한 값이다.[9] 그림에서 보듯 일자리 유무에 따른 주관적 웰빙의 평균 차이는 실로 상당하다. 이는 웰빙을 삶의 만족도로 측정하든 긍정적/부정적인 정서 상태로 측정하든 상관없이 마찬가지이다. 실제로 0에서 10까지의 척도에서 일자리가 있는 이들은 실업자에 비해 자신들의 삶의 질을 평균 0.6 포인트 이상 높게 평가한다. 마찬가지로 주목해야 할 것은 실업 상태의 사람들이 그렇지 않은 이들에 비해 약 30% 가량 더 부정적인 정서적 경험을 밝히고 있다는 점이다. 고용이 개인의 웰빙에 크게 중요하다는 점은 인간 행복에 대한 경제학적 연구들 중에서 가장 강건한 결과들 중 하나이다.[10]

〈그림 6.1〉은 단순하게 고용 여부에 따른 웰빙 차이를 보여줄 뿐이다. 이들의 기술적 통계치는 고용지위를 보다 세부적인 범주로 나누거나 성별 및 지역 차이들을 고려한 회귀분석들로 확장할 수 있다. 우리의 다변량회귀분석에 수많은 추가 변수들을 통제할 수 있는데, 이들은 주관적 웰빙을 비롯하여 노동시장에서의 성과들과 관련된 변수들이다. 이들은 성별, 연령(및 연령을 제곱한 값), 교육 수준, 소득(의 자연로그값), 기혼 여부, 가계 구성 등이다. 이들 변수들은 이른바 '변수생략편의'(omitted variable bias)를 방지하기 위해 포함되었는데, 인구학적 변수들이 고용과 행복 양쪽 모두에 작용할 가능성이 있고 그리하여 노동과 웰빙의 관계에 대한 잘못된 결론을 내리지 않도록 하기 위함이다. 또한

---

9 우리는 2장에서 제시한 것과 비슷한 절차를 따른다. 전 세계 혹은 지역별 평균을 구할 때 우리는 인구-조정 가중치를 사용한다. 갤럽의 독자적인 가중치는 총합이 각 나라의 응답자 수와 일치하도록 되어 있다. 우리는 2014-16년 기간의 인구-조정 가중치를 산출하기 위해 우선 갤럽의 가중치를 조정하여 각 나라가 동일한 가중치를 갖도록 하였고 해당 가중치를 2015년 15-64세의 총인구로 곱하여 인구-조정 가중치를 산출하였다. 2015년 인구 데이터는 세계은행(World Bank)의 세계개발지표에 실린 자료를 이용하였다.

10 예컨대 Clark and Oswald(1994); Clark(2010); Kassenbohmer and Haisken-De-New(2009)를 참조.

이들 회귀분석은 나라별 연도별 고정효과를 포함하여 나라들 간의 숱한 정치, 경제, 문화적 차이들과 연도별 변화가 커버되도록 하였다. 이들 역시 고려하지 않을 경우 고용과 행복의 관계에 대한 해석에 오류를 낳을 수 있다.

이 장에서 사용된 모든 회귀분석에서 여러 종속변수들은 모두 표준화하여 평균이 0, 표준편차가 1이 되도록 하였다. 이를 통해 각기 다른 결과들 간의 계수들의 크기를 쉽게 비교할 수 있다. 〈표 6.1〉에서 고용지위를 나타내는 변수들에 대한 각 계수들은 앞서 제시한 여타 인구학적 변수들을 비롯하여 소득을 통제한 상태에서, 풀타임으로 고용되어 있는 경우를 기준으로 특정한 고용지위에 따라 세 종속변수(삶에 대한 평가, 긍정적 정서, 부정적 정서) 각각의 표준편차 단위에 나타나는 차이를 추정한 것이다.

여기서 볼 수 있듯, 실업자들은 자신의 삶의 전반적인 상태를 캔트릴 사다리에서 더 낮게 평가하며, 매일매일의 삶에서 부정적인 감정을 더 많이 그리고 긍정적인 감정을 더 적게 경험한다. 이는 행복학에서 가장 널리 받아들여지며 반복적으로 확인되는 발견들 중 하나이다.[11] 여기에서, 소득은 다른 관련 변수들과 더불어 일정한 것으로 통제되었다는 점에서, 실업의 효과는 비단 일자리 상실로 인한 소득 감소의 차원을 크게 넘어섬을 보여준다.[12]

이 분석에서 다른 많은 교란변수들을 통제할 수 있지만, 방법론적으로 중요한 우려가 제기될 수 있는데 이는 이른바 '역인과성'(reverse causality)의 가능성이다. 실제로 고용과 행복의 관계는 본질적으로 역동적이며 양방향으로 작동할 수 있다는 일부 증거들이 있다. 즉, 행복한 사람일수록 일자리를 얻기 쉬

---

[11] 예컨대 Clark and Oswald(1994); Winkelmann and Winkelmann(1998); Helliwell and Huang(2014)를 참조.

[12] 실업의 비금전적인 효과는 심리학과 경제학에서 수십 년간 연구 주제였다. 예컨대 1930년대의 획기적인 연구(Eisenberg and Lazersfeld 1938)는 일자리를 잃은 이들이 소득뿐만 아니라 사회적 지위, 작업장의 동료들과의 사회적 관계 그리고 일상의 구조와 목표와 같은 중요한 것들까지 잃어버린다는 사실을 보고하고 있다.

<표 6.1> 주관적 웰빙과 고용 지위

	(1) 삶에 대한 평가	(2) 긍정적 정서	(3) 부정적 정서
고용(풀타임 노동자를 기준으로)			
자영업	-0.018***	0.008	0.018***
	(0.005)	(0.006)	(0.006)
파트타임 노동	0.048***	0.017***	-0.021***
(더 많은 노동시간을 원하지 않음)	(0.006)	(0.006)	(0.006)
파트타임 노동	-0.096***	-0.016***	0.089***
(더 많은 노동시간을 원함)	(0.007)	(0.006)	(0.007)
비경제활동인구	-0.045***	-0.024***	0.022***
	(0.005)	(0.006)	(0.008)
실업	-0.236***	-0.100***	0.207***
	(0.008)	(0.008)	(0.008)
통제변수			
가구소득(로그값)	0.218***	0.124***	-0.118***
	(0.005)	(0.004)	(0.003)
교육-중간 수준	0.159***	0.103***	-0.080***
(낮은 수준 대비)	(0.005)	(0.006)	(0.006)
교육-높은 수준	0.308***	0.215***	-0.118***
	(0.007)	(0.008)	(0.008)
결혼 상태-기혼	0.046***	0.016***	-0.024***
(독신 대비)	(0.004)	(0.004)	(0.004)
결혼 상태-이혼/별거	-0.091***	-0.109***	0.121***
	(0.006)	(0.006)	(0.006)
결혼 상태-과부	-0.089***	-0.133***	0.148***
	(0.008)	(0.008)	(0.008)
여성	0.082***	0.012***	0.072***
	(0.003)	(0.004)	(0.004)
연령	-0.019***	-0.024***	0.021***
	(0.001)	(0.001)	(0.001)
연령^2	0.000***	0.000***	-0.000***
	(0.000)	(0.000)	(0.000)
가구 내 아동의 수	-0.031***	-0.016***	0.032***
	(0.004)	(0.004)	(0.003)
가구 내 성인의 수	-0.008***	-0.008***	0.010***
	(0.001)	(0.001)	(0.001)
나라 및 연도 고정효과	예	예	예
관측치	848594	817339	805839
R^2	0.084	0.032	0.032
나라 수	162	162	162

괄호안의 표준오차는 각국별 범주로 조정한 수치이며, 종속변수는 평균 0, 표준편차 1로 표준화하였다. 표본은 21-60세를 대상으로 한다. $p <$ * 0.1 ** $p <$ 0.05 *** $p <$ 0.01.

우며, 불행한 사람일수록 일자리를 잃을 가능성이 더 높다.[13] 이는 이 장 및 관련 문헌 대부분의 횡단면분석이 인과관계로 해석될 수 없으며 중요한 약점이 될 수 있음을 뜻한다. 이처럼 방법론적으로 중요한 문제가 해결되어야 하지만, 그럼에도 불구하고 숱한 연구들은 실업의 파괴적인 효과가 개인에 대한 추적조사에서도 상당함을 보여주었으며,[14] 또한 공장폐쇄 같은 외부적인 고용 충격 사례를 이용하여 실업의 주관적 웰빙에 미치는 인과적 효과도 증명하였다.[15]

실업이 그렇게 나쁘다면 파트타임 노동은 어떤가? 예상할 수 있듯이 여기에서 중요한 것은 실제로 사람이 더 많이 일하고 싶은가 여부에 달려있다. 응답자가 과소고용 상태라면, 즉 현 상태보다 더 많이 일하고 싶어한다면, 고용을 늘려 행복을 늘릴 여지가 있고 이는 우리의 직관에도 부합한다. 이는 실제로 파트타임으로 일하기를 바라는 이들에게는 해당되지 않는다. 실제로 더 많은 시간을 일하고 싶어하지 않는 파트타임 노동자들은 소득과 여타 교란 변수들을 통제하면 풀타임 노동자에 비해 더 큰 행복감과 더 적은(스트레스나 걱정 따위의) 부정적 경험을 보고하고 있다. 뒤에서 지적하겠지만, 이 같은 발견은 남성보다 여성에게 더 많이 적용된다.

자영업과 행복의 관계는 복잡하다.[16] 전 세계 차원의 데이터에서는 자영업이 풀타임 노동자에 비해 대체로 낮은 수준의 행복과 연결되는 반면, 이 장에서 이후 전개될 분석에서는 이 결과가 세계 어느 지역이냐에 따라 그리고 주관적 웰

---

13 이는 몇몇 연구들이 뒷받침하고 있다. 이 중 최근 미국에서 거대 표본을 이용한 한 패널 연구는 성인의 웰빙이 노동시장에서의 성과와 관련되는지를 연구하였다. De Neve and Oswald(2012)는 높은 삶의 만족도 또는 긍정적 정서를 보여주는 성인과 청소년이 이후 자신의 삶에서 통계적으로 유의미하게 더 높은 수준의 소득을 벌어들이며 또한 더 높은 확률로 취업과 승진을 비롯한 중요한 삶의 궤적을 기록함을 밝히고 있다.
14 예컨대 Blanchflower and Oswald(2004)를 참조.
15 Kassenbohmer and Haisken-DeNew(2009).
16 여기에서 자영업은 매우 넓은 범위-거대 다국적 청과 유통 체인의 소유주부터 홀로 시장 가판대에서 장사를 하는 이들까지-를 뜻함을 상기할 필요가 있다.

<표 6.2> 주관적 웰빙과 고용 지위 - 성별

고용(풀타임 노동자를 기준으로)	(1) 삶에 대한 평가		(2) 긍정적 정서		(3) 부정적 정서	
	남성	여성	남성	여성	남성	여성
자영업	-0.024***	-0.009	0.008	0.011	0.018**	0.018**
	(0.006)	(0.006)	(0.006)	(0.006)	(0.006)	(0.006)
파트타임 노동 (더 많은 노동시간을 원하지 않음)	0.025***	0.064***	0.005	0.035***	-0.000	-0.044***
	(0.009)	(0.007)	(0.008)	(0.007)	(0.008)	(0.008)
파트타임 노동 (더 많은 노동시간을 원함)	-0.120***	-0.072***	-0.028***	0.002	0.094***	0.079***
	(0.008)	(0.008)	(0.008)	(0.008)	(0.009)	(0.008)
비경제활동인구	-0.092***	-0.027***	-0.069***	0.003	0.078***	-0.008
	(0.006)	(0.005)	(0.007)	(0.006)	(0.009)	(0.008)
실업	-0.281***	-0.201***	-0.145***	-0.055***	0.217***	0.195***
	(0.009)	(0.009)	(0.010)	(0.008)	(0.010)	(0.009)
나라 및 연도 고정효과	예	예	예	예	예	예
관측치	394629	453965	377950	439389	372192	433647
R^2	0.084	0.084	0.033	0.033	0.026	0.032
나라 수	162	162	162	162	162	162

괄호안의 표준오차는 각국별 범주로 조정한 수치이며, 종속변수는 평균 0, 표준편차 1로 표준화하였다. 표본은 21-60세를 대상으로 한다. $p < {}^{*} 0.1$ $^{**} p < 0.05$ $^{***} p < 0.01$.

빙의 척도가 무엇이냐에 따라 크게 달라진다.

<그림 6.2>와 <표 6.2>에서 우리는 고용과 웰빙의 관계가 성별에 따라 어떻게 다른지를 조사하였다. 노동연령이지만 경제활동인구가 아닐 경우 이는 남성과 여성의 웰빙에 다른 효과를 낳는다. (전업주부거나 장애 · 은퇴 등으로 노동시장에서 퇴장하여) 노동시장에 참여하지 않는 경우 이는 여성보다 남성의 행복에 더 나쁜 것으로 나타난다. 노동연령이지만 경제활동을 하지 않는 남성과 여성 모두 자신의 삶을 풀타임 노동자에 비해 더 부정적으로 평가하지만, 그 효과는 남성에게서 훨씬 강한 것이다. 더욱이 이 같은 상황에 놓인 남성이 더 큰 부정적 감정과 더 적은 긍정적 감정을 경험하는 반면, 경제활동인구가 아닌 여성과 풀타임 여성노동자 간의 일상적인 감정 경험은 통계적으로 유의미한 차이를 보이지 않는 것이다.

실업이 남성과 여성 모두의 웰빙에 파괴적이라는 이 같은 결과들은 기존 연

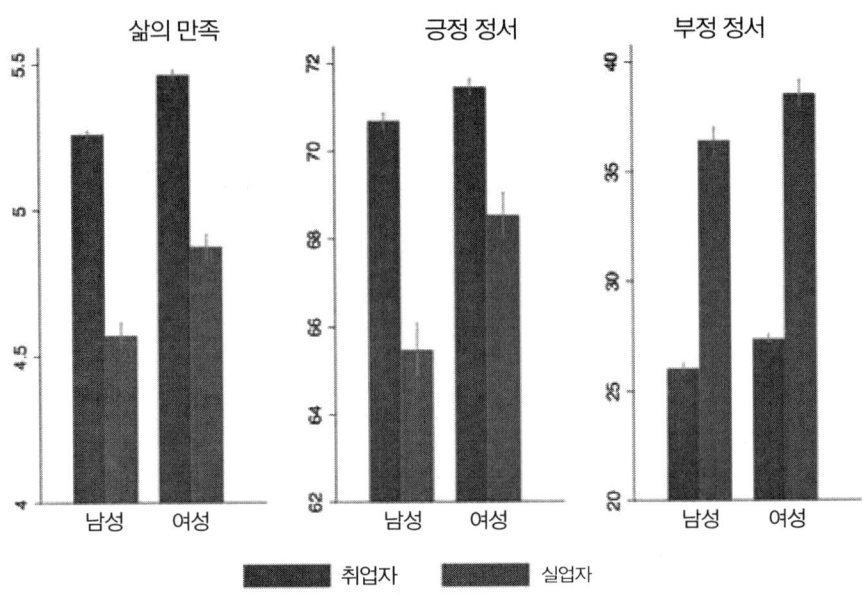

출처: 갤럽세계조사. 캔트릴 사다리는 0-10의 척도이며, 긍정적/부정적 경험 지수는 0-100의 값을 갖는다. 2014-16년 고용 지위에 따른 주관적 웰빙의 평균치의 95% 신뢰구간을 막대그래프로 표현함.

구들과도 부합한다. 그러나 실업의 효과를 더 크게 느끼는 것은 남성이다. 주목해야 할 성별 간 차이가 또 하나 있는데 이는 파트타임 노동에 대한 것이다. 파트타임으로 일하지만 노동시간을 더 늘리고 싶지 않는 여성은 풀타임 여성 노동자에 비해 부정적인 감정 상태를 경험하는 빈도가 적고 긍정적인 감정 상태의 빈도가 더 많다. 그러나 이는 남성에게는 해당되지 않는다.

〈그림 6.3〉과 〈표 6.3〉은 고용과 웰빙의 관계가 세계 지역별로 어떻게 다른지를 조사한 결과이다.[17] 〈그림 6.3〉에서 보듯, 모든 지역에서 고용된 이들이 그렇

---

17 여기에서 우리는 세계 지역을 서유럽, 중부+동부 유럽, 독립국가연합(CIS), 동남아시아, 남아시아, 동아시아, 라틴아메리카+카리브해 연안, 북미+호주+뉴질랜드, 중동+북아프리카(MENA), 사하라 이남 아프리카(SSA)의 10개로 나누어 분석한다.

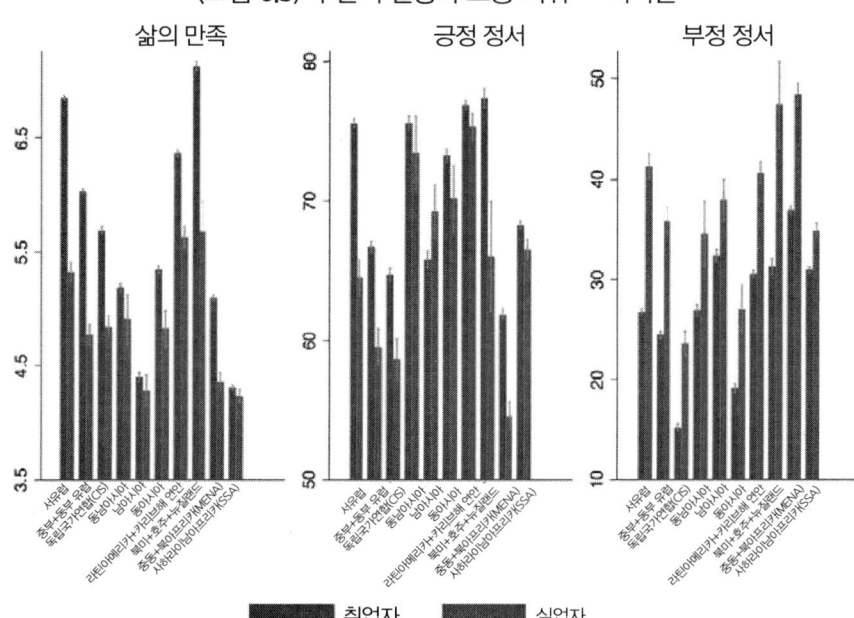

〈그림 6.3〉 주관적 웰빙과 고용 지위 – 지역별

출처: 갤럽세계조사. 캔트릴 사다리는 0-10의 척도이며, 긍정적/부정적 경험 지수는 0-100의 값을 갖는다. 2014-16년 고용 지위에 따른 주관적 웰빙의 평균치의 95% 신뢰구간을 막대그래프로 표현함.

지 않은 이들보다 더 높은 삶의 만족과 긍정적 정서를 경험한다는 것은 대체로 발견되는 특징이다. 또한 실업자들은 세계 어느 곳에서나 부정적인 정서를 겪는 빈도가 높다. 그런데 〈표 6.3〉의 패널A에 보고된 실업상태에 대한 회귀계수의 크기는 삶의 만족도와의 관련도 크기가 남아시아와 동남아이사에서 덜 두드러진다는 것을 보여준다. 더구나 〈표 6.3〉 패널B는 이 두 지역에서 실업과 긍정적 정서경험 사이에는 통계적으로 유의미한 관계가 나타나지 않음도 보여준다. 물론 〈표 6.3〉의 패널C에서 부정적 정서경험이 더 높은 것은 유의미하게 나타나지만 말이다.

자영업자의 경우 지역별 결과는 흥미로운 반전을 보여준다. 자영업자는 (풀타임 노동자에 비해) 대체로 높은 삶의 만족도와 긍정적 정서를 보여주는데 이

<표 6.3> 주관적 웰빙과 고용 지위 - 지역별

	서유럽	중부+동부유럽	독립국가연합(CIS)	동아시아	남아시아	동남아시아	라틴아메리카+카리브해연안	북미+호주+뉴질랜드	중동+북아프리카(MENA)	사하라이남 아프리카(SSA)
패널A: 삶에 대한 평가										
고용(풀타임 노동자를 기준으로)										
자영업	0.019**	0.083***	0.030*	0.018	-0.008	0.025**	-0.092***	0.022	-0.001	-0.051***
	(0.008)	(0.014)	(0.016)	(0.019)	(0.028)	(0.011)	(0.011)	(0.020)	(0.013)	(0.012)
파트타임 노동 (더 많은 노동시간을 원하지 않음)	0.066***	0.070***	0.062***	0.063**	0.026	0.106***	0.018	0.080***	0.090***	-0.017
	(0.011)	(0.019)	(0.015)	(0.025)	(0.057)	(0.015)	(0.019)	(0.022)	(0.014)	(0.014)
파트타임 노동 (더 많은 노동시간을 원함)	-0.174***	-0.135***	-0.014	-0.012	-0.108*	-0.002	-0.148***	-0.214***	-0.108***	-0.085***
	(0.012)	(0.020)	(0.019)	(0.023)	(0.055)	(0.027)	(0.016)	(0.030)	(0.016)	(0.012)
비경제활동인구	-0.126***	-0.068***	-0.011	0.019	0.005	0.011	-0.048***	-0.171***	-0.017	-0.087***
	(0.012)	(0.010)	(0.016)	(0.036)	(0.014)	(0.012)	(0.025)	(0.010)	(0.014)	(0.014)
실업	-0.396***	-0.306***	-0.187***	-0.113***	-0.095*	-0.180***	-0.257***	-0.434***	-0.258***	-0.156***
	(0.023)	(0.021)	(0.030)	(0.047)	(0.025)	(0.018)	(0.041)	(0.016)	(0.016)	(0.016)
관측치	125659	78228	72053	47723	62986	52100	98357	18043	136099	156412
R^2	0.115	0.160	0.087	0.071	0.122	0.133	0.064	0.110	0.081	0.074
패널B: 긍정적 정서										
고용(풀타임 노동자를 기준으로)										
자영업	0.006	0.033*	0.006	0.023	0.017	0.061***	-0.034***	0.038*	-0.012	-0.010
	(0.014)	(0.018)	(0.018)	(0.018)	(0.025)	(0.013)	(0.011)	(0.021)	(0.016)	(0.010)
파트타임 노동 (더 많은 노동시간을 원하지 않음)	0.016	0.045**	0.060***	0.094***	-0.026	0.070**	-0.007	0.048	-0.002	-0.038***
	(0.012)	(0.021)	(0.019)	(0.025)	(0.031)	(0.033)	(0.016)	(0.031)	(0.018)	(0.013)

파트타임 노동 (더 많은 노동시간을 원함)	-0.058***	-0.072***	0.006	0.082***	-0.010	0.077***	-0.043***	0.009	-0.056***	-0.027**
	(0.012)	(0.024)	(0.021)	(0.023)	(0.058)	(0.017)	(0.012)	(0.034)	(0.017)	(0.012)
비경제활동인구	-0.073***	0.027*	-0.021	0.026	0.036	0.030*	-0.018	-0.083***	-0.043***	-0.087***
	(0.015)	(0.015)	(0.015)	(0.022)	(0.031)	(0.017)	(0.012)	(0.018)	(0.013)	(0.013)
실업	-0.112***	-0.077***	-0.102***	0.013	-0.076	-0.074***	-0.058	-0.124***	-0.231***	-0.078***
	(0.024)	(0.028)	(0.033)	(0.051)	(0.028)	(0.014)	(0.040)	(0.020)	(0.015)	(0.016)
관측치	113004	78759	73044	47369	63685	49783	99432	15098	120161	156067
R^2	0.027	0.082	0.058	0.020	0.058	0.033	0.020	0.027	0.038	0.028
패널 C: 부정적 정서										
고용(풀타임 노동자를 기준으로)										
자영업	0.084***	0.055***	0.033**	-0.043**	-0.081***	0.001	0.027**	0.100***	0.037**	-0.012
	(0.013)	(0.014)	(0.014)	(0.019)	(0.019)	(0.009)	(0.013)	(0.027)	(0.015)	(0.010)
파트타임 노동 (더 많은 노동시간을 원하지 않음)	-0.025*	0.035*	0.021	-0.091***	-0.047	-0.050***	-0.084***	-0.088***	-0.051***	-0.008
	(0.014)	(0.019)	(0.016)	(0.023)	(0.035)	(0.018)	(0.016)	(0.032)	(0.017)	(0.013)
파트타임 노동 (더 많은 노동시간을 원함)	0.146***	0.136***	0.050***	-0.007	0.047	-0.007	0.104***	0.184***	0.108***	0.058***
	(0.014)	(0.021)	(0.018)	(0.024)	(0.031)	(0.033)	(0.013)	(0.034)	(0.020)	(0.013)
비경제활동인구	0.147***	0.066***	0.057***	-0.063***	-0.111***	-0.004	-0.041***	0.244***	-0.029**	0.011
	(0.022)	(0.014)	(0.012)	(0.018)	(0.027)	(0.016)	(0.012)	(0.027)	(0.014)	(0.012)
실업	0.260***	0.241***	0.176***	0.163***	0.187***	0.207***	0.205***	0.377***	0.249***	0.111***
	(0.025)	(0.023)	(0.049)	(0.043)	(0.031)	(0.018)	(0.051)	(0.019)	(0.013)	(0.013)
관측치	113004	78759	73044	47369	63685	49783	99432	15098	111485	153243
R^2	0.041	0.052	0.031	0.026	0.054	0.027	0.042	0.050	0.036	0.041

괄호안의 표준오차는 자국별 범주로 조정한 수치이며, 종속변수는 평균 0, 표준편차 1로 표준화하였다. 표본은 21-60세를 대상으로 한다. $p < 0.1$ ** $p < 0.05$ *** $p < 0.01$.

모든 회귀식에는 나라 및 연도 고정효과가 포함되어 있음.

는 유럽, 북미, 호주, 뉴질랜드, 독립국가연합(CIS), 동아시아에서 그러하다. 반면 라틴아메리카, 카리브해 연안, 사하라남부 아프리카에서는 더 낮은 삶의 만족도와 더 적은 긍정적 정서경험을 보여준다. 흥미롭게도, 일부 지역에서 자영업이 더 높은 삶의 만족과 연계되는 반면, 대부분의 지역에서는 자영업을 하며 스스로를 고용하는 것이 대개(스트레스와 걱정 같은) 더 부정적인 정서경험과 연계됨을 공히 보여주는 것이다.[18]

3. 실업의 동학과 확산

실업은 사람들의 행복을 파괴한다지만, 일자리 없음으로 인한 비참함은 얼마나 지속되는 것일까? 사람들은 다양한 상황에 적응해나가기 마련이며, 실업도 당연히 그 중 하나이다. 고통이 곧 지나가고 사람들이 실업 상태에 곧 익숙해진다면, 행복의 관점에서 실업 문제가 공공 정책의 핵심 우선순위에 놓인다고 보기 어려울 수 있는 것이다. 그러나 많은 연구들에 따르면 사람들은 실업 상태에 전혀 적응하지 못하는 건 아니지만 잘 적응하지 못한다.[19] 우리가 사용한 갤럽세계조사(Gallup World Poll)로 이 같은 동학을 확인하긴 어렵다. 왜냐하면 이 조사로는 전 세계 지역에서의 반복된 스냅샷만을 보여주기 때문이다. 대신 우리는 1984년 이후 매년 독일 인구 중 동일한 임의표본을 대상으로 반복 조사되는 독일사회경제패널(German Socio-Economic Panel)의 종단적 조사 결과를 사용할 수 있다.

여기에서 우리가 관심을 갖는 것은 '적응'(adaptation)과 '상흔'(scarring)의 두

---

[18] 여기에서 주목할 만한 예외가 있는데 바로 동남아시아와 남아시아이다. 이곳에서는 자영업 개인이 전업 노동자에 비해 부정적 정서경험이 더 낮다.
[19] 예컨대 Clark et al(2008); Clark and Georgelis(2013)을 참조.

가지 이슈이다. 우선 〈그림 6.4〉에서 우리는 사람들이 실업 상태가 길어질수록 여기에 적응하는지 여부를 조사하였다.[20] 여기에서 보듯 실업자가 되면 초기에 큰 충격을 받고 계속 실업 상태가 지속되면 삶의 만족이 낮게 유지된다. 두 번째 이슈는 상흔이다. 여러 연구에서 사람들이 일단 재고용되더라도 이전의 실업경험이 자신의 행복에 흔적을 남김을 보여왔다. 현재 취업한 상태라 하더라도 최근까지 충격적인 실업을 경험한 이들이 그렇지 않은 이들에 비해 덜 행복함을 보이고 있는 것이다.[21]

이렇듯 실업은 실업자 본인들의 주관적 웰빙에 해악적이다. 그러면 다른 이

---

[20] 여기에서 우리의 접근 방법은 Clark et al(2008)과 Clark and Georgelis(2013)를 따른다. 독일사회경제패널 자료가 1980년대 이후로 쭉 지속되어온 종적 특성을 이용하여 개인 내(즉, 고정효과) 접근법을 취해 일자리를 잃고 계속 실업상태인 사람이 행복의 관점에서 자신의 상황에 어느 정도로 적응하는지를 질문한다. 우리는 실업자가 되기 4년 전 및 실업 이후 4년 모두를 관찰한다. 이미 실업 상태에서 패널에 포함된 이들은 해당 분석에서 제외하였다. 우리는 패널 내 각 개인에 대해 최초의 실업 발생 시점만 관찰하여 응답자의 행복이 최초 실업 기간을 겪으면서 어떻게 달라지는지를 추적하였다. 구체적으로 다음과 같은 회귀식을 분석하였다.

$$LS_{it} = \alpha_i + \theta'X_{it} + \beta_{-4}U_{-4,it} + \beta_{-3}U_{-3,it} + \beta_{-2}U_{-2,it} + \beta_{-1}U_{-1,it} + \beta_0 U_{0it} + \beta_1 U_{1it} + \beta_2 U_{2it} + \beta_3 U_{3it} + \beta_4 U_{4it} + \varepsilon_{it}$$

여기에서 LS_{it}는 t년도 i개인의 삶의 만족도(0-10척도)를, X는 관련 문헌들에서 전형적으로 사용되는 통제변수들의 벡터이다. 실업자들은 다음 5개 카테고리로 분류하였는데, U_0에서 U_4까지의 U 더미들은 각각 1년 미만, 1-2년 등과 같이 해서 4년(및 그 이상) 실업에 시달려 온 기간을 의미한다. U_{-4}에서 U_{-1}까지의 더미는 0-1년, 1-2년 등과 같이 이후 실업에 진입하기까지의 기간을 의미한다. 〈그림 6.4〉는 이 같은 선행 및 후행 계수들을 95% 신뢰구간과 함께 보여주고 있다. 이 방정식에서는 이후 4년간 실업으로 진입하지 않은 이들의 카테고리는 생략하였다. 이들은 모두 패널 조사 첫 해에 실업자가 아니었던 이들이다. α_i 항은 개인별 고정효과로 이를 통해 우리는 3년간 실업자였던 이의 삶의 만족도가 일자리를 잃기 이전 삶의 만족도와 어떻게 다른지를 볼 수 있다.

[21] 예컨대 Clark et al(2001); Knabe and Ratsel(2011)를 참조.

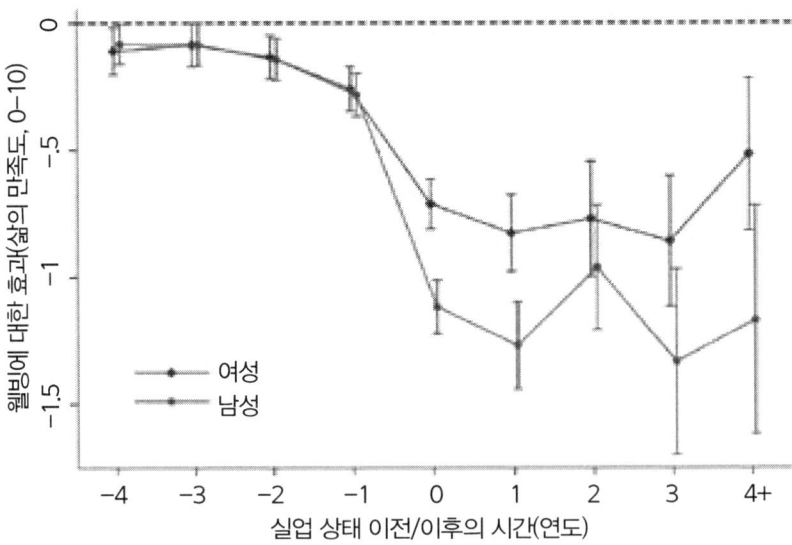

〈그림 6.4〉 실업 기간에의 적응

자료 : 독일사회경제패널조사, 1984-2014

들은 어떠한가? 실업과 주관적 웰빙에 대한 연구문헌들 중 고전적인 연구 하나를 추가로 인용하자면, 여기에는 이른바 "확산"(spillover) 효과들이 있다.[22] 우리가 아래에서 일자리 특징의 효과들을 상세히 고찰하면서 살펴보겠지만, 일자리의 안정성이야말로 주관적 웰빙을 추동하는 핵심 요인이다.[23] 높은 수준의 실업률은 일자리에 남아있는 이들에게도 간접적인 영향을 주는데, 이들에게 두려움과 일자리 불안감을 늘게 되는 것이다. 부실한 노동시장 조건은 일자리를 가진 이들에게도 정리해고가 상대적으로 빈발하며 이제는 본인이 그 다음 차례가 될 수 있다는 신호를 보내는 것이다.[24]

---

[22] Di Tella et al(2001).
[23] 예컨대 Knabe and Ratsel(2011); Luechinger et al(2010).
[24] 타인의 실업에 따른 일자리 불안감 효과뿐만 아니라, 심리적인 경로가 더 있을 수 있다. 그 중 하나는 실업률이 높으면 노동시장 상황이 좋지 않아 보다 나은 일자리가 찾기 어렵다는 점을 감안하여, 사람들은 딱히 즐겁지 않은 일자리라도 더 버티려한다는 점이다. 또 하나는 일자리에 남아있는 이들은 자기 주변의 사람들은 해고되고 실업의

<표 6.4> 실업의 사회적 효과 비교

	삶에 대한 만족		긍정적 정서		부정적 정서	
	남성	여성	남성	여성	남성	여성
실업 여부	-0.298***	-0.236***	-0.176***	-0.073***	0.276***	0.240***
	(0.015)	(0.013)	(0.015)	(0.013)	(0.014)	(0.014)
실업률	-0.449***	-0.154***	-0.014	-0.006	0.080	-0.058
	(0.066)	(0.047)	(0.061)	(0.041)	(0.062)	(0.045)
실업 여부× 실업률	0.209**	0.199***	0.219**	0.091	-0.425***	-0.218***
	(0.087)	(0.060)	(0.096)	(0.056)	(0.089)	(0.057)
나라 및 연도 고정효과	예	예	예	예	예	예
관측치	394555	453285	377876	438738	372132	433055
R^2	0.085	0.084	0.033	0.033	0.027	0.032
나라 개수	162	162	162	162	162	162

주: 괄호안의 표준오차는 각국별 범주로 조정한 수치이며, 종속변수들은 평균 0, 표준편차 1로 표준화하였다. 추가로 통제한 변수들은 소득 로그값, 교육 수준, 결혼 상태, 가구 구성, 성별, 연령, 연령의 제곱치 등이다. 표본은 21-60세를 대상으로 한다. $p < {}^* 0.1\ {}^{**} p < 0.05\ {}^{***} p < 0.01$.

이 문제는 갤럽세계조사 데이터에 다시 관심을 돌려 고찰해 볼 수 있다. 〈표 6.4〉는 고용지위를 통제한 상태에서 동료의 실업이 주관적 웰빙 방정식에 부정적인 효과로 나타남을 보여준다. 여기에서 실업률은 응답자와 동일한 성별, 연령 집단(20대, 30대 등), 나라 그리고 연도의 노동력 대비 실업자 비중으로 계산되었다. 첫 번째 및 두 번째 열에서 동료의 실업이 미치는 부정적 효과는 삶의 만족도에 부정적인 효과를 가진다는 것을 볼 수 있고 이는 실업률과 비교해서도 마찬가지이다. 그런데 여기에서 흥미로운 점은 실업상태가 아닌 이들의 전반적인 주관적 웰빙이 타인들의 실업에 부정적으로 영향받긴 하지만, 긍정적/

고통을 겪는데 일종의 죄의식을 느낄 수 있다. 마지막으로 보다 즉각적인 확산효과가 있는데, 실업자와 가까운 이들, 즉 배우자나 가족 구성원들이 그와 함께 살고 도와야 하면서 겪는 고통이 그것이다.

부정적 정서 효과를 추적한 3번~6번 모델에서는 삶의 일상적인 경험이 마찬가지 양상을 보이지는 않는다는 점이다.

비록 높은 실업률이 일자리를 가진 이들이게도 부정적인 확산 효과를 갖긴 하지만, 〈표 6.4〉의 세 번째 행은 그 반대의 경우도 가능함을 보여준다. "사회규범"(social norm) 효과로 불릴 법한 이 효과는 여러 문헌들에서 두루 지적되어 왔다.[25] 실업자는 자신이 속한 지역의 실업률이 높을 경우 실업이 미치는 부정적 효과를 덜 강하게 체감하는데, 이는 실업률이 높은 지역에서 실업으로 인한 사회적 낙인이 경감되고 타인에게 사회적으로 자신의 상태를 드러내는 것 또한 더 쉬워지기 때문이다. 이와 관련한 기존 증거 대부분은 몇몇 나라들에 집중되어 있으며 남성에 대해서만 유의미한 결과를 보고하고 있다. 반면 우리는 전 세계 표본을 대상으로 이 같은 "사회규범" 효과가 남성과 여성에게 공히 존재함을 보일 수 있다. 즉, 준거 실업률이 높을수록 실업자들은 자신의 삶을 캔트릴 사다리에서 덜 부정적으로 평가하는 것이다. 이들은 또한 일상생활에서 덜 부정적이고 더 긍정적인 감정을 겪는다. 물론 통상적으로 실업률이 높은 상황에서조차 실업이 개인에게 미치는 전반적인 효과는 주관적 웰빙의 척도 셋 중 어느 걸 쓰더라도 매우 부정적으로 나타남을 다시금 상기해야 한다.

지금까지 우리의 분석은 실업이 개인에게 미치는 파괴적인 효과 뿐만 아니라 실업자 주변인들에게까지 확산되는 부정적인 효과까지 기술하였다. 덧붙여 우리는 이 같은 실업의 광범위한 부정적 효과가 거시경제 데이터에서도 확인되는지를 살펴보고자 한다. 높은 실업률은 일자리를 갖고 있는 이들에게 간접적으로 영향을 주는데, 이는 일자리에 대한 불안감을 높이기 때문이다. 전반적으로 열악한 노동시장 조건 하에서 취업자들은 잉여인력이 상대적으로 흔하다고 느끼게 되는 것이다. 이것이 실제로 사실이라면, 우리는 실업률과 사회의 평균적 행복도 간의 관계에서 이를 탐지할 수 있다. 〈그림 6.5〉는 세계 대부분의

---

[25] Clark(2003)을 참조.

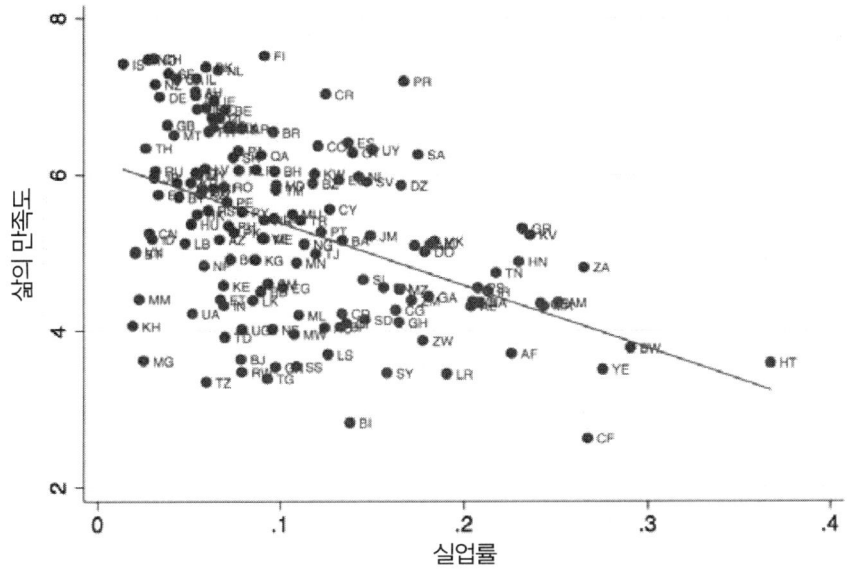

〈그림 6.5〉 각국의 실업률과 주관적 웰빙

출처: 갤럽세계조사, 2014-2016.

나라들을 대상으로 각 나라의 평균적인 행복도와 실업률 간의 산포도이다.[26]

각국별 행복과 실업 간의 이변량 관계를 다루는 작업은 본질적으로 한계를 가질 수밖에 없지만, 실업으로 인해 개인이 겪는 효과에 집중한 분석들과 마찬가지로 우리는 각국의 실업률과 사회적 웰빙 간에 대체로 부정적인 상관관계가 있음을 발견한다. 온라인 부록(그림 A6.8)에 전 세계 지역들을 대상으로 똑같은 횡단면 분석 결과를 제시하였다. 이들 지역들의 결과는 동남아시아와 사하라 이남 아프리카를 제외하면, 대체로 각 나라별 실업과 주관적 웰빙 간의 부정적 관계를 다시금 재확인해준다. 〈그림 6.5〉의 전 세계 차원의 관계는 대부

---

[26] 해당 관계의 가장 최근 양상을 제시하고자 우리는 갤럽세계조사 표본을 이용하여 각 나라별 2016년 실업률을 계산하였다. 이는 21세에서 60세까지 경제활동인구 중 실업자의 비중에 해당한다. 세계은행이(2016년 세계개발지표에서) 발표한 가장 최근의 실업률은 2014년까지 기록하고 있다. 이들 데이터를 2014년 갤럽데이터와 합쳐 사용한 분석 결과도 우리의 계산과 비슷하다.

분의 지역에서 발견될 뿐만 아니라 대국을 구성하는 분권 단위들에서도 존재한다. 예컨대 이들 실업과 평균 행복도 간의 횡단면 분석 결과는 미국을 구성하는 각 주의 차원에서도 마찬가지로 발견되는 것이다.[27]

4. 주관적 웰빙과 일자리의 유형

일자리의 중요성을 조사한데 이어 우리는 일자리의 유형에 따라 주관적 웰빙의 크기가 달라지는지 살펴보고자 하였다. 갤럽세계조사에서는 일자리 유형을 11개로 나누고 있어 이를 이용하여 각 고용 유형별로 행복과 어느 정도로 연관되는지를 분석할 수 있다. 이들 범주들은 기업 소유주, 사무 노동자, 경영자, 농업 노동자, 건설, 광업 및 운송 노동자 등 많은 종류의 일자리들을 포괄하고 있다.

〈그림 6.6〉은 이들 다양한 직업군이 주관적 웰빙의 세 주요 척도—삶의 만족, 긍정적 정서, 부정적 정서—와 어떻게 연계되는지를 제시하고 있다. 여기에서 대단히 중요한 발견은 전 세계 차원의 데이터에서 행복과 관련하여(이하에서 보듯, 소득의 차이를 통제하더라도) 블루컬러와 화이트컬러 노동 간의 중요한 차이가 나타난다는 점이다. 노동집약적인 일의 경우 더 적은 행복과 체계적인 관계를 보여주며 이는 건설, 광업, 제조업, 운송, 농업, 어업, 임업 등 많은 노동집약적인 산업들 전반에서 드러난다. 실제로 자신을 경영자, 간부, 임원, 혹은 전문직으로 범주화하는 이들은 전 세계 어디에서든 자신의 삶의 질을 10점 만점에 6점 이상으로 평가하는 반면, 농업·어업·임업에 종사하는 이들은 평균 4.5점에 그치고 있다. 이와 비슷한 양상이 삶의 만족뿐만 아니라 즐거움, 웃음,

---

[27] Helliwell and Huang(2014)은 미국의 횡단면 자료를 이용하여 실업과 웰빙 간의 부정적인 상관관계가 실업자 표본을 포함하지 않더라도 성립함을 보여주고 있다.

재미있음, 편안함 따위의 일상의 긍정적 정서 상태를 고려할 때에도 도출되고 있다. 또한 걱정, 스트레스, 슬픔, 분노 따위의 부정적 정서 상태를 고려할 때도 마찬가지이다. 그리고(경영자, 간부, 임원 등의) 상위 역할의 전문직들은 다른 모든 일자리 유형에 비해 부정적인 정서 상태를 경험하는 빈도가 적다.

여기에서 우리의 분석이 평균적인 효과들을 고려하고 있음을 상기할 필요가 있다. 개개인들의 업무가 다른 직종의 종사자들에 비해 더 혹은 덜 행복할 수 있기 마련인데, 이러한 효과들에 나타나는 개별적인 이질성은 우리의 분석에서 온전히 다루지 못한다. 무엇보다 사람들의 관심사와 개성이 상이하다는 사실을 인정해야 한다. 그리고 '일자리 적합성'(job fit)에 대한 많은 문헌들에서 모두에게 이상적인 일자리―즉, 특정한 이들이 특정 유형의 일자리에 각기 최고로 적합하거나 혹은 더 잘 해낼 수 있다―가 거의 없음을 제시하고 있음을 감안해야 한다.[28]

아울러 숙련 수준을 통제하면 일자리 유형에 따른 행복 또는 효용의 차이가 거의 없어질 것이라고 전통 경제론이 주장하고 있다는 점도 흥미롭다. 이는 이른바 "보상 임금 차이"(compensating wage differentials) 또는 "차이의 평준화"(equalizing differences)가 개인이 선택한 일자리 유형에 따른 행복 수준의 차이들 간의 균형을 맞추기 때문이다.[29] 즉, 사람들은 자신에게 더 낮은 보수를 얻지만 행복하게 해 줄 다른 일자리와 비교하면서, 자신을 행복하게 해 줄 것 같지만 이에 수반되는 불행을 적어도 금전적으로 보상받아야 그 일을 기꺼이 맡으려 한다. 이러한 보상 임금 차이의 존재에 대해서는 실증적 근거들이 엇갈리며,[30] 우리의 분석에서 이 점을 직접 다루지 않지만, 이러한 보상 임금 차이가

---

28 이에 대한 리뷰로는 예컨대 Kristof-Brown et al(2005)를 참조하라.
29 예컨대 Rosen(1986)을 참조.
30 예컨대 Bonhomme and Jolivet(2009)을 참조.

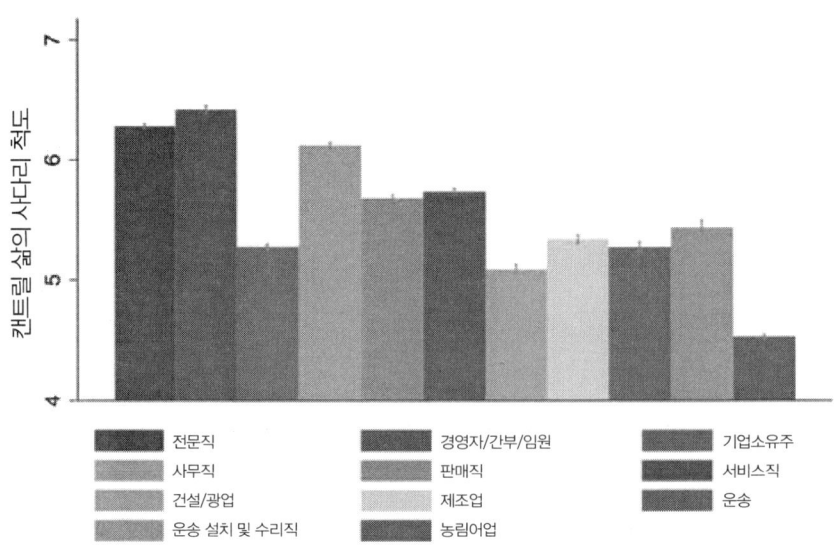

〈그림 6.6A〉 삶의 만족도와 일자리 유형

출처: 갤럽세계조사, 2014-2016.

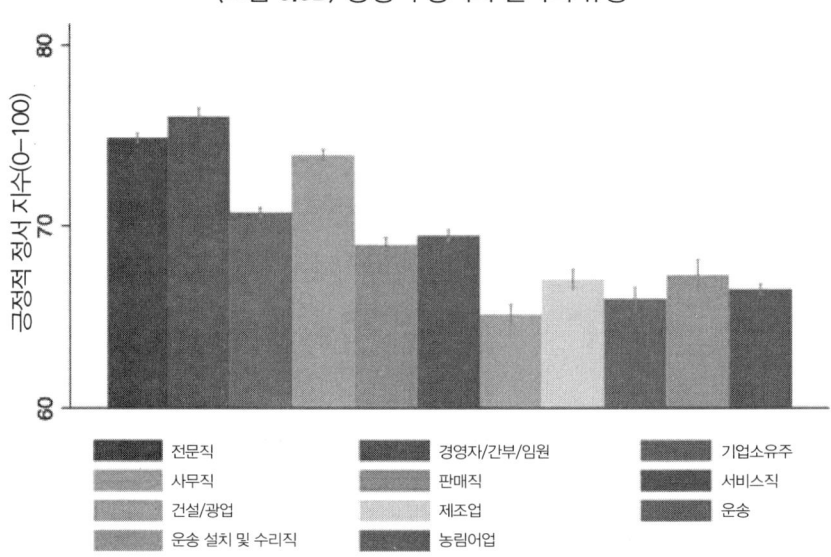

〈그림 6.6B〉 긍정적 정서와 일자리 유형

출처: 갤럽세계조사, 2014-2016.

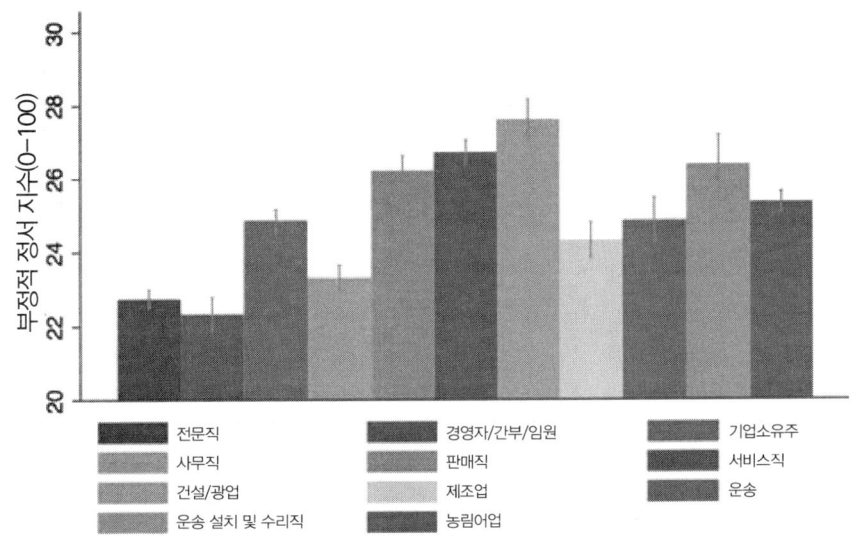

〈그림 6.6C〉 부정적 정서와 일자리 유형

출처: 갤럽세계조사, 2014-2016.

우리가 사용한 전 세계 데이터에서 강하게 드러나는 것 같지는 않다.[31]

〈그림 6.6〉의 통계는 일자리 유형에 따른 행복도의 차이들을 보여주고 있다. 물론 이들 다양한 분야의 종사자들마다 각기 다른 요인들이 이 같은 행복의 차이를 낳았을 것이다. 다양한 일자리 유형에 따른 행복 수준의 차이를 보다 정확하게 보려면, 나이, 성별, 결혼 상태, 교육 수준 등 다양한 교란 변수들과 연계된 임금 차이들을 통제해야 한다. 이 같은 차이들을 통제하고 중회귀분석을

---

[31] 우리의 연구는 '보상 격차' 이론을 직접 다루지 않지만, 일자리 유형에 따른 행복의 차이가 이렇게 크게 나타나는 이유들이 숱하게 있음을 지적할 필요가 있다. 한 가지 그럴듯한 이유를 대자면,(숙련 수준이 일정하다고 통제하더라도) 대부분의 사람들이 어떤 유형의 일자리를 가질지 선택지가 많지 않다는 것이다. 그리하여 경제이론의 주장과 달리 여러 유형들의 일자리들 간의 자유로운 이동이 빈번하지 않다. 또한, 고전적인 보상 격차의 개념이 이들 데이터에 잘 들어맞지 않는 또 다른 이유를 찾자면, 금전적인 보상은 일자리 유형을 행복과 연결시키는 목록의 일부분에 지나지 않기 때문이다.

〈표 6.5〉 일자리 유형과 주관적 웰빙

일자리 유형(???)	(1) 삶의 만족도	(2) 긍정적 정서	(3) 부정적 정서
전문직 경영자/간부/임원	0.033***	-0.021**	0.019**
	(0.009)	(0.009)	(0.009)
기업 소유주	-0.050***	-0.053***	0.031***
	(0.008)	(0.008)	(0.008)
사무직	-0.021***	-0.069***	-0.009
	(0.007)	(0.008)	(0.008)
판매직	-0.070***	-0.121***	0.039***
	(0.009)	(0.010)	(0.009)
서비스직	-0.096***	-0.106***	0.033***
	(0.007)	(0.008)	(0.007)
건설/광업	-0.153***	-0.178***	0.069***
	(0.010)	(0.012)	(0.012)
제조업	-0.128***	-0.171***	0.052***
	(0.009)	(0.011)	(0.011)
운송	-0.113***	-0.195***	0.066***
	(0.011)	(0.014)	(0.011)
설치 및 수리직	-0.131***	-0.151***	0.074***
	(0.011)	(0.014)	(0.013)
농림어업	-0.136***	-0.162***	0.032***
	(0.010)	(0.011)	(0.009)
나라 및 연도 고정효과	예	예	예
관측치	338282	333927	328000
R^2	0.080	0.029	0.018
나라 개수	153	153	153

주: 괄호안의 표준오차는 각국별 범주로 조정한 수치이며, 종속변수들은 평균 0, 표준편차 1로 표준화하였다. 추가로 통제한 변수들은 소득 로그값, 교육 수준, 결혼 상태, 가구 구성, 성별, 연령, 연령의 제곱치 등이다. 표본은 21-60세를 대상으로 한다. $p < $ * 0.1 ** $p < $ 0.05 *** $p < $ 0.01.

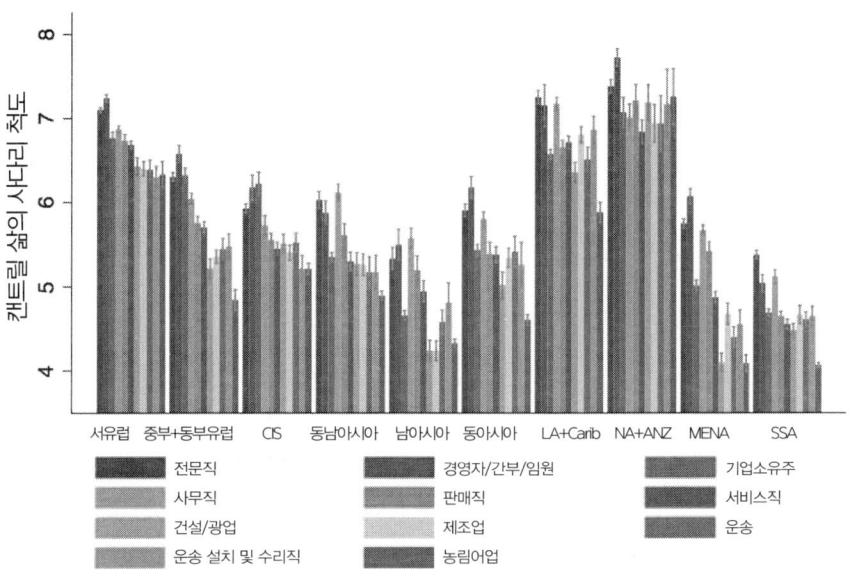

〈그림 6.7〉 삶의 만족도와 일자리 유형 - 지역별

출처: 갤럽세계조사, 2014-2016.

실행한 결과가 〈표 6.5〉이다. 삶의 만족도와 긍정적 정서 차원에서 보면, 회귀분석 결과는 위의 기술통계 결과와 대략 일치한다.(경영자, 간부, 임원 등의) 상위직이 더 높은 만족과 더 긍정적인 정서경험을 보여주고 있는 것이다.(경리, 판매, 서비스 등의) 사무직의 행복은 상위직 동료들에 비해 유의미하게 낮으며 이는 소득과 다른 변수들을 통제해도 마찬가지이다. 게다가 노동집약적인 일자리와 행복도 간의 연관성은 더욱 크게 나타난다.

온라인 부록에서(그림 A6.1-3) 우리는 이들 통계분석 결과들을 성별에 따라 분류하였다. 일부 작은 차이들이 발견되긴 하지만, 앞서 지적한 전반적인 추세의 해석이 바뀔 만큼은 아니다. 그러나 성별이 아니라 세계 각 지역별로 분류할 경우는 다르다. 〈그림 6.7〉에서 보듯 각 지역별 삶의 만족도와 일자리 유형 간에는 명확한 차이가 나타나는데, 능히 예상할 수 있는 바와 같이 앞에서처럼 전 세계 데이터를 통째로 다루었을 때에 비해 추세가 간단하게 도출되지는 않는다. 다른 변수값들이 일정할 경우, 상위 직종이 가장 높은 삶의 만족을 보이는 것은 전 세계에서 공통적이지만(북미, 호주, 뉴질랜드의 농림어업 노동자들은 예외로, 이들은 그와 비슷하거나 더 높은 삶의 만족 및 긍정적 정서를 보여준다), 사무직과 육체노동자들이 더 낮은 삶의 만족도를 보이는 추세는 특히 중동 및 북아프리카, 동아시아, 라틴 아메리카에서 두드러진다. 일자리 유형과 긍정적, 부정적 정서 간의 관계를 나타내는 수치는 온라인 부록에 제시하였으며, 이에 따른 중회귀분석 결과도 표로 덧붙였다.

5. 일자리 만족과 노동자의 귀속감 - 전 세계 차원

UN의 세계 행복 보고서는 사람들이 자신의 삶을 전반적으로 경험하고 평가하는 바에 주로 초점을 맞추지 특정 영역의 웰빙 결과들에 주목하지 않는다. 그러나 노동과 웰빙의 관계에 대한 학계 문헌들은 오랫동안 웰빙의 다른 척도들도 고려해왔다. 특히 '일자리 만족'(job satisfaction)의 개념은 널리 연구되어 왔으며, 특히 최근에는 '노동자의 귀속감'(employee engagement) 같은 다른 결과들에 대한 조사도 시작되었다.[32] 갤럽세계조사에는 이들 특정한 웰빙 항목에 대한 데이터가 포함되어 있어서, 우리는 〈표 6.6〉에 일자리 만족과 노동자 귀속감 그리고 우리가 지금껏 사용한 주관적 웰빙 항목들 간의 상관관계를 제시하였다. 모든 척도들은 서로 상관도가 다양한 수준으로 존재하는 것으로 나타났으며 대부분 우리의 직관에 부합하였다. 일자리에 대한 만족은 삶의 만족에 대한 캔트릴 사다리 척도와 강한 상관을 보여주며, 일자리에 적극적으로 귀속감을 느끼는 것은 긍정적 정서에 이보다 더 강한 상관을 보여준다. 이들 일반적

---

32 예컨대 Freeman(1978); Harter et al.(2002, 2003); Bockerman and Ilmakunnas(2012), Judge et al.(2001)을 참조.

⟨표 6.6⟩ 일반적/특정 영역의 주관적 웰빙 척도에 대한 반응들 간의 상관관계 표

	삶에 대한 만족	긍정적 정서	부정적 정서	일자리 만족	일자리 귀속감	일자리 탈귀속감
삶에 대한 만족	1					
긍정적 정서	0.252	1				
부정적 정서	-0.189	-0.372	1			
일자리 만족	0.280	0.253	-0.178	1		
일자리 귀속감	0.105	0.168	-0.0672	0.156	1	
일자리 탈귀속감	-0.188	-0.257	0.140	-0.411	-0.209	1

주: 모든 상관관계는 0.1% 수준에서 통계적으로 유의미함.

척도들과 일터의 웰빙 모두에서 가장 강한 관계를 갖는 것은 낮은 일자리 만족과 '자신의 일자리에 대한 적극적인 탈귀속감' 사이의 관계였다.

우리는 ⟨표 6.6⟩에서 개별 응답자 수준에서의 이들 척도들 간의 상관관계를 제시하였고, 부록의 ⟨표A 6.5⟩에서는 분석 단위를 나라-연도를 고려할 경우로 확장하여 나라별 평균 웰빙 척도 간의 상관관계를 제시하였다.

⟨그림 6.8⟩에는 전 세계의 일자리 만족도를 각 나라별로 색깔이 다른 지도로 나타냈다. 더 너른 범주의 응답을 가능케 하는 일반적인 웰빙 척도와 달리 일자리 만족에 대한 데이터는 예/아니오의 보다 단순한 질문으로 구성되었다. 자신의 일자리에("만족하지 않는다"와 대비하여) "만족한다"로 응답한 이들의 백분위 비율을 지도에 표시하였다.[33] 그 결과 세계의 일자리 만족도를 전반적으로 볼 수 있는데, 북미·남미·유럽·호주·뉴질랜드에서 자신의 일자리에 만족하는 비율이 더 크다. 온라인 부록에는(⟨표 6.13⟩), 각 지역별 일자리 만족에 대한 상세한 자료들을 제시하였다.

---

[33] 해당 질문은 2006년과 2012년간 갤럽세계조사에 포함되었다. 여기에서 우리는 이 시기에 걸친 평균값에 따라 지도에 표시하였다. 이들 그림에 대한 보다 상세한 내용은 표A6.13.에 제시하였다.

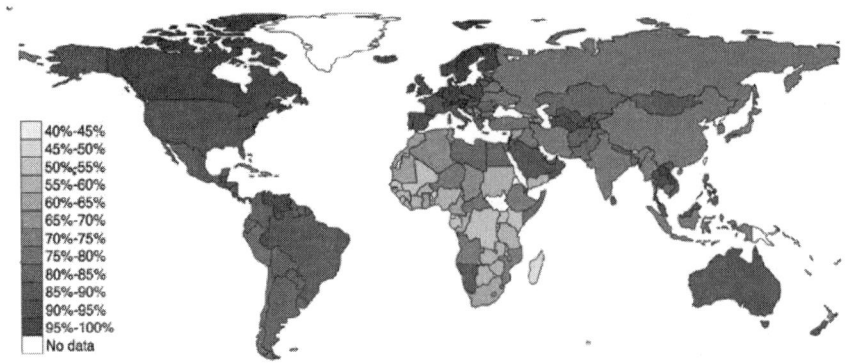

〈그림 6.8〉 세계의 일자리 만족도

자료: 갤럽세계조사, 2006-2012. 취업 중인 21-50세의 응답자의 일자리(불)만족도

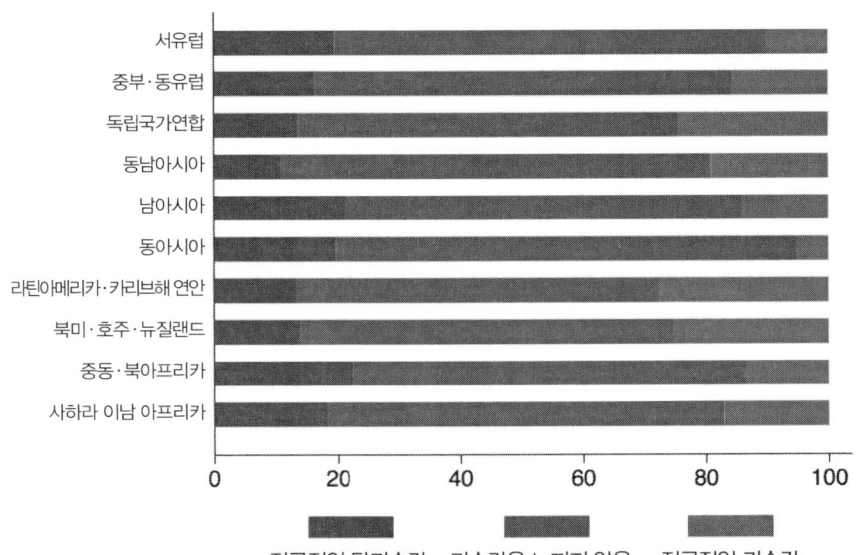

〈그림 6.9〉 세계의 노동자 귀속감

자료: 갤럽세계사회조사, 2014-2016.

〈그림 6.9〉에서는 노동자 귀속감의 세계적인 분포를 고찰하였다. 갤럽세계조사에서 사용된 이 척도는 사람들에게 자신의 일자리에 '적극적으로 귀속감을 느낀다', '귀속감을 느끼지 않는다', 그리고 '적극적으로 탈귀속감을 느낀다' 중에서 답하게 하였다. 해당 결과는 암울한데, 적극적인 귀속감을 느끼는 이들

의 비율은 전 세계에서 20% 미만이었고 서유럽에서는 10% 내외, 그리고 동아시아에서는 훨씬 더 낮았다.

일자리 만족과 노동자 귀속감에서 세계적으로 나타나는 이 같은 차이는 부분적으로는 측정 방법론 때문일 수 있지만, 또한 두 개념이 일자리 행복의 각기 다른 측면을 측정한다는 사실과도 관련이 있다. 일자리 만족이 자신의 직업에 대한 만족감으로 환원될 수 있는 반면, (적극적인) 노동자 귀속감은 자신의 노동에 긍정적으로 몰두하고 자신이 속한 조직의 이익 증진에 충분히 헌신적일 것을 요구하는 것이기 때문이다. 따라서 노동자 귀속감의 증진은 보다 달성하기 어려운 장애물이다.

전 세계에서 일반적으로 일자리 귀속감이 낮은 것은 또한 왜 많은 사람들이 일하면서 행복하다고 하지 않는지에 대한 실마리를 제시한다. 실제로 최근 한 연구는 스마트폰을 이용하여 하루 중 각기 다른 시간대의 사람들로부터 데이터를 수집하였다.[34] 이런 번거로운 작업을 통해 해당 저자들은 유급노동(paid work)이 다른 39가지의 활동들에 비해 몰입감의 정도가 낮음을 보여주고 있다. 사람들이 일하면서 행복하지 못하는 정도는 일하는 장소에 따라, 다른 활동들과 일이 결합되는지에 따라, 혼자 일하는지 아니면 다른 이들과 함께 일하는지에 따라, 그리고 일하는 시간대가 낮인지 야간인지에 따라 다르다는 것을 보여주고 있다.

또한 우리는 위에서 연구한 일자리 유형들이 일자리 만족과 노동자 귀속감 척도들과 어느 정도 관련되는지를 고려하였다. 〈그림 6.10〉은 일자리 유형과 일자리 만족 간의 관계를 보여주고 있는데, 이는 앞서 일자리 유형과 주관적 웰빙의 보다 일반적인 척도 간의 관계에서 나타난 추세와 비슷한 양상이다. 상위 전문직은 다른 모든 일자리 유형들에 비해 훨씬 큰 일자리 만족을 보여준다. 일자리 유형과 노동자 귀속감 간의 관계는 이제껏 일자리 유형과 관련하여

---

[34] Bryson and Mackerron(2017).

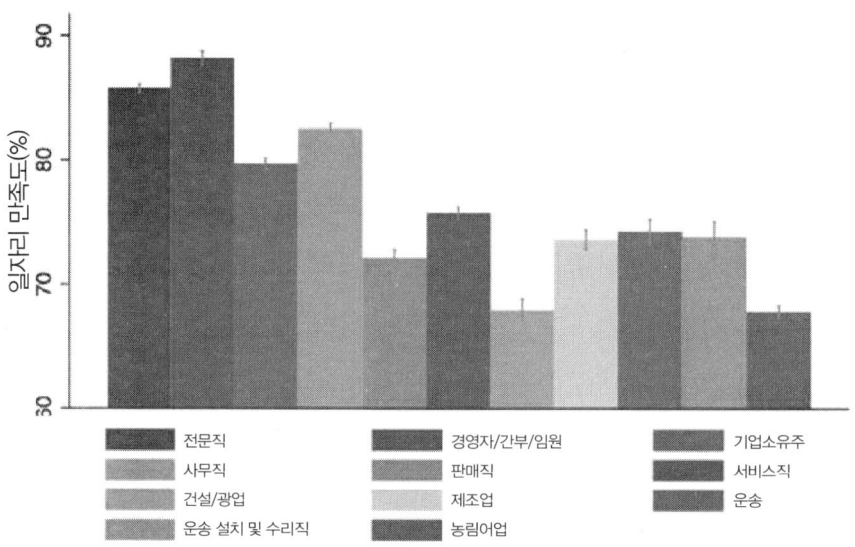

〈그림 6.10〉 일자리 만족과 일자리 유형

출처: 갤럽세계조사, 2014-2016.

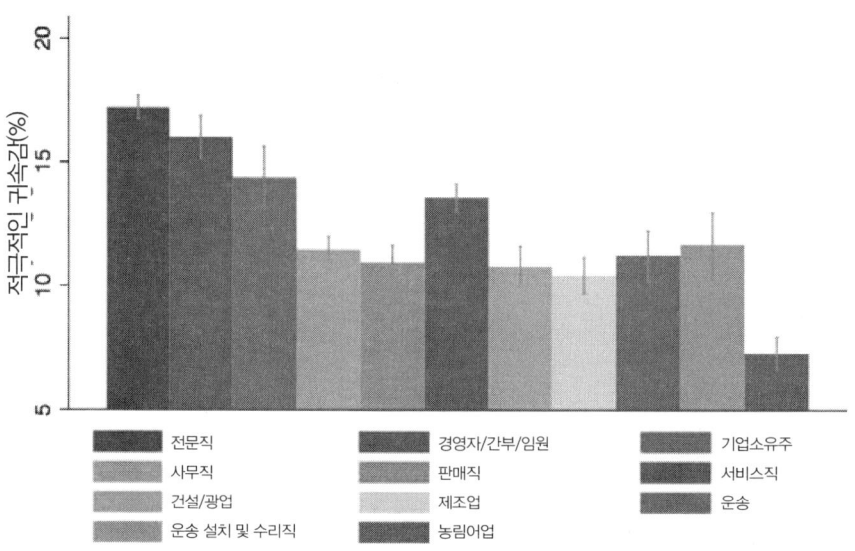

〈그림 6.11〉 노동자 귀속감과 일자리 유형

출처: 갤럽세계조사, 2014-2016.

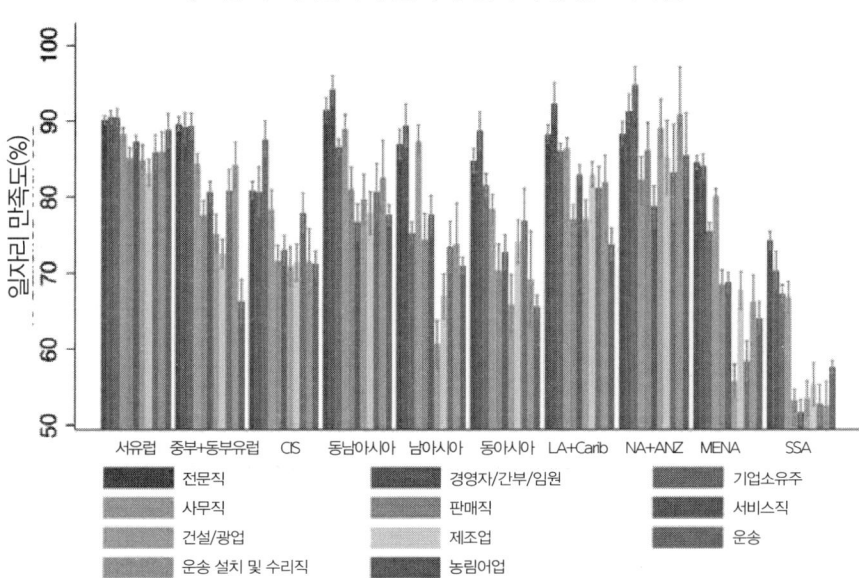

〈그림 6.12〉 일자리 만족과 일자리 유형: 지역별

출처: 갤럽세계조사, 2014-2016.

사용했던 다른 웰빙 척도들에 비해 흥미롭고 중요한 차이를 보여준다. 〈그림 6.11〉은 기업소유주가 다른 모든 일자리 유형들에 비해 가장 적극적으로 귀속감이 높음을 분명하게 보여주고 있다.

세계 지역별 일자리 만족과 귀속감은 〈그림 6.12〉와 〈그림 6.13〉에서 다루었는데, 세계 전체 데이터로 얻은 일반적인 추세와 동일한 결과를 볼 수 있다. 그런데 일부 지역에서 일자리 유형별 만족도에서 매우 확연한 차이가 나타난다는 점은 지적할 필요가 있다. 예컨대, 중부 및 동유럽, 그리고 중동 및 북아프리카 지역에서는 상위 전문직의 약 90%가 일자리에 만족하는 반면 농림어업에 종사하는 이들의 경우 이 수치는 60%를 겨우 상회하는 수준으로 떨어진다. 이와 같은 차이는 서유럽과 북미, 호주 그리고 뉴질랜드에서는 전혀 발견되지 않는다. 일자리 귀속감 통계를 보면, 〈그림 6.13〉은 남아시아와 동남아시아를 예외로 하면 대부분의 지역에서 기업 소유주가 이 같은 이상치(outlier)에 해당하

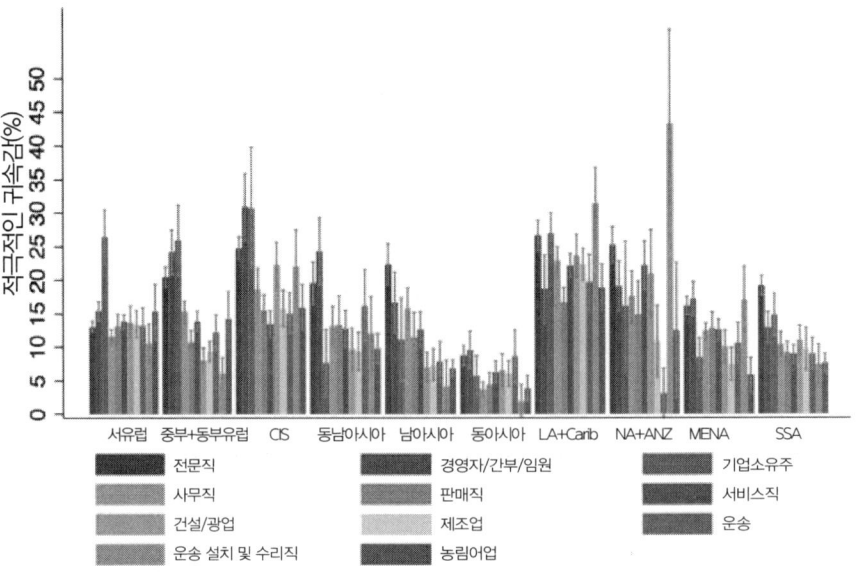

〈그림 6.13〉 노동자 귀속감과 일자리 유형: 지역별

출처: 갤럽세계조사, 2014-2016.

는 직종임을 보여준다.

〈표 6.7〉과 〈표 6.8〉은 나라 및 연도 고정효과를 비롯하여 소득·인구학적 변수 같은 통상적인 변수들을 통제한 상태에서, 세계 지역에 따라 일자리 유형과 일자리 만족, 귀속감 간의 관계가 어떠한지 회귀분석한 결과이다. 통제변수들을 포함시켰음에도 불구하고 해당 결과는 대체로 위의 기술통계 결과들과 비슷한데, 중요한 예외가 있다면 기업 소유주와 적극적 귀속감 간의 관계가 서유럽과 중유럽, 동유럽에서만 통계적으로 유의미하다는 점이다. 온라인 부록(그림A6. 4-5)에서는 일자리 유형, 일자리 만족 및 귀속감에 대한 이들 기술 통계치들을 성별로 나누었다. 남성과 여성만을 따로 분석했을 때 앞서 보고한 전반적인 추세와 크게 다른 결과가 도출되지는 않았다.

<표 6.7> 일자리 만족과 일자리 유형: 지역별

	서유럽	중부·동유럽	독립국가연합	동남아시아	남아시아	동아시아	라틴아메리카·카리브해연안	북미·호주·뉴질랜드	중동·북아프리카	사하라이남아프리카
	(1)	(2)	(3)	(4)	(5)	(6)	(7)	(8)	(9)	(10)
일자리 유형(전문직 대비)										
경영자·간부·임원	-0.017	-0.061*	0.044	-0.051	0.022	-0.025	-0.083	-0.048	0.006	-0.030
	(0.012)	(0.033)	(0.038)	(0.030)	(0.036)	(0.067)	(0.057)	(0.043)	(0.034)	(0.039)
기업소유주	0.021	-0.091	0.015	-0.082***	-0.022	-0.084**	-0.031	0.047	-0.071**	-0.074**
	(0.015)	(0.094)	(0.051)	(0.027)	(0.028)	(0.038)	(0.024)	(0.034)	(0.032)	(0.030)
사무직	-0.032**	-0.122***	-0.064	-0.101***	0.046	-0.097**	-0.028	-0.091*	-0.086***	-0.099**
	(0.014)	(0.029)	(0.047)	(0.034)	(0.034)	(0.043)	(0.026)	(0.047)	(0.024)	(0.042)
판매직	-0.076***	-0.292***	-0.232***	-0.149***	-0.127***	-0.210***	-0.162***	-0.166***	-0.261***	-0.234***
	(0.020)	(0.041)	(0.036)	(0.051)	(0.043)	(0.042)	(0.029)	(0.038)	(0.041)	(0.040)
서비스직	-0.055***	-0.200***	-0.162***	-0.169***	-0.049	-0.187***	-0.118***	-0.080	-0.186***	-0.291***
	(0.013)	(0.036)	(0.027)	(0.044)	(0.062)	(0.047)	(0.028)	(0.059)	(0.039)	(0.031)
건설·광업	-0.059***	-0.273***	-0.221***	-0.216***	-0.274***	-0.286***	-0.150***	0.008	-0.462***	-0.247***
	(0.019)	(0.051)	(0.039)	(0.068)	(0.038)	(0.082)	(0.034)	(0.061)	(0.057)	(0.047)
제조업	-0.110***	-0.363***	-0.188***	-0.234***	-0.194***	-0.249***	-0.117***	-0.145*	-0.314***	-0.238***
	(0.023)	(0.038)	(0.031)	(0.040)	(0.059)	(0.080)	(0.034)	(0.076)	(0.053)	(0.047)
운송	-0.039*	-0.266***	-0.083**	-0.186***	-0.096**	-0.211*	-0.177***	-0.089*	-0.355***	-0.264***
	(0.020)	(0.049)	(0.031)	(0.063)	(0.045)	(0.112)	(0.044)	(0.042)	(0.051)	(0.055)
설치·수리직	-0.068*	-0.227***	-0.162***	-0.109	-0.084**	-0.216***	-0.052	-0.047	-0.257***	-0.319***
	(0.034)	(0.048)	(0.048)	(0.065)	(0.035)	(0.070)	(0.046)	(0.066)	(0.051)	(0.058)
농림어업	-0.039	-0.413***	-0.320***	-0.145***	-0.110***	-0.310***	-0.152***	0.004	-0.277***	-0.244***
	(0.047)	(0.075)	(0.045)	(0.043)	(0.037)	(0.037)	(0.042)	(0.086)	(0.044)	(0.041)
나라 및 연도 고정효과	예	예	예	예	예	예	예	예	예	예
관측치	40544	14382	17824	15616	17296	15038	20297	5266	31289	38472
R-squared	0.008	0.047	0.046	0.024	0.066	0.043	0.026	0.014	0.053	0.047
나라 개수	21	17	12	9	6	6	21	4	18	33

주: 괄호안의 표준오차는 각국별 범주로 조정한 수치이며, 종속변수들은 평균 0, 표준편차 1로 표준화하였다. 추가로 통제한 변수들은 소득 로그값, 교육 수준, 결혼 상태, 가구 구성, 성별, 연령, 연령의 제곱치 등이다. 표본은 21-60세를 대상으로 한다. $p < * 0.1$ $** p < 0.05$ $*** p < 0.01$.

<표 6.8> 노동자 귀속감과 일자리 유형: 지역별

	서유럽	중부·동유럽	독립국가연합	동남아시아	남아시아	동아시아	라틴아메리카·카리브해연안	북미·호주·뉴질랜드	중동·북아프리카	사하라이남아프리카
	(1)	(2)	(3)	(4)	(5)	(6)	(7)	(8)	(9)	(10)
일자리 유형(전문직 대비)										
경영자·간부·임원	0.035**	0.077**	0.118*	-0.036	0.017	-0.020	-0.035	-0.043	0.054	-0.063
	(0.014)	(0.038)	(0.069)	(0.063)	(0.069)	(0.056)	(0.069)	(0.043)	(0.037)	(0.054)
기업소유주	0.239***	0.235**	0.155	-0.074	-0.045	0.010	0.095	0.164	0.008	0.037
	(0.050)	(0.097)	(0.144)	(0.092)	(0.076)	(0.039)	(0.073)	(0.131)	(0.066)	(0.066)
사무직	-0.097***	-0.159***	-0.089**	-0.145**	-0.073	-0.160***	-0.124***	-0.194***	-0.085**	-0.148***
	(0.022)	(0.028)	(0.039)	(0.064)	(0.049)	(0.028)	(0.039)	(0.047)	(0.041)	(0.040)
판매직	-0.020	-0.214***	-0.147***	-0.166**	-0.068	-0.109***	-0.145***	-0.206**	-0.101**	-0.121**
	(0.023)	(0.038)	(0.030)	(0.067)	(0.053)	(0.035)	(0.054)	(0.096)	(0.047)	(0.058)
서비스직	-0.017	-0.193***	-0.130***	-0.130**	-0.033	-0.104***	-0.090**	-0.048	-0.003	-0.133***
	(0.014)	(0.038)	(0.032)	(0.057)	(0.035)	(0.027)	(0.040)	(0.070)	(0.045)	(0.033)
건설·광업	0.013	-0.230***	-0.086***	-0.206***	-0.101**	-0.045	0.007	0.040	-0.115**	-0.125**
	(0.034)	(0.035)	(0.031)	(0.066)	(0.041)	(0.046)	(0.064)	(0.120)	(0.046)	(0.049)
제조업	-0.063***	-0.195***	-0.134***	-0.180***	-0.158***	-0.108***	-0.092*	-0.222**	-0.086*	-0.151***
	(0.021)	(0.031)	(0.046)	(0.048)	(0.045)	(0.029)	(0.053)	(0.077)	(0.046)	(0.054)
운송	-0.011	-0.205***	-0.168***	-0.199***	-0.028	-0.105*	-0.216***	-0.205**	-0.126**	-0.200***
	(0.036)	(0.046)	(0.041)	(0.054)	(0.039)	(0.054)	(0.069)	(0.089)	(0.059)	(0.048)
설치·수리직	-0.045	-0.262***	-0.101*	-0.240***	-0.140**	-0.159***	0.017	-0.085	-0.078	-0.169***
	(0.031)	(0.044)	(0.058)	(0.061)	(0.065)	(0.045)	(0.085)	(0.115)	(0.072)	(0.048)
농림어업	0.125**	-0.173**	-0.197***	-0.134*	-0.082**	-0.088***	-0.148*	-0.101	-0.098*	-0.203***
	(0.061)	(0.067)	(0.058)	(0.075)	(0.033)	(0.031)	(0.081)	(0.173)	(0.056)	(0.039)
나라 및 연도 고정효과	예	예	예	예	예	예	예	예	예	예
관측치	26334	14614	11291	5652	7108	8157	13711	3753	13752	13417
R-squared	0.009	0.030	0.032	0.017	0.032	0.018	0.011	0.020	0.011	0.028
나라 개수	21	17	12	9	7	5	21	4	16	30

주: 괄호안의 표준오차는 각국별 범주로 조정한 수치이며, 종속변수들은 평균 0, 표준편차 1로 표준화하였다. 추가로 통제한 변수들은 소득 로그값, 교육 수준, 결혼 상태, 가구 구성, 성별, 연령, 연령의 제곱치 등이다. 표본은 21-60세를 대상으로 한다. p < * 0.1 ** p < 0.05 *** p < 0.01.

6. 일자리 특성과 주관적 웰빙

이제 일자리의 특질을 보다 면밀히 관찰해보자. 일자리를 갖고 있다는 것이 더 높은 주관적 웰빙의 강한 요인이며, 특정한 일자리 유형들이 보다 높거나 낮은 행복과 관련되어 있다는 점은 앞서 설명하였다. 그리고 이는 소득이나 교육 등 교란 변수들을 통제하더라도 유효한 결과였다. 그러나 과연 이처럼 각기 다른 일자리 유형이 사람들마다 다른 수준의 웰빙을 가져오는 건 대체 무엇 때문인가?

이 질문에 보다 정확하게 답하기 위해 우리는 유럽사회조사(ESS)의 데이터를 이용하였는데, 이 조사는 일자리의 특징들을 여러 주관적 웰빙 척도들과 결합한 보다 상세한 질문들을 담고 있다. '좋은 일자리'(good job)를 결국 규정하는 것은 무엇인가? 이 중요한 질문에 대한 답은 오랫동안 단순명료한 것이었다. 즉, '보수를 얼마나 받느냐' 그리고 또한 '얼마나 오랜 시간 일해야 하느냐'였다. 서베이 조사의 데이터가 점점 늘어나면서 우리는 이를 보다 깊이 파고들 수 있게 되어, 일자리의 어떤 특정한 양상이 웰빙의 상이한 척도들을 가장 잘 예측하느냐를 질문하게 되었다. 예컨대, 유럽사회조사에서는 일을 하고 있는 응답자들은 업무의 다양성, 업무의 자율성, 그리고 주변 동료들로부터 받는 지원 등 많은 추가적인 일자리 특징들에 대해 질문 받았다.

주관적 웰빙 척도를 소득 및 여타 인구학적 변수들과 더불어 이 같은 노동 과정의 설계 척도들에 회귀분석함으로써, 우리는 실제 일하는 삶의 과정에서 사람들에게 무엇이 중요한지를 추론할 수 있다. 이는 '좋은 일자리'를 구성하는 것이 정확하게 무엇인지 조사하는 매우 민주적인 방법이다. 일자리에서 어떤 특징이 가장 중요한지에 대한 임의의 특정한 아이디어들을 전제하기보다는, 이처럼 다변량 회귀분석을 통해 우리는 노동자 자신이 일자리의 어떤 양상이 자신의 웰빙을 추동하는 가장 큰 요인인지 확정할 수 있게 하였다. 이런 식의 접근을 하는 대부분의 문헌에서는 일자리 만족과 연관된 일자리의 요소들에 초점을 맞춘다.[35] 그러나 사람들의 일자리의 어떤 요소들이 궁극적으로 삶 전반을 어떻게 평가하게 만드는지, 그리고 일자리의 특징이 사람들이 살아가면서 경험하는 감정적인 상태에 어떤 영향을 미치는지를 아는 것도 중요하다. 따라서 우리는 일자리 만족 방정식을 추정함에 있어서는 기존 문헌을 따르되, 삶의 만족도와 "모든 것들을 통틀어 고려한" 일반적인 행복, 그리고 "최근 2주 동안" 어떤 감정을 느꼈는지를 묻는 긍정적 정서 척도에 일자리 특징이 미치는 영향도 조사하였다.[36]

그 결과 우리는 고임금이 더 큰 웰빙과 실제로 연관됨을 발견하였는데, 이는 기존 문헌 및 보편적인 직관에 부합하는 결과이다. 보수가 높은 일자리에 종사하는 이들이 하위 소득 그룹에 비해 보다 행복해하고 자신의 삶에 더 만족한다. 이 관계는 대체로 로그선형 관계이지만, 소득이 높아질수록 행복의 증가 정도는 점점 줄어듦을 보여준다. 즉, 추가로 100 달러의 봉급을 더 받는 것은 소득분포의 하위 그룹에 가까운 이들에게 훨씬 더 큰 가치가 있다. 그런데 로그 소득값을 통제하더라도 사람들의 일자리의 여타 수많은 측면들이 주관적 웰빙의 여러 척도들과 여전히 강한 연관을 맺는다는 점은 주목할 만한 일이다. 늘 그렇듯 이 회귀식은 통상적인 인구학적 변수들을 통제한 결과인데, 여기에 우리는 산업 및 직업 더미까지 통제하였다. 즉, 이러저러한 특정한 일자리 특징들에 대해 질문함에 있어-그것이 자율성이든 안정성이든 동료들의 지원 혹은 그

---

[35] 예컨대 Clark(2010)를 참조. 일자리의 특징을 측정하는 방법은 매우 많다. 관련하여 유용한 개략으로는 Osterman(2013)을 참조.

[36] 우리의 조사에서 사용한 질문은 다음과 같다. 1) 모든 것들을 통틀어 고려했을 때, 당신의 최근 삶 전반에 대해 얼마나 만족하십니까? 2) 모든 것들을 통틀어 고려했을 때, 본인이 얼마나 행복하다고 말씀하시겠습니까? 3) 당신의 일자리에 얼마나 만족하십니까? 4) 긍정적 정서 척도는 지난 2주 동안 응답자가 얼마나 "신나고 기분이 좋았는지", "차분하고 편안했는지", "적극적이며 활기찼는지"에 대한 답변들을 수합하여 측정하였다.

<표 6.9> 주관적 웰빙과 일자리의 특징

	단위	(1) 삶의 만족	(2) 행복	(3) 일자리 만족	(4) 긍정적 정서
임금	(Log)	0.068**	0.041*	0.084***	0.048**
		(0.030)	(0.024)	(0.025)	(0.019)
노동시간	(주간)	0.002	0.001	0.000	0.002**
		(0.001)	(0.001)	(0.001)	(0.001)
노동자 감독 책임 여부	(0/1)	0.030	0.031	0.029	0.025
		(0.023)	(0.022)	(0.018)	(0.022)
업무의 다양성	(매우 그렇다=1)	0.079***	0.081***	0.229***	0.101***
		(0.024)	(0.028)	(0.020)	(0.021)
새로운 것을 배워야 하는 업무 여부	(매우 그렇다=1)	0.047**	0.059**	0.137***	0.074***
		(0.019)	(0.023)	(0.018)	(0.020)
성과급 여부	(매우 그렇다=1)	0.042	0.044	0.026	0.062*
		(0.029)	(0.031)	(0.023)	(0.035)
동료로부터의 지원	(매우 그렇다=1)	0.107***	0.161***	0.249***	0.133***
		(0.019)	(0.020)	(0.025)	(0.020)
산재위험 정도	(매우 그렇다=1)	-0.155***	-0.086*	-0.194***	-0.135***
		(0.045)	(0.045)	(0.033)	(0.031)
노동시간 시작 및 종료 선택 가능 여부	(매우 그렇다=1)	-0.040**	-0.026	-0.019	-0.016
		(0.016)	(0.028)	(0.031)	(0.029)
일자리 안정성	(매우 그렇다=1)	0.103***	0.105***	0.190***	0.089***
		(0.018)	(0.023)	(0.025)	(0.018)
힘든 노동 요구	(매우 동의=1)	-0.034	0.018	-0.024	0.029
		(0.037)	(0.037)	(0.031)	(0.028)
업무 마무리할 시간 부족	(매우 동의=1)	-0.015	-0.016	-0.132***	-0.081**
		(0.025)	(0.028)	(0.025)	(0.030)
승진 기회 많음	(매우 동의=1)	0.107**	0.073*	0.210***	0.111**
		(0.040)	(0.041)	(0.046)	(0.040)
가족과 함께할 시간 방해	(종종/항상=1)	-0.150***	-0.100***	-0.214***	-0.174***
		(0.019)	(0.019)	(0.023)	(0.021)
비업무 시간에 업무 고민	(종종/항상=1)	-0.107***	-0.084***	-0.033	-0.196***
		(0.025)	(0.020)	(0.029)	(0.028)
업무 후 지쳐서 다른 여가 향유 불가	(종종/항상=1)	-0.210***	-0.201***	-0.221***	-0.405***
		(0.022)	(0.027)	(0.024)	(0.033)
일과 중 업무 구성 자율성	(8-10/10=1)	0.046***	0.088***	0.192***	-0.019
		(0.017)	(0.018)	(0.019)	(0.022)
업무 속도 조절 가능	(8-10/10=1)	0.085***	0.069***	0.091***	0.066**
		(0.021)	(0.020)	(0.022)	(0.024)
조직의 정책적 결정에 대한 개입 가능	(8-10/10=1)	0.031	0.040*	0.121***	0.053**
		(0.026)	(0.022)	(0.024)	(0.023)
노동조합 소속 여부	(0/1)	0.020	0.040**	0.053*	0.022
		(0.021)	(0.019)	(0.029)	(0.021)
(임노동자 대비) 자영업 여부	(0/1)	0.053	0.008	0.039	0.026
		(0.034)	(0.036)	(0.029)	(0.036)
교육 수준	(년)	0.004*	0.003	-0.010***	-0.002
		(0.002)	(0.002)	(0.002)	(0.002)
여성 더미	(0/1)	0.038	0.037	0.048*	-0.066**
		(0.025)	(0.024)	(0.023)	(0.024)
연령	(년)	-0.045***	-0.049***	-0.003	-0.036***
		(0.006)	(0.008)	(0.006)	(0.008)
연령의 제곱치	(년^2)	0.000***	0.000***	0.000	0.000***
	(0.000)	(0.000)	(0.000)	(0.000)	(0.000)
관측치		11555	11555	11555	11555
R^2		0.287	0.229	0.220	0.160

주: 괄호안의 표준오차는 각국별 범주로 조정한 수치이며, 종속변수들은 평균 0, 표준편차 1로 표준화하였다. 추가로 통제한 변수들은 소득 로그값, 교육 수준, 결혼 상태, 가구 구성, 성별, 연령, 연령의 제곱치 등이다. 표본은 21-60세를 대상으로 한다. $p < $ * 0.1 ** $p < 0.05$ *** $p < 0.01$.

무엇이든-동일 산업 내 동일 직업을 가진 노동자들을 비교한 것이다.

결국, 소득 이상으로 중요한 것은 과연 무엇인가? 이는 〈표 6.9〉에서 보듯 '일과 삶의 균형'으로 사람들의 주관적 웰빙을 일터에서 추동하는 가장 큰 요인이다. 이는 삶의 만족, 일자리 만족, 전반적인 행복, 순간순간의 정서적 경험 등 어느 측면으로 보나 사실이다. 업무에 너무 지쳐 삶의 비노동적인 요소들을 누릴 수 없는 일자리를 갖고 있는 이들은 일상의 긍정적 정서가 그렇지 않은 이들에 비해 크게 낮은 것으로 나타나고 있다. 더구나 '하던 일을 집으로' 가져와 일터에 없을 때에도 일 문제로 고민한다는 이들을 비롯하여, 자신의 일이 가족과 시간을 보낼 여지를 줄인다고 응답한 노동자들은 위 네 가지 척도 모두에서 체계적으로 낮은 주관적 웰빙 수치를 보여주고 있다. 이 결과는 보수 수준 및 주당 노동시간 등 통상적인 변수들을 통제한 상태에서도 그러하다.

또한 〈표 6.9〉에서 보듯 일자리의 내용도 중요하다. 업무 내용이 단조롭지 않고 다양하고 새로운 일들을 배워가며 업무를 해야 하는 일자리 종사자들은 자신의 삶과 일자리에 보다 만족하고 매일매일 보다 긍정적인 감정을 경험한다. 더욱이 일터에서의 개인적 자율성은 행복의 중요한 요인인데, 노동시간의 구성과 노동과정의 속도를 통제할 수 있을수록 더 높은 웰빙 결과를 낳는다. 반대로, 산재 위험을 져야 하는 일자리 종사자들은 주관적 웰빙 척도 점수가 낮게 나왔다.

일터에서의 '사회적 자본'(social capital)은 훨씬 더 중요하다. 노동자가 자신의 동료 노동자들로부터 받는 지원의 수준은 표본 내 모든 주관적 웰빙 지표에서 가장 강한 요인으로 나타났는데, 이는 자신이 종사하는 조직의 정책 결정에 발언권을 가질 수 있기 때문이다. 아울러 노동조합에 소속된 노동자들은 대체로 자신의 일자리에 더 만족해한다. 물론 표본 내 노조원과 비노조원 간의 삶의 만족 및 긍정적 정서경험의 차이는 통계적으로 무의미하지만 말이다.

앞서 실업이 지닌 '확산' 효과에서 지적한 바와 같이, 일자리의 안정성이야말로 개인의 웰빙을 낳는 강건한 요인이다. 생계에 체계적으로 위험을 느끼는 이들은 직업 안정성의 인지 정도가 높은 이들에 비해 주관적 웰빙이 낮다. 이와 관련된 개념이 자신의 삶에서 "성공"할 수 있는가이다. 즉, 승진과 상승의 기회가 많은 일자리를 가졌다고 느끼는 이들이―현재 보수와 현재의 일자리 특징들을 통제하더라도―자신의 일자리와 삶에 더 만족해하며 긍정적 정서 상태 또한 더 많이 경험하는 것이다.

마지막으로, 상사(boss) 또한 중요한 변수이다. 우리의 데이터로는 누가 상사인지 그리고 그가 자신의 웰빙에 어떤 영향을 주는지 그 중요성을 측정하고 계량화할 수 없지만, 최근 연구들은 상사 및 감독자가 주관적 웰빙을 결정하는데 중요한 역할을 함을 보여주었다. 특히 상사의 능력은 일자리 만족의 강한 요인으로 드러났는데, 이는 시간이 지나며 자신의 상사가 능력을 얻는지 잃는지 확인할 수 있도록 동일한 일자리에 계속 종사한 이들을 추적하는 종적 연구에서 개개인의 고정효과들을 통제하더라도 유효한 결과이다.[37]

7. 결론

이전의 4차례 《세계 행복 보고서》가 잘 보여주듯이, 주관적 웰빙 수준은 나라별로 매우 다르다. 세계 각지에 수많은 종류의 일들이 있다는 점이 당연하게도 이 같은 나라별 차이의 원인이 될 것이다. 궁극적으로 노동은 우리의 삶의 중요한 부분을 구성한다. 각국의 경제 구조는 크게 상이하며, 특정 시점에서의 국가들끼리 봐도 그렇고 일국 내에서 통시적 비교를 해도 그러하다. 따라서 사람들이 실제로 종사하는 노동의 종류는―사무실에 앉아있든, 생산라인에 종사하든, 현장에서 일하든―크게 다양하며, 이는 우리가 본 행복 수준의 전 세계

---

37 Artz et al.(2016).

적 차이를 낳는 중요한 요인일 것이다.

이 장에서 우리는 행복과 고용, 일자리 유형, 일자리 특징의 관계를 전 세계를 대상으로 실증적인 관점에서 고찰하고자 하였다. 전 세계를 통틀어 고용된 이들은 그렇지 않은 이들에 비해 자신의 삶의 질을 더 높게 평가하였다. 행복에 고용이 갖는 명확한 중요성은 실업이 가져올 수 있는 폐해를 뚜렷하게 시사한다. 이 장은 실업의 동학을 더 깊게 파고들어 개인이 시간이 지난다고 하여 실업에 적응하기가 쉽지 않으며 과거 실업의 여파가 재고용 후에도 오랜 시간에 걸쳐 지속될 수 있음을 보였다. 또한 우리의 데이터는 실업의 증가가 모든 이들, 특히 이미 고용된 이들에게도 부정적인 영향을 줌을 보여주었다. 이 같은 결과는 개인 수준에서 얻어졌지만, 거시경제 수준에서도 도출된다. 일국의 실업 수준이 그 나라의 평균 웰빙과 부정적으로 연관된다는 점이 전 세계적으로 확인되는 것이다.

우리는 또한 행복과 일자리 유형의 관련에 대해 연구하였다. 전 세계 데이터를 이용하여 일자리 유형에 대해 도출된 주요 결과는 육체노동과 비육체노동이 행복과의 관련에 있어 유의미한 차이를 보인다는 점이다. 일자리 유형의 이 두 너른 범주들에 맞물려 있을 관련 변수들을 통제하더라도, 블루컬러 노동이 더 적은 행복과 체계적으로 연관되는 것으로 나온다. 우리는 또한 특정한 일터의 특징들에 주목하여 일자리의 질이 행복과 관련된 바를 면밀히 연구하였다. 보수가 높은 일자리는 행복으로 이어지지만, 이게 이야기의 전부는 아니었다. 부가적으로 여러 측면들이 다양한 행복 척도들과 강하게 연관되었다. 주관적 웰빙을 끌어내는데 가장 중요한 것으로 드러난 일자리 요소는 일과 삶의 균형, 자율성, 다양성, 직업 안정성, 사회적 자본, 그리고 산업안전이었다.

이용가능한 데이터로부터 얻은 결과와 추론들은 철저하리만치 완전하다고 할 수는 없다. 다만, 고용주와 노동자들 및 정책담당자들에게 실증적인 지침이 되고 향후 연구들을 자극하는 것을 목적으로 한 것이다. 고용을 보다 늘리는데 지금보다 더 많은 가중치가 주어져야 한다는 점은 명백하다. 마찬가지로 실업에 수반된 경제적 어려움 뿐만 아니라 비경제적 어려움도 이겨낼 수 있도록 사람들을 돕는데 정책 지향이 맞춰져야 하며, 이는 실업자들을 일터로 되돌아오도록 도와주는 것은 물론이고 사회적 웰빙 수준도 높일 수 있을 것이다. 일자리의 수 뿐만 아니라 일자리의 질을 향상시키도록 고용주들을 북돋는 데에도 정책 수단들이 사용될 수 있다. 결국, 최근 연구들은 높은 수준의 노동자 웰빙은 생산성 향상 및 기업의 성과 증진도 낳을 수 있음을 보여주고 있다.[38] 이 같은 결과들은 노동자의 웰빙으로 이어지는 '고진로'(high-road) 고용 전략으로 불릴 정책들의 장점을 시사하는 것이다. 요컨대 이 장에서 수행된 분석들은 전 세계적으로 웰빙을 뒷받침해주는 정책들, 즉 고용의 양과 질 양자 모두에 초점을 맞춘 정책들이 지닌 장점에 대한 실증적인 증거들을 제공해주는 것이다.

---

[38] 예컨대 Oswald, Proto, and Sgroi(2015), Edmans(2011), Harter et al.(2002)를 참조.

참고문헌

Artz, B. M., Goodall, A. H., & Oswald, A. J.(2016). Boss competence and worker wellbeing. *Industrial and Labor Relations Review*, forthcoming.

Blanchflower, D., & Oswald, A.J.(2004). Wellbeing over time in Britain and the USA. *Journal of Public Economics*, 88, 1359– 1386.

Bockerman, P., & Ilmakunnas, P.(2012). The Job Satisfaction-productivity Nexus: A Study Using Matched Survey and Register Data. *Industrial and Labor Relations Review*, 65(2), 244–262.

Bonhomme, S., & Jolivet, G.(2009). The pervasive absence of compensating differentials. *Journal of Applied Econometrics*, 24(5), 763-795.

Bryson, A., & Mackerron, G.(2017). Are you happy while you work? *The Economic Journal*, 127(599), 106–125.

Clark, A.E.(2003). Unemployment as a Social Norm: Psychological Evidence from Panel Data. *Journal of Labour Economics*, 21, 323-351.

Clark, A.E.(2010). Work, Jobs and Well-Being Across the Millennium. In E. Diener, J. Helliwell, and D. Kahneman(Eds.), *International Differences in Well-Being*. Oxford: Oxford University Press.

Clark, A.E., & Oswald A.J.(1994). Unhappiness and Unemployment, *Economic Journal*, 104, 648-659.

Clark, A.E., Diener, E., Georgellis, Y. & Lucas, R.(2008). Lags and Leads in Life Satisfaction: A Test of the Baseline Hypothesis. *Economic Journal*, 118, F222–F243.

Clark, A., Georgellis, Y., & Sanfey, P.(2001). Scarring: The psychological impact of past unemployment. *Economica*, 68(270), 221-241.

Clark, Andrew E., & Georgellis, Y.(2013). Back to baseline in Britain: adaptation in the British household panel survey. *Economica*, 80.319: 496-512.

De Neve, J.-E., & Oswald, A.J.(2012). Estimating the influence of life satisfaction and positive affect on later income using sibling fixed-effects. *Proceedings of the National Academy of Sciences*, 109(49), 19953-19958.

Di Tella, R., R, MacCulloch, & Oswald A.J.(2001). Preferences over Inflation and Unemployment: Evidence from Surveys of Happiness, *American Economic Review*, 91, 335-

341.

Edmans, A.(2011). Does the Stock Market Fully Value Intangibles? Employee Satisfaction and Equity Prices. *Journal of Financial Economics*, 101(3), 621-640.

Eisenberg, P., & Lazarsfeld, P.(1938). The psychological effects of unemployment. *Psychological Bulletin*, 35, 358-390.

Freeman, R. B.(1978). Job Satisfaction as an Economic Variable. *The American Economic Review*, 68(2), 135-141.

Harter, J. K., Schmidt, F. L., & Hayes, T. L.(2002). Business-unit-level relationship between employee satisfaction, employee engagement, and business outcomes: A meta-analysis, *Journal of Applied Psychology*, 87(2), 268-279.

Harter, J. K., Schmidt, F. L., & Keyes, C. L.(2003). Wellbeing in the workplace and its relationship to business outcomes: A review of the Gallup studies. *Flourishing: Positive psychology and the life well-lived*, 2, 205-224.

Helliwell, J.F., & Haifang, H.(2014). New measures of the costs of unemployment: Evidence from the subjective well-being of 3.3 million Americans. *Economic Inquiry*, 52(4), 1485-1502.

Judge, T. A., Thoresen, C. J., Bono, J. E., & Patton, G. K.(2001). The Job Satisfaction-Job Performance Relationship: A Qualitative and Quantitative Review. *Psychological Bulletin*, 127(3), 376-407.

Kassenboehmer, S.C., & Haisken-DeNew, J.P.(2009). You're fired! The causal negative effect of entry unemployment on life satisfaction. *The Economic Journal*, 119: 448-462.

Knabe, A., & Ratzel, S.(2011). Scarring or Scaring? The psychological impact of past unemployment and future unemployment risk. *Economica*, 78(310), 283-293.

Kristof-Brown, Amy L., Ryan D. Zimmerman, and Erin C. Johnson.(2005) Consequences of individual's fit at work: A meta-analysis of person-job, person-organization, person-group, and person-supervisor fit. *Personnel Psychology*, 58: 281-342.

Luechinger, S., Meier, S., & Stutzer, A.(2010). Why does unemployment hurt the employed? Evidence from the life satisfaction gap between the public and the private sector," *Journal of Human Resources* 45.4: 998-1045.

Osterman, P.(2013). Introduction to the special issue on job quality: What does it mean and how might we think about it? *Industrial & Labor Relations Review*, 66(4), 739-752.

Oswald, A., Proto, E., & Sgroi, D.(2014). Happiness and Productivity. *Journal of Labor Economics*, 33(4), 789–822.

Rosen, S.(1986). The theory of equalizing differences. In Ashenfelter, Orley; Layard, Richard. *The Handbook of Labor Economics*. New York: Elsevier. 641–692.

Winkelmann, L., & Winkelmann, R.(1998). Why are the unemployed so unhappy? Evidence from panel data. *Economica*, 65, 1-16. 174.

제7장

미국의 행복 되찾기*

제프리 삭스(Jeffrey D. Sachs)**

유엔 행복 보고서는 행복에 있어 사회적 관계가 중요하다는 것을 지속적으로 강조한 바 있는데, 이 장은 이것이 미국의 사례에서 어떻게 나타났는지를 보여주기 위해 지난 10년간 미국의 행복지수 동향에 주목한다. 이 장에서는 먼저 지난 10년간 미국의 캔트릴 사다리(Cantrill Ladder) 지수가 10점 척도를 기준으로 0.51포인트 하락하였음을 보여준다. 다음으로 이 장에서는 이렇게 하락된 값을 여섯 가지 요인으로 분해한다. 이 설명변수들 중 두 변수 즉 수입과 건강 수명은 미국인들이 더 행복해지는 요인으로 작용했다. 하지만 나머지 네 사회적 변수들은 악화되었다. 다시 말해 사회적 지지와 자유의식은 더 낮아졌고, 기부는 적어졌으며, 정부와 기업의 부패는 더 심해졌다. 2장에서 사용한 가중치 추정방법을

---

* 이 장은 UN 《세계 행복 보고서 2017》의 제7장(Chapter 7. Restoring American Happiness)을 이진형 교수(목포대 관광경영학과, aigod0613@gmail.com)가 번역한 것이다.
** 제프리 삭스(Jeffrey D. Sachs): 미국 콜롬비아 대학 지구연구원(The Earth Institute)의 지속가능개발 센터의 센터장이다. 또한 UN 산하의 지속가능한 개발 솔루션 네트워크(SDSN)의 센터장이며, UN 사무총장의 특별자문관을 맡고 있다.

사용했을 때, 캔트릴 사다리 지수 전체 하락점수 0.51점 중 0.31점은 이 네 가지 요인으로 설명될 수 있다. 수입과 건강 수명이 높아진 것은 합쳐 봐야 미국인들의 캔트릴 사다리 지수를 0.04점 정도 높이는데 그쳤다. 그리고 캔트릴 지수 전체 하락점수 중 거의 50%는 이들 여섯 가지 변수로 설명되지 않았다.

요컨대, 이 장은 미국인들의 행복지수가 떨어지는 것은 경제적 원인 때문이라기보다는 사회적 원인 때문이라고 결론짓는다.

리차드 이스털린(Richard Easterlin, 1964, 2016)의 연구에 의해 확인된 바와 같이, 현대 미국경제의 중요한 역설(paradox)은 바로 1960년 이후 일인당 소득이 거의 3배나 증가했음에도 불구하고 행복도가 상승하지 않았다는 것이다. 이러한 상황은 최근 들어 더욱 악화되고 있다. 말하자면 일인당 국민소득은 여전히 상승하고 있지만, 행복도는 오히려 하락하고 있다.

미국에서 지배적인 정치적 담론은 아메리칸 드림의 회복 그리고 이에 따른 행복의 회복을 달성하기 위해 경제성장률을 높이는데 초점이 맞추어져 있다. 그러나 여러 자료들은 이러한 접근이 결정적으로 잘못된 것이라는 것을 보여주고 있다. 미국은 경제성장에 초점을 맞추기보다는 점증하고 있는 불평등, 부패, 고립, 불신과 같은 다차원적인 사회적 위기를 해결함으로써 행복을 증진시킬 수 있고 또 증진시켜야 한다. 왜냐하면, 경제성장에 초점을 맞춘 여러 구체적 제안들이 심각한 사회적 위기를 개선하기 보다는 오히려 악화시킬 수 있기 때문이다.

〈그림 7.1〉은 지난 10년 간 미국의 캔트릴 사다리(Cantrill ladder) 점수를 보여준다. 이 그림에서 우리는 2015년과 2016년 캔트릴 사다리의 평균값이 2006년과 2007년의 캔트릴 사다리 평균값 보다 0.51점 하강하였음을 볼 수 있다. 2007년 조사에서 미국의 캔트릴 사다리 점수는 OECD 23개국 중 3위에 해당되었으나, 2016년에서는 OECD 34개국 중 19위로 크게 떨어졌다.

〈그림 7.1〉 미국의 행복 점수, 2006-2016

출처: 갤럽 국제 캔트릴 사다리

이렇게 급속하게 떨어진 미국인들의 행복도를 이해하기 위해서 우리는 이 보고서 2장에 나와 있는 이론적 틀 즉 '일인당 국민소득에 대한 로그값(lgdp)', '건강 수명', '사회적 지원', '생애선택의 자유', '기부에 대한 관대함', '정부와 기업의 부패에 대한 인식' 등 주관적 행복의 원천으로 간주되는 6가지 변수를 활용하였다. 주관적 행복의 원천으로 간주되는 이러한 변수들 중 두 가지 변수 즉 '일인당 국민소득에 대한 로그값'과 '건강 수명'은 개인의 물질적 조건과 관련되어 있다. '기부에 대한 관대함'은 개인적 가치의 문제라고 할 수 있고, '사회적 지원'이나 '정부와 기업의 부패에 대한 인식'은 사회적 자본과 관련되어 있다. 마지막으로 '생애 선택의 자유'는 개인적 요인(부, 기술 등)과 사회적 요인(민주주의, 시민권, 사회권 등)의 결합으로 해석되어야 할 것이다.

앞서 언급한 바와 같이, 2006-2007년과 2015-2016년 캔트릴 사다리 점수의 차이는 0.51점이었다. 우리는 이렇게 하락된 점수를 여섯 가지 요인으로 분해하여 보았다. '일인당 소득에 대한 로그값'과 '건강 수명'은 향상되었지만, '사

〈표 7.1〉 2006/7년에서 2015/6년 사이 미국 행복도 변화에 대한 설명

	GDP	사다리	자유	사회적 지원	lgdp	부패		기부
미국 2006/7년	50805	7.35	0.89	0.96	10.84	0.62	68.97	0.18
미국 2015/6년	52819	6.83	0.80	0.90	10.87	0.72	70.08	0.17
변화율	2013	-0.51	-0.09	-0.06	0.04	0.10	1.11	-0.01
행복에 대한 효과		-0.10	-0.15	0.01	-0.05	0.03	-0.01	

출처: 위 표에서 각 변수의 효과를 분해한 것은 2장의 〈표 2.1〉에 나타난 국제적 설명 등식에 기초했다. GDP 수준은 2011년 고정달러이다.

〈표 7.2〉 미국과 북유럽 국가들의 비교 2016년

국가	GDP	사다리	자유	사회적 지원	lgdp	부패		기부
핀란드	38901	7.66	0.95	0.95	10.57	0.25	71.38	-0.04
노르웨이	64124	7.60	0.95	0.96	11.07	0.41	70.78	0.11
덴마크	43613	7.56	0.95	0.95	10.68	0.21	70.92	0.13
아이슬란드	43872	7.51	0.95	0.98	10.69	0.72	72.05	0.27
스웨덴	46365	7.37	0.92	0.91	10.74	0.25	71.96	0.13
북유럽 평균	47375	7.54	0.94	0.95	10.75	0.37	71.42	0.12
미국	53088	6.80	0.76	0.90	10.88	0.74	70.13	0.13
델타	-5713	0.73	0.19	0.06	-0.13	-0.37	1.29	-0.01
행복효과		0.20	0.13	-0.04	0.20	0.04	-0.01	0.5

주의: 각 변수의 정의는 이 책의 2장에 있는 통계 부록을 참고하기 바람.

회적 지원', '생애 선택의 자유', '기부에 대한 관대함', '정부와 기업의 부패에 대한 인식'은 모두 악화되었다. 말하자면 미국인들은 보다 적은 사회적 지원, 보다 적은 개인적 자유, 보다 적은 기부, 보다 많은 정부와 기업의 부패를 인식하고 있었다. 이 보고서 2장 〈표 2.1〉의 회귀분석모델을 적용해보니, 이 여섯 변

수가 캔트릴 사다리 하락 점수 중 0.27점이나 설명해 주었다.(나머지 0.24점은 이 변수들로 설명이 안 됐다.)

이상의 분석을 통해 우리는 다음과 같이 간략히 결론을 내릴 수 있다. 즉, 미국의 위기는 경제적 위기가 아닌 사회적 위기라는 것이다.

이러한 미국의 사회적 위기는 널리 언급되고 있음에도 불구하고 아직 공공 정책으로 전환되고 있지는 못하다. 거의 모든 워싱턴 DC의 정책적 담론은 어떻게 하면 경제성장률을 높일 수 있는가에 초점이 맞추어져 있다. 마치 보다 높은 경제성장률이 미국 사회 내에 깊어지고 있는 사회적 분열과 불안을 어느 정도 치유할 수 있기라도 한 것처럼 말이다. 이러한 식의 성장지상주의적 정책의제는 두 가지 이유에서 비뚤어져 있다. 첫째, 성장을 위한 가짜만병통치약 특히 공화당이 좋아하는 엉터리 처방인 끝임 없는 세금감면과 미신경제학(voodoo economics)은 단지 미국의 사회적 불평등을 가속화 시킬 것이고 사회적 불신을 조장해 사회를 더욱 분열시킬 것이다. 둘째, 사회적 위기의 진정한 원천에 대한 솔직담백한 대처만이 미국인들의 행복에 보다 크고 빠른 긍정적인 영향을 미칠 수 있을 것이다.

우리는 이것을 다음과 같은 사고 실험(thought experiment)을 통해 이해할 수 있다. 만약 미국이 사회적 변수에 있어 2006-2007년의 기준으로 돌아갔다고 치자. 그러면 미국인의 행복은 상당히 신장될 것이다. 여기서 우리는 사회적 조건의 향상을 통해 증가하는 만큼의 행복을 유발하려면 어느 정도의 GDP 증가가 있어야 하는가를 계산할 수 있을 것이다. 그러면 사회적 조건의 회복이 동일한 정도의 행복감을 달성하는 데 있어 보다 빠르고 신뢰할 만하다는 것이 분명해지게 된다.

예를 들어 '정부와 기업의 부패에 대한 인식'이라는 변수를 고려해 보자. 미국의 부패지수는 2006/7년과 2015/6년 사이에 0.10 증가했다. 행복회귀분석에서 −0.054라는 부패의 회귀계수는 미국인의 행복감에 0.054만큼의 부정적 영향을 미친다. 이는 정부와 기업의 부패에 대한 인식이 하락한다면 결국 0.054만큼의 긍정적 영향을 미친다는 것을 의미한다. 만일 동일한 정도의 행복감 상승을 일인당 소득의 증가를 통해 얻고자 한다면 일인당 소득의 증가에 있어 0.054/0.341 만큼에 해당되는데, 이는 미국인의 일인당 국민소득이 53,000달러에서 62,000달러로 증가하는 것에 상응하는 것이다.

최근에 나타나고 있는 미국 사회의 사회적 지원 네트워크의 쇠퇴를 상쇄하기 위해 필요한 일인당 국민소득의 증가는 더욱 크다. 사회적 지원의 쇠퇴는 0.064로 측정되었고, 사회적 지원이 행복에 미치는 회귀계수는 2.332로 나타났다. 이것은 캔트릴 사다리에 있어 0.15점의 행복감 상실을 의미한다. 이만큼의 행복감을 상쇄하기 위해서는 일인당 국민소득이 0.15/0.341만큼 증가해야 하는데 이는 일인당 국민소득이 53,000달러에서 82,000달러로 증가해야 하는 것을 의미한다. 이 정도의 GDP 상승을 달성하기 위해서는 수십 년이 걸릴 수 있는 반면 2006년 정도의 사회적 조건으로 돌아가기 위해 사회적 조건을 향상시키는 것은 아마도 훨씬 빠를 것이다. 그러나 이상하게도 이러한 사회적 변수들은 미국의 정치적 담론 어디에서도 찾아볼 수 없다.

그러면 이 모두를 함께 고려해보자. 사회적 변수 네 가지(즉 사회적 지원, 생애 선택의 자유, 기부에 대한 관대함, 정부와 기업의 부패에 대한 인식)의 합산 효과는 행복도에 있어 0.31포인트의 하락을 가져왔는데, 이는 이러한 사회적 자본의 손상을 상쇄하기 위해서는 일인당 국민소득이 .314/.341 만큼 즉 53,000달러에서 133,000달러로 증가해야 한다는 것을 의미하는 것이라고 할 수 있다.

미국의 사회적 위기가 행복에 주는 부정적 영향의 정도를 바라보는 또 다른 방식이 있다. 미국보다 행복한 노르딕 다섯 나라(덴마크, 핀란드, 아이슬란드, 노르웨이, 스웨덴)의 예를 살펴보자. 〈표7.2〉에서 볼 수 있는 바와 같이, 만일 우리가 2016년을 기준으로 미국과 이 다섯 나라의 평균 행복 점수를 비교해 보면 비록 미국이 이 나라들의 평균 GNP인 47,000달러보다 높은 53,000달러이지

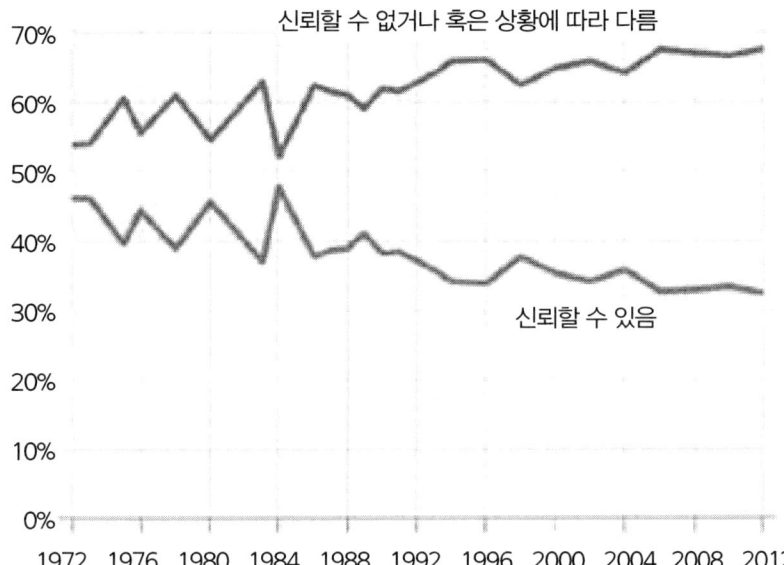

〈그림 7.2〉 일반적인 신뢰의 감소

자료: General Social Survey, 1972-2012

만, 이 나라들의 평균 캔트릴 사다리 점수는 미국보다 0.73점 높은 것을 알 수 있다. 이것은 이 노르딕 국가들이 미국보다 개인의 자유, 사회적 지원, 낮은 부패에 있어 훨씬 앞서간다는 것을 의미하는데, 바로 이것이 노르딕 국가들의 높은 행복 점수를 설명해주는 것이다.

미국의 사회적 자본(social capital)이 수십 년간 쇠퇴하고 있다는 것은 이미 잘 알려져 있다. 로버트 퍼트남(Robert Putnam)의[1] 선구적 연구는 미국인들의 사회적 연대가 느슨해지고 있다는 데 눈을 뜨게 했다. 최근 들어서는 사회적 위기의 증거들이 더욱 압도적이 되어서 모든 사회적 삶에 편재하게 됐다. 수입의 최상층에 있는 일부 사람들만이 엄청난 부와 소득을 획득하는 반면 나머지 사람들은 경제적 정체와 쇠퇴에 직면해 있는데, 이러한 상황은 마약중독과 자살

---

[1] Putnam(2000)을 참조.

〈그림 7.3〉 미국인들의 정부에 대한 신뢰 감소

자료: Pew Research Center

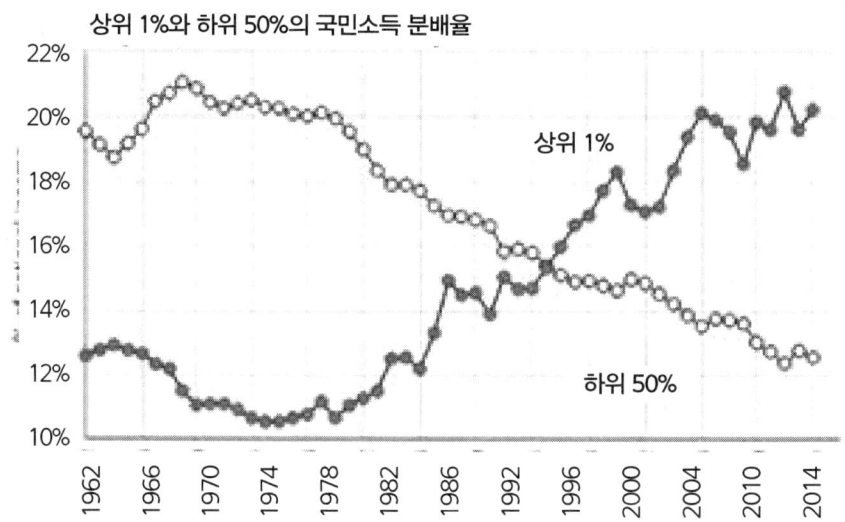

〈그림 7.4〉 미국에서의 불평등의 증대, 1962-2014

상위 1%와 하위 50%의 국민소득 분배율

자료: Emmanuel Saaz, 2017년 4월

률의 증가, 사회적 신뢰의 쇠퇴를 포함한 공공 건강 지표의 악화를 초래하고 있다.

이를 보다 자세히 살펴보자. 〈그림 7.2〉에서 볼 수 있는 바와 같이 미국인들의 일반적인 신뢰수준은 수십 년간 계속 하락하여왔다. 〈그림 7.3〉에서 볼 수 있듯이 정부에 대한 신뢰는 현대사에서 가장 낮은 수준으로 곤두박질쳤는데, 이는 당연히 부패에 대한 인식의 상승과 궤를 같이하고 있다(Dalton, 2017을 참조하라). 소득 불평등은 천문학적 수준으로 높아졌는데, 〈그림 7.4〉가 보여주듯이 상위 1% 가구가 최근 수십 년간의 경제성장 열매를 독식한 반면 하위 50% 가구가 차지하는 비중은 급락했다. 급기야 상위 1%의 가구가 전체 소득의 23%를 차지하는 데 이것은 하위 70% 사람들의 소득을 합친 것과 거의 같은 수준이다.

이와 동시에 미국인들의 친사회적 행동(pro-social behavior)의 범위 역시 쇠퇴했다. 어떤 실험에서 편지봉투에 주소지를 적고 우표를 붙인 후 길가, 쇼핑몰, 공중전화박스 등 공공장소에 떨어뜨려놓고 사람들이 이것을 주워서 우편함에 집어넣는지를 살펴보았다. 이것은 서로 잘 모르는 사람들 간의 도와주는 행동의 정도를 파악하기 위한 것이었다. 최근의 연구[2]는 미국인들의 돕는 행동의 범위가 2001년과 2011년 사이에 급격하게 쇠퇴하였다는 것을 보여주는데, 반면에 캐나다 사람들은 그렇지 않았다.

사회적 붕괴를 보여주는 또 다른 냉혹한 지표는 1999년에서 2013년 사이에 45-54세 층의 非 히스패닉(hispanic) 백인들의 사망률이 증가했다는 것이다[3]. 여자의 경우 이 연령대의 사망률이 증가하는 것이 거의 모든 해에서 발견된 반면 남성들의 경우 이 연령대의 사망률이 1999년에서 2005년까지는 증가하다가 2005년에서 2013년 사이에는 역전되었다. 이러한 경향은 사망률이 계속 감

---

2 Hampton(2016)을 참조.
3 Case & Deaton(2015) 참조.

소하고 있는 서유럽이나 캐나다의 경험과 매우 대비되는 것이다. 미국의 사례를 흥미롭고 혼란스럽게 하는 것은 이러한 경향이 분명 건강의 위기만큼이나 사회적 위기라는 데 있다. 증가한 사망률은 약물과 알코올 중독, 자살, 만성간 질환이나 간경변증 등에 의해 상당부분 설명될 수 있다. 하지만 여기에는 사회적 자본의 붕괴와 연관된 여러 가지 요인이 함께 작용하고 있고, 이러한 사회적 요인의 상대적 중요성은 아직 정확하게 밝혀지거나 합의된 바 없다. 나는 여기서 다섯 가지 요인을 지적하고자 한다.

첫째 요인은 미국 정치에 있어 거대자본(mega-dollars)의 발흥이다. 일반적으로 연방 선거기간 동안 적어도 70억 달러의 선거운동 비용이 사용되는 것과 별도로 기업에서 로비자금으로 또 수십억 달러의 비용이 간접적 선거비용으로 사용된다. 심히 유감스런 대법원의 결정으로 인해서 시민연대(Citizens United),[4] 백만장자들, 대기업들이 후보자들에게 엄청나게 많은 추적불가능한 선거비용을 댄다. 미국인들 사이에는 정부가 자신들의 이해관계를 위해 봉사하기 보다는 힘 있는 로비스트들, 부호들 그리고 정치인 자신들의 이해관계를 대변한다고 강하게 느끼고 있는데 이는 진실에도 부합하는 것이다. 마틴 질렌스(Martin Gilens)와 같은 정치학자들은 오직 부자들만이 정치적 의사결정에 영향을 미친다는 것을 보여준 바 있다.

두 번째 중요한 요인은 급상승하는 소득과 부의 불평등이다. 1980년대 이래 미국은 새로운 도금시대(gilded age)를 열어가고 있다. 부자들의 세금을 감면해 주고, 부자들로 하여금 세금도피처에 수입을 숨길 수 있는 특혜를 주었으며, 노

4　譯者注: 1988년 조직된 미국의 보수적인 정치 단체로서 작은 정부와, 기업의 자유, 국가 통치권과 안보를 추구하며 기업의 정치자금 지출을 옹호한다. 미국 대법원은 2010년 시민연대와 연방선거관리위원회(Federal Election Commission)간의 소송에서 기업이 연방선거와 관련하여 비용을 지출하는 것을 금지하는 연방법이 헌법에 위배된다며 위헌법률심판을 하며 시민연대의 손을 들어준 바 있다(https://en.wikipedia.org/wiki/Citizens_United_(organization).

동조합의 힘을 해체시켰다. 그리고 금융규제 완화 등의 조치들을 통해 국민소득이 소득분배 최상위 수준으로 집중되고 있다. 이것은 상상했던 것보다 더 잘 그리고 오랫동안 작동되고 있다. 물론 정치세계를 움직이는 거금이 정치적 방향성을 여전히 더 많은 세금감면과 엄청난 부자들에게 혜택을 주는 쪽으로 향하게 하는데 작용하고 있다.

세 번째 요인은 1965년 이후 미국으로의 이민이 급등한 것 특별히 히스패닉 인구의 급격한 유입과 관련된 사회적 신뢰의 쇠퇴이다. 퍼트남(Putnam)은[5] 히스패닉이 많이 사는 공동체의 경우 사회적 신뢰 지수가 낮다고 보고하고 있다.[6] 이러한 연구결과는 미국의 경우 진실에 부합하는 듯 보인다. 하지만 캐나다와 같은 다른 나라들에서는 일관된 결과가 나타나지 않는다. 일부 사회학자들은 다음과 같이 추정하고 있다. 즉, 미국의 인종적 다양성은 상당한 정도의 경제적, 인종적 분리로 특징 지워지는데, 그 결과 미국사회에서는 불신을 감소시키기 위한 서로 다른 인종적, 경제적 집단 간의 접촉 가능성이 다른 나라들에서처럼 제대로 작동하지 못하고 있다는 것이다. "미국 예외주의(American excep-

---

[5] Putnam(2007) 참조.

[6] 인종적 다양성의 정도는 종종 사회적 신뢰가 높고 낮은 것을 설명하는 가장 강력한 단일변수라는 것이 종종 제시되곤 한다. 스칸디나비아 국가들의 높은 사회적 신뢰와 행복감은 이 나라들의 높은 인종적 동일성의 직접적인 반영인 반면 미국인들의 쇠락하는 사회적 신뢰는 미국사회의 점증하는 인종적 다양성의 반영이라는 것이 널리 받아들여지고 있다. 하지만 여러 가지 증거들은 이러한 인종 결정주의가 잘못된 것이라는 것을 보여준다. Bo Rothstein이 설득력 있게 저술한 바와 같이 높은 사회적 신뢰는 인종적 동질성과 자동적으로 연결되는 것과는 거리가 멀다. 사회적 신뢰는 사회 계급의 장벽과 불신을 불식시키기 시키기 위한 한 세기에 걸친 강력한 사회 민주주의적 정책을 통해 성취되었다(Rothstein and Stolle, 2003). 스칸디나비아 국가들에서는 민주주의가 도래하기 이전부터 이미 정치체계 내에 사회 민주주의적 전통과 믿음이 지지를 받아왔다. 더욱이 캐나다와 같은 다인종 국가에서도 다문화주의와 인종 간 이해를 목적으로 하는 프로그램을 통해서 상대적으로 높은 수준의 사회적 신뢰를 달성할 수 있었다.

tionalism)는 상대적으로 높은 수준의 이질성과 연결되어 있는데, 이러한 이질성은 다른 서구 나라들에 비해 미국 도시들의 확연한 인종적 분리와 불평등의 지속과 결합되어 있다."[7]

네 번째 요인은 9/11의 여파와 관련이 있다. 전례 없던 테러리스트의 공격에 대한 미국의 반응은 사회적 결속을 호소하기보다는 공포를 더 부추겼다. 미국 정부는 테러와의 전면적인 전쟁을 시작했는데, 이는 '우리와 그들'이라는 냉혹한 이원론을 불러일으켰고, 정부 당국의 공포감 조성을 통해 미국인들을 두려움에 떨게 했다. 그 이후, 미국은 아프가니스탄, 이라크, 리비아, 시리아, 그리고 예맨 등과 끊임없는 전쟁을 해오고 있고, 미국인들은 테러리스트 경보, 공항에서의 고함치는 명령, 수화물과 몸수색 등과 같은 일상적인 수모를 겪고 있다. 동시에 미국 정부는 반복적으로 정부가 누구를 감시하고 있는지, 어디에서 싸우고 있는지 등에 대해 국민들을 오도하고 있다.

내가 제기하는 다섯 번째 요인이자 마지막 요인은 미국 교육체계의 악화이다. 수요의 측면에서 보자면, 새로운 장비들은 새로운 기술을 필요로 한다는 사실을 반영이라도 하듯, 미국에서 대학을 졸업하는 것에 대한 시장의 프리미엄은 계속 증가해왔다. 그러나 공급의 측면에서 보자면, 학사학위 이상의 학위를 취득하는 젊은이들의 비율은 36%선에 정체되어 있다. 대학 등록금은 크게 치솟은 반면 학자금 혜택은 엄청나게 줄어들었다. 그 결과 학생들의 빚은 1조 달러에 이르게 되었고, 불안정한 미래에 직면해 대학을 중도에 그만두는 젊은이들을 양산하게 되었다. 이것은 심각한 문제인데, 그 이유는 미국의 청년교육 실패는 수입의 불평등을 야기하는 중요한 배후 영향력으로 작용하며(대학 학위가 없는 젊은이들의 수입을 줄어들게 하거나 정체하게 함으로써), 이는 또한 사회적 자본의 추락으로 나타나기 때문이다. 미국의 분열은 점점 더 대학 학위를 가진 사람과 그렇지 않은 사람 간의 분열로 나타나고 있다. 이것은 최근의 대

---

[7] van der Meer and Tolma, 2014, p.474 참조.

통령 선거에서도 반영되었다. 출구 조사에 따르면, 대학 졸업자들의 힐러리 클린턴 지지 비율이 52-43% 범위에 있었던 반면, 대학 미졸업자의 트럼프 지지 비율은 52-44% 범위에 있었다. 만일 미국의 주를 25-29세 연령층 중 대졸 이상 사람들의 비율을 기준으로 보자면, 클린턴은 그 비율이 높은 18개의 주중 17개 주에서 승리하였고, 트럼프는 그 비율이 낮은 32개 하위 주 중 29개 주에서 승리를 거두었다. 교육적 성취에 따른 이러한 깊은 사회적, 경제적 분열 현상은 브랙시트(Brexit) 투표나 유럽의 반이민 정당들의 양태에서도 유사하게 나타나고 있다. 즉, 낮은 교육적 성취를 가진 유권자들을 기반으로 이러한 정치적 역동성이 작동하고 있는 것이다.

요컨대 미국은 "잘못된 모든 곳에서"(in all the wrong places) 행복을 찾고 있는 나라의 생생한 실례가 되고 있다. 점점 더 악화되는 사회적 위기로 인해 미국은 진흙탕에서 허우적거리고 있다. 그러나 지배적인 정치적인 담론은 하나같이 경제성장률은 높이는 것 밖에 없다. 더욱이 빠른 경제성장을 위한 처방으로 규제완화와 세금감면은 더욱 가속화 되고 있다. 의심의 여지없이 더 많은 세금 감면은 불평등과 사회적 긴장을, 그리고 대학졸업장을 가진 자와 그렇지 않은 자 사이의 사회적, 경제적 분열을 가중시킬 것이다.

이러한 사회적 구렁텅이에서 빠져나오기 위해서 미국의 행복 의제는 사회적 자본을 재건하는데 초점이 맞추어져야 한다. 이것은 사회적 신뢰와 정부에 대한 신임을 하락시키는 데 기여해온 다섯 가지 요인에 정책 역량을 집중할 것을 요구한다. 가장 중요한 것은 재정개혁 캠페인이 되어야 하는데, 특히 대법원의 시민연대(Citizens United) 결정[8]에 의해 야기된 엄청난 피해를 원상태로 돌려야 한다. 두 번째는 소득과 부의 불평등을 줄이는 것을 목표로 하는 일련의 정책이 있어야 한다. 이것은 사회적 안전망 확대, 부유세(富裕稅) 신설, 교육 및 의

---

[8] 역자 주: 각주 4(역자 주)에서 언급한 2010년 시민연대가 연방선거관리위원회를 상대로 승소한 위헌법률심판 건을 의미한다.

료를 위한 재정 확충을 포함한다. 세 번째는 미국에서 태어난 사람들과 이민자들 간의 사회적 관계를 향상시키는 것이다. 캐나다는 다문화주의에서 상당한 정도의 성공을 보여왔다. 그러나 미국은 다문화주의를 아직 강하게 시도해 보지 못했다. 네 번째는 9/11 테러와 그 기억에 의해 만들어진 공포로부터 빨리 벗어나는 것이다. 미국은 여전히 충격적인 트라우마에서 벗어나지 못하고 있다. 특정한 무슬림국가 사람들의 미국 여행에 대한 트럼프의 금지는 미국을 움켜쥐고 있는 과장되고도 비이성적인 공포감을 보여주는 것이다. 다섯 번째는 교육의 질과 기회 그리고 성취를 향상시키는 것인데, 나는 이것이야말로 가장 중요한 과제라고 믿는다. 미국은 21세기에 들어 시민 교육에서 방향 감각을 상실했다. 시민 모두가 질 높은 교육을 받아야 한다는 명제가 다시 한 번 미국사회의 핵심적 가치가 되어야 한다. 그렇지 않다면 그 전까지는 미국인의 행복을 지속적으로 위협하는 사회적 위기는 사라지기 어려울 것이다.

참고문헌

Case, A., & Deaton, A.(2015). Rising morbidity and mortality in midlife among white non-Hispanic Americans in the 21st century. *Proceedings of the National Academy of Sciences of the United States of America(PNAS)*,112(49), 15078-15083. doi:10.1073/pnas.1518393112

Dalton, R. Political Trust in North America.(2017) In *Handbook on Political Trust*, edited by Zmerli, S. and van der Meer, T. pp. 375-394. Edward Elgar Publishing

Easterlin, R.(1974). Does Economic Growth Improve The Human Lot? Some Empirical Evidence. In *Nations and Households in Economic Growth: Essays in Hoor of Moses Abramovitz*, edited by Paul A. David and Melvin Warren Reder, 89-125. New York: Academic Press

Easterlin, R.(2016). Paradox Lost? USC Dornsife Institute for New Economic Thinking, Working Paper No. 16-02

Hampton, K. N.(2016). Why is Helping Behavior Declining in the United States But Not in Canada?: Ethnic Diversity, New Technologies, and Other Explanations. *City & Community*, 15(4), 380-399. doi:10.1111/cico.12206

Putnam, R. D.(2000). Bowling alone: America's declining social capital. In *Culture and politics*(pp. 223-234). Palgrave Macmillan US.

Putnam, R.D.(2007). E Pluribus Unam: Diversity and Community in the Twenty-first Century. *Scandinavian Political Studies*, Vol. 30, No. 2, 137-174

Rothstein, B. and Stolle, D.(2003). Introduction: Social Capital in Scandinavia. *Scandinavian Political Studies*, Vol. 26, No. 1, 2003

Van der Meer, T. and Tolsma, J.(2014). Ethnic Diversity and its Effects on Social Cohesion. *Annual Review of Sociology*, 2014, 40: 459-478